Washington Hesing

Neunzig Tage in Europa

Reise-Skizzen (1887)

weitsuechtig

Washington Hesing

Neunzig Tage in Europa

Reise-Skizzen (1887)

ISBN/EAN: 9783943850598

Auflage: 1

Erscheinungsjahr: 2013

Erscheinungsort: Bremen, Deutschland

@ weitsuechtig in Access Verlag GmbH, Fahrenheitstr. 1, 28359 Bremen. Alle Rechte beim Verlag und bei den jeweiligen Lizenzgebern.

weitsuechtig

Neunzig Tage in Europa.

Reise-Skizzen

— von —

Washington Hesing.

Prämien-Ausgabe der Illinois Staats-Zeitung.

Chicago.
Druck der Franz Gindele Printing Co.
1887.

Gewidmet den Lesern der

Illinois Staats-Zeitung.

Inhalt.

I.	Einleitung	1
II.	Berlin	4
III.	Von Berlin nach Wien über Dresden, Bayreuth und Prag	17
IV.	Wien	22
V.	Von Wien bis Granitza. — Allgemeines über Rußland	27
VI.	Moskau	38
VII.	St. Petersburg	49
VIII.	Finnland	59
IX.	Schweden und Norwegen	63
X.	Von Stockholm nach Drontheim	69
XI.	Die Nordkap-Reise	76
XII.	Von Drontheim nach Amsterdam	84
XIII.	Holland	88
XIV.	Belgien	98
XV.	Paris	102
XVI.	Rückblicke	121

Neunzig Tage in Europa.

I.

Einleitung.

Zwar heißt es: „Warum in die Ferne schweifen, liegt das Gute doch so nah," und zweifelsohne enthalten die Ver. Staaten viel des Sehenswürdigen, aber nachdem ich im vorigen Jahre meine Mußezeit dazu benutzt hatte, das in unserem Lande belegene merkwürdigste Stück der Welt, den Yellowstone-Park zu schauen, trieb es mich in diesem Jahre hinaus nach der alten Welt, von der ich seit fünfzehn Jahren nichts gesehen. Ich sehnte mich danach, theils weil es für mich dort noch so viel kennen zu lernen gab, was ich noch nicht gesehen, theils um Vergleiche anstellen zu können über die Fortschritte, welche Deutschland und Amerika seit jener Zeit gemacht haben, und über die Eindrücke, welche europäisches Wesen heute auf mich machen würde. Ich entschloß mich deshalb, in diesem Sommer meine Schritte nach Europa zu richten.

Ueber die Reise von Chicago nach New York zu berichten, erscheint überflüssig. Ein Jeder ist ja wenigstens des Weges gekommen. Das Einzige, was sich mir als neu und früher nicht da aufdrängte, waren die vielen Naturgas-Quellen, die man in Ohio und Pennsylvanien von der Bahn aus nach allen Richtungen hin erblickt, und deren Aufschließung und Nutzbarmachung erst aus den letzten Jahren datirt.

In New York schiffte ich mich auf einem der schönen Dampfer der Hamburg-Amerikanischen Packetfahrt-Gesellschaft, der „Rhaetia", nach Hamburg ein, und fand nicht nur an dem Capitän Vogelgesang einen sehr liebenswürdigen Gesellschafter und tüchtigen Seemann, sondern auch unter den nicht sehr zahlreichen Passagieren viele angenehme Reisebegleiter. Es waren, mit einer einzigen Ausnahme, Deutsche und zwar, wie ich im Laufe der Reise im Gespräch erfuhr, lauter Deutsche, die noch nicht länger als zehn bis höchstens fünfzehn Jahre in Amerika waren, und es doch schon durch deutschen Fleiß und deutsche Sparsamkeit dahin gebracht hatten, sei es allein oder mit Familie, der Heimath einen Besuch abstatten zu können.

Die Fahrt selbst bot absolut nichts von Interesse. Wir sahen, wie man im Englischen sagt, nicht Fisch noch Segel. Aber auf einem Dampfer der Hamburg-Amerikanischen Packetfahrt-Gesellschaft läßt es sich auch so aushalten, selbst wenn die Reise etwas länger währt, als mit den Windhunden, welche die Bremer und englischen Linien neuerdings in den Dienst gestellt haben. Denn das Essen ist vorzüglich, die Bedienung läßt nichts zu wünschen übrig, Offiziere und Mannschaft sind zuvorkommend. Namentlich für Familien, die mit Kindern reisen, gewähren die Hamburger Dampfer große Annehmlichkeiten, zu denen auch ihre billigen Preise zählen. Daß die Hamburger Linie nicht auch schon Schnelldampfer eingestellt hat, liegt in der Schwierigkeit des Fahrwassers in der Nordsee und namentlich in der Elbmündung; und würde dazu die Errichtung eines besonderen Dampfer-Hafens in Curhaven nöthig sein. Und für diese kostspielige Anlage scheint die Zeit noch nicht gekommen.

Nach zwölftägiger Fahrt traf ich in Hamburg, und nach kurzem Aufenthalt in Berlin, wo ich mit meiner Frau zusammentraf, mit der ich dann gemeinschaftlich die interessante Reise antrat, an der ich nach den Aufzeichnungen meines Tagebuchs die Leser des „Westens" theilnehmen lassen möchte, von der Ansicht ausgehend, daß ein jeder Reisebrief ebensowohl für Diejenigen interessant ist, welche die gleichen Städte und Gegenden besucht haben, indem dadurch ihre Erinnerung aufgefrischt wird, wie für die, welche dieselbe Reise vielleicht machen wollen, und die aus solchem

Berichte Fingerzeige dafür schöpfen können, wie endlich auch für die leider ja größte Menge Derer, die nicht reisen können, und denen wenigstens durch die Schilderung eine Vorstellung dessen geboten wird, was in der Wirklichkeit zu schauen ihnen die Verhältnisse verbieten.

Natürlich ist das, was ein Reisender sieht, möge seine Beobachtungsgabe auch noch so geübt, und möge er noch so sehr darauf bedacht sein, alles Interessante zu sehen, nie erschöpfend. Es läßt sich eben nie Alles sehen, und die Beobachtung ist an Zeit und Umstände gebunden. Aber sei es wenig oder viel, was unter das Auge des Reisenden fällt, immer wird es etwas finden, was zu Vergleichen anregt, und in ihm die Vorstellung erregt, hierin ist es bei Dir zu Hause besser — hier nicht; dort könnte man von uns, hier haben wir zu lernen. Und darin liegt ja schon nach Göthe's Ausspruch der Hauptreiz und der Hauptzweck des Reisens, daß man an dem Können und Zustande anderer Völker das eigene Können und den eigenen Kulturzustand mißt.

Und da will ich denn gleich voranschicken, daß ich mit sehr verschiedenen Ansichten von dieser Reise zurückgekehrt bin, als von meiner europäischen Reise vor fünfzehn Jahren. Damals freilich war ich noch ein unerfahrener Jüngling, frisch von der Universität, überzeugt, daß nichts über Amerika ginge, und daß vor unseren republikanischen Einrichtungen nichts bestehen könne. Ich war eben damals mit dem thatsächlichen Leben noch zu wenig in Berührung gekommen. Heute, nachdem ich gesehen, welche Riesenfortschritte Deutschland unter monarchischer und einheitlicher Regierung gemacht und wie geradezu Wunderbares in einigen der großen Städte geleistet worden ist, habe ich einsehen gelernt, daß an unseren Einrichtungen durchaus nicht Alles vollkommen, sondern gar Vieles mangelhaft ist, und daß die gewiß zuweilen unbequeme väterliche Fürsorge der in einem Manne concentrirten Regierung auch sehr viel Gutes schafft, das wir hier entbehren müssen, und wovon wir lernen können und sollten.

Wen diese Einleitung nicht abschreckt und wer also mit mir einen Theil des deutschen Vaterlandes bereisen und dessen in jeder Beziehung riesige und staunenswerthe Fortschritte bewundern will; wer von dem schönen Böhmen und seinem durch die Zwistigkeiten zwischen dem czechischen und deutschen Theile unglücklichen Volke hören; wer Oesterreich und die alte Kaiserstadt Wien in ihrem Rückgange beobachten; wer mit mir in Warschau an der Grabstätte des Helden Sobieski stehen, in Moskau das großartigste Bauwerk der Welt, den Kreml, besuchen, in St. Petersburg die breitesten Straßen und größten freien Plätze besehen, einen Abstecher durch Finnland machen, in den entzückenden Hafen des nordischen Neapel — Stockholms — einfahren und die Schweden in ihrer Heimath kennen lernen; wer den zwei Meere verbindenden Göta-Canal durchfahren, von Norwegens Hauptstadt Christiania aus Ausflüge auf die herrlichen Fjords der Umgegend machen, den nördlichsten Bischofssitz der Welt, Tromsö, besuchen und einen Ausflug in lappländische Dörfer machen will, oder vom Nord-Cap, der nördlichsten Spitze Europas, aus an dem unbeschreiblichen Anblick der Mitternachtssonne theilnehmen, und an der herrlichen Küste Norwegens entlang zurück nach der geschäftigsten und rührigsten Stadt im ganzen Norden, nach Kopenhagen, gehen will; wer in Kiel die herrliche Bucht und die junge und schon so kräftige deutsche Flotte anstaunen, das schöne Hamburg durchstreifen und durch die Provinz nach der Stadt Hannover, nach Bremen und Oldenburg, und zu Wagen durch das Oldenburger Land nach Osnabrück uns begleiten will; wer Amsterdam einen Besuch abstatten möchte, welches das herrlichste Museumsgebäude der Welt besitzt, und wo wir uns gerade zur Zeit der Straßenschlacht befanden, von der wir erst Tags darauf, wie die meisten Chicagoer von dem Anarchisten-Attentat, durch die Zeitungen hörten; wer mit uns durch den Nord-Holland-Canal nach dem größten Markte von Edamer-Käse, dem Städtchen Allmar, fahren und die herrliche Residenz des holländischen Königs, den Haag, und den nahe gelegenen, vor wenigen Tagen leider durch Feuer fast zerstörten Badeort Scheveningen besuchen will, wer uns nach Belgien folgen will, dem Lande der Armuth und der Spitzen; von dort nach Paris und den durch den deutsch-französischen Krieg berühmt gewordenen Orten seiner Umgebung, endlich nach Havre und auf dem prachtvollen französischen Dampfer „La Bretagne", der uns nach New York zurückbrachte, der ist freundlich eingeladen, die Berichte in den kommenden Nummern des „Westens" zu lesen. Wenn es dem Schreiber gelingt, wenigstens einem Theile der Leser dadurch Einiges von Interesse zu bringen, wird er sich hinlänglich belohnt fühlen. Jedenfalls wird er sich bemühen, sich in seinen Schilderungen streng an die Wahrheit zu halten und Alles genau so wieder zu geben, wie er es gesehen und gefunden hat, unbekümmert, ob er damit hier und da anstößt oder nicht.

Auf unserer neunzigtägigen Reise, deren Weg ich bereits kurz angegeben habe, legten wir im Ganzen 9145 englische Meilen zu Wasser, 5925 per Eisenbahn und ungefähr 975 Meilen zu Wagen zurück, worin selbstverständlich Wagenfahrten innerhalb einzelner Orte, die ja auch zusammen eine beträchtliche Meilenzahl ergeben würden, nicht mitgerechnet sind. Sollte sich Einer oder der Andere wundern, wie man in so kurzer Zeit so große Strecken zurücklegen und zugleich viel sehen kann, nun so bedenke er, daß ja der größte Theil der Seefahrt und ein Drittheil der Eisenbahnfahrt in ununterbrochenen Strecken und ohne Aufenthalt bewältigt wurde. Von der Eisenbahnfahrt kommen nur 3900 Meilen auf Europa oder die eigentlichen Sehenswürdigkeiten der Reise, und bei den guten Anschlüssen und den für die Bequemlichkeit der Reisenden — von denen ja mehr oder weniger direkt das halbe Europa lebt — eingerichteten Blitzzügen läßt sich eine solche Reise recht gut machen, ohne daß man nöthig hätte, sich allzusehr zu eilen und abzustrapaziren. Zudem beschafften wir uns stets, wenn wir auf dem festen Lande waren, nicht nur einen Wagen, sondern auch einen Führer zur beständigen Verfügung, so daß wir alle sehenswerthen Einzelheiten schnell erreichen konnten und danach nicht erst zu suchen brauchten, sondern sofort an die richtige Stelle geführt wurden.

Zieht man dazu in Betracht, daß es im Sommer in dem von uns besuchten Theile Europa's gar nicht dunkel wird, und daß wir die Tagesstunden auf Besichtigung der in Gebäuden eingeschlossenen Kunstschätze, die Abende zum Schauen der sonstigen Sehenswürdigkeiten, zu Ausflügen und Spazierfahrten nach besonders interessanten Oertlichkeiten verwenden konnten, so daß täglich sechszehn bis achtzehn Stunden für das Sehen zur Verfügung standen, so wird sich leicht einsehen lassen, daß man auch in 90 Tagen recht viel sehen kann. Natürlich haben wir — ich wiederhole es — nicht Alles gesehen, was zu sehen war — das ist einfach unmöglich, — sondern wir haben hauptsächlich das gesehen, was uns interessirte. So haben wir z. B., wie mein Freund Raster, in den Museen die alten Heiligenbilder mit ihren verzerrten Gesichtern schnöde links liegen lassen, und uns nur in den Sälen aufgehalten, welche die modernen Kunstschätze enthalten. Denn ob so ein alter Heiliger nun von Murillo oder Rubens gemalt ist, und ob er in Berlin oder in London oder in Paris hängt, — ein herzerfreuender und ästhetischer Anblick ist er nirgends.

Und selbst Alles das zu beschreiben, was wir gesehen, wäre unmöglich, denn da würde für jeden Tag der Reise eine volle Westennummer kaum ausreichen, und 90 Sonntage hintereinander nichts als Reiseberichte aus einer und derselben Feder zu lesen, dafür würde das Publikum sich wohl schönstens bedanken. Und so muß ich mich darauf beschränken, aus dem Vielen das Interessanteste herauszugreifen.

II.

Berlin.

Als ich vor fünfzehn Jahren Berlin verließ, um mich nach dem eingeäscherten Chicago zurückzubegeben, hatte Berlin 800,000, Chicago 300,000 Einwohner. Seitdem ist die Einwohnerzahl Berlin's auf 1,300,000, die Chicago's auf 700,000 gestiegen. Man ersieht daraus, daß wir Chicagoer Unrecht thun, mit unserem Wachsthum zu prahlen, und zu behaupten, unsere Stadt habe mehr zugenommen, als in dem gleichen Zeitraum irgend eine andere Stadt der Welt. Denn Berlin hat in derselben Zeit um 500,000 Einwohner zugenommen, in der wir nur um 400,000 wuchsen. Die durch eine so riesige Vermehrung der Einwohnerzahl bedingte Vergrößerung und Erweiterung der Stadt muß jedem einem Jeden, der längere Zeit nicht dort gewesen, in die Augen fallen. Aber nicht nur sie, sondern das gegen früher so viel lebhaftere, hastige Leben und Treiben auf den Straßen, die schönen, modernen Gebäude, welche die Straßen zieren, und diese Straßen selbst, die für alle Zeiten und für jedes sich geltend machende Bedürfniß angelegt erscheinen, die herrlichen monumentalen öffentlichen Gebäude geben von vornherein den Eindruck einer großartigen, riesigen, sehr blühenden Weltstadt. Und ich muß gestehen, daß mir nirgendwo sonst das äußerlich auf den Straßen sich kundgebende Leben, — eine glückliche Vermischung von Herrschergepränge und lebhafter Erwerbsthätigkeit — so sehr gefallen hat, wie das Berliner.

Was sich in Betreff Berlin's im Vergleich mit anderen Großstädten des Continents ganz besonders zum Lobe sagen läßt, ist die große Reellität seiner Kaufleute. Wenn auch nicht allentalben wie in Amerika, so sind doch in allen großen Geschäften feste Preise eingeführt, und nirgends ist man unverschämten Forderungen und wirklicher Ueberwortheilung ausgesetzt. Ueberall findet man eine ehrliche und eine zuvorkommende Bedienung, zwei Dinge, worin die neue Kaiserstadt namentlich von der alten an der Donau in geradezu auffallender Weise und zu ihrem großen Vortheil absticht.

Will man sich eine Vorstellung von dem Wachsthum Berlin's machen, so muß man namentlich die nach dem zoologischen Garten und dem Tempelhofer Felde zu liegenden neuen Stadttheile besuchen. Ich erinnere mich noch sehr genau, daß vor fünfzehn Jahren zwischen der Matthäi-Kirchenstraße und dem zoologischen Garten auch nicht ein Haus stand, und daß man damals nur mit den größten Schwierigkeiten nach der herrlichen Anlage hinausgelangen konnte. Heute ist die ganze Gegend mit den großartigsten und schönsten Straßen und Gebäuden bedeckt, und jede Minute kann man einen Wagen der Pferdebahn oder Gürtelbahn oder einen Omnibus besteigen, der dorthin führt. Damals behauptete man von Dr. Strousberg, er sei in der großen Stadt der Einzige, der ein ganzes Haus bewohne; heute giebt es deren Tausende. Das Geld, welches in dieser Gegend in Grundeigenthums-Spekulationen verdient worden ist, soll in's Unglaubliche gehen.

Der Thiergarten ist heute noch, wie vor fünfzehn Jahren, der Hauptanziehungsplatz von Berlin und mit Recht. Kein Park der alten Welt, weder das Boulogner Wäldchen, noch das Gehölz bei Peterhof, hält mit dieser schönsten Parkanlage der Erde auch nur annähernd einen Vergleich aus.

Eines besonders fällt jedem Amerikaner in Berlin auf, das ist die Polizei. Wer kann sie sehen, ohne zu wünschen, daß wir eine ähnliche, von starker militärischer

Hand geleitet, in den Großstädten unseres Landes hätten. Natürlich sind alle Schutz=
leute gewesene Soldaten, und man sieht es ihnen auf den ersten Blick an, daß sie nicht
vom Schlage unserer irischen Knüppelhelden sind, sondern ihre schweren Pflichten
mit Verstand zu erfüllen verstehen. Und wie mannigfach sind die Pflichten eines
Berliner Schutzmannes gegenüber denen des amerikanischen Polizisten. Er hat nicht
nur die Ordnung auf den Straßen aufrecht zu erhalten, sondern auch für die Rein=
lichkeit auf den Straßen, den Fußsteigen, in den Höfen und Häusern seines Reviers
zu sorgen. Diese Reinlichkeit auf den Straßen ist etwas, was angesichts des
heimathlichen Schmutzes geradezu die staunende Bewunderung eines jeden Amerikaners
herausfordert. Nirgends sieht man auch nur das kleinste Stückchen Papier auf dem
Fahrdamm, wie auf den Seitenwegen. Der geringfügigste Schmutz wird von dazu
eigens angestellten Personen sofort aufgesammelt, die ganze Straße täglich mehrfach
gründlich gefegt, und die Straßen sind in Folge davon fast immer so rein, wie ein
blankgeputzter Teller, von dem man mit Appetit sein Mittagbrod essen könnte.

So trefflich und tüchtig die Berliner Polizei, so unzureichend und schlecht ist,
wie Viele zu hören sich wundern werden, wovon ich indessen mich durch eigene
Inaugenscheinnahme überzeugt habe, die Berliner Feuerwehr. Die Berliner
Feuerwehr ist ganz vorzüglich, wenn ein Feuer, ihr zu Gefallen, in einem alten
Gebäude mit vier Fuß dicken Mauern im zweiten Stockwerk ausbricht. Dann kommt
sehr prompt die Feuerwehr angesprengt mit einem Wagen, auf welchem ein großer
Zuber voll Wasser steht; der Bezirks=Commandeur, oder wie sein Titel ist, zieht
seinen Plan des Hauses aus der Tasche und, nachdem der Herd des Feuers ausfindig
gemacht, weiß er sofort, von welcher Seite und auf welche Weise ihm am besten bei=
zukommen ist, und giebt demgemäß seine Befehle. Auf diese Weise werden die
meisten Feuer in Berlin schon im Entstehen gelöscht, — hauptsächlich aus dem Grunde,
weil die Berliner Bauart so ist, daß das Feuer nur schwer Nahrung findet und sich
deshalb auch nur sehr langsam ausbreiten kann. Bricht aber einmal ein Brand da
aus, wo viel Brennstoff vorhanden — in einer größeren Fabrik leicht brennbarer
Gegenstände, wie es bei dem großen Brande in Rirdorf der Fall war, den ich mit
angesehen habe, und wo mehrere Dachpappe= und Papierschachtel=Fabriken 2c. ab=
brannten so ist die Berliner Feuerwehr vollständig hülflos. Ich erkundigte mich,
als ich auf die Brandstätte gekommen war, wo denn die Dampfspritzen seien, und
erhielt zur Antwort, man hätte nur zwei — man denke in einer Stadt von dreizehn=
hunderttausend Einwohnern nur zwei Dampfspritzen — und man könne sie an
dieser Stelle nicht in Anwendung bringen, weil es an Wasser mangele. Dieses wurde
wie sonst in großen Kübeln und Wagen zur Stelle geschafft. Auch sah ich, daß die
Feuerwehr nicht Schlauch genug hatte, und daß ihre Leitern nicht ausreichten, um in
die höchsten Stockwerke zu gelangen. Die Folge war, daß das Feuer brannte, so
lange es noch irgend welche Nahrung fand, und bis einige starke Feuermauern ihm
Halt geboten. Es hatte einen Schaden von nahezu einer Million Dollars angerichtet.
Als Merkwürdigkeit sei erwähnt, daß, obwohl der Brand am Samstag Abend
stattfand und Hundertausende herbeigeströmt waren, um ihn sich anzusehen, die
Berliner Zeitungen vom Montag Morgen nicht mehr darüber enthielten, als der
der „Ill. Staatszeitung" telegraphirte Kabelbericht.

Durch alle öffentlichen Einrichtungen Berlin's geht ein militärischer Zug.
Was einmal vorgeschrieben ist, davon wird nicht abgegangen. Ordnung ist überall
die Parole. So muß z. B. Jemand, der nach dem Bahnhof fährt, den Droschken=
kutscher vor der Aufsahrt bezahlt haben, damit dort kein Aufenthalt und durch einen
etwaigen Streit über das Fahrgeld keine Störung entsteht. Eine gleiche Vorschrift
gilt für die Theater. In den Bahnhöfen ist Aufgang zum und Abgang vom Billet=
schalter streng geschieden, und als ich einmal in den Abgang gerathen war, wurde
mir, trotzdem ich der Einzige war, das verlangte Billet verweigert, bis ich mich in den
Aufgang begeben hatte.

Ueber die große Central=Markt=Halle, der natürlich ein jeder Fremde
einen Besuch abstattet, da über sie soviel geschrieben ist, will ich nur bemerken, daß
man durchaus nicht zu viel Rühmens von ihr gemacht hat, und daß sie in jeder
Beziehung vollkommen ist. Nicht nur, daß die Eisenbahnwagen die Produkte direkt

in die Markthalle hineinbefördern, so daß Fische, Gemüse, Fleisch ꝛc. direkt vom Absendungsorte an den Verkaufstisch gelangen, die Vertheilung der Stände und Produkte, die ausgezeichnete Lüftung, die außerordentlich große und wohlthuende Reinlichkeit, zeugen zugleich von der Kenntniß, welche die Anlage plante und ausführte, und der sichern und erfahrenen Hand, welche sie leitet. Die Markthalle ist nicht nur ein großer Vortheil für das Publikum, sondern auch ein Werk der Humanität für die armen Weiber, denen ja in ganz Europa das Marktgeschäft obliegt, indem diese dadurch dem Regen, der Kälte und dem Sonnenbrande entrückt werden.

Von hohem Interesse war für mich selbstverständlich die Stadtbahn, schon des Gegensatzes halber, den sie zu den Chicagoer Bahnen und den Bahnen innerhalb fast aller amerikanischen Städte bietet. Bei uns gestattet man den Eisenbahnen, immer mehr Straßen einzunehmen, und baut endlich, wenn die Sache für den Verkehr gar zu gefährlich wird, Viadukte darüber hinweg, zu schwerer Anstrengung und großem Aufenthalt für Menschen und Vieh. In Berlin hat man die Bahn auf einem von aneinander gereihten hohen Gewölben getragenen Viadukte über die Straßen fortgeführt, und dadurch nicht nur jeder Verkehrsstörung vorgebeugt, sondern auch eine Reihe sehr begehrter und gute Miethe eintragender Gelasse gewonnen, — ein treffliches Zeugniß für die in Preußen herrschende weise Sparsamkeit und das haushälterische Umgehen mit den vorhandenen Mitteln. Ein Theil dieser Stadtbahnbogen ist zu Remisen für die vielen Hunderte von Postwagen Berlin's geworden, andere werden als Waarenlager benutzt und wieder andere als Wirthschaften. So befindet sich in einem der Bogen an der Friedrichsstraße einer der größten und besten Bierkeller Berlin's, „Zum Kapuziner" genannt. Das Lokal ist wunderhübsch dekorirt, und natürlich im Winter warm, im Sommer angenehm kühl. Von den Hunderten an Zügen, welche in fast ununterbrochener Reihe darüber hinwegbrausen, merkt man dort unten auch nicht das Geringste. So solid ist gebaut. Bei dieser Gelegenheit möchte ich auch des Rathskellers erwähnen, nicht um eine Beschreibung davon zu liefern, die ja in eingehendster Weise zur Zeit seiner Eröffnung erfolgte, sondern nur im Gedanken an die verblüfften Gesichter, welche unsere Amerikaner machen würden, wollte man ihnen vorschlagen, die Basements unserer städtischen Rathhäuser und unserer Gerichtsgebäude zu Schank- und Speisewirthschaften einzurichten. Und doch hat diese in Europa so vielfach bestehende Einrichtung nirgends Uebelstände geschaffen, und eine gut geführte Schankwirthschaft würde bei uns ebenso gut möglich sein, und wie hier der Stadt sehr ansehnliche Miethe abwerfen.

Was mich besonders interessirte und wohl Alle interessiren wird, die dort den Worten der Weisheit gelauscht haben, war ein kurzer Besuch, den ich der Universität abstattete. Denn ich fand, daß sie noch ganz dieselbe geblieben ist, wie sie vor fünfzehn und wahrscheinlich schon vor fünfzig Jahren war. Da waren dieselben dunkeln Hallen, dieselben unbequemen Sitze, — ich glaubte, noch dieselben Sessel wieder zu erkennen, auf denen ich Helmholtz, Droysen und Mommsen thronen sah — derselbe fingerdicke Staub, dieselbe dumpfe, schlechte Luft, welch' letztere man ja leider überall in Deutschland in den Gebäuden findet. Hier wäre ein moderner, luftiger, lichter Neubau sehr am Platze. Wie man mir erzählte, hat das Corpswesen unter den Berliner Studenten, deren Zahl ja freilich seit meiner Studienzeit bedeutend gewachsen ist, sehr zugenommen, und es sind mehrere neue Verbindungen entstanden. Aber von einem richtigen Studentenleben, wie es noch in Jena und Heidelberg besteht, merkt man hier wenig.

Auffallend war mir, wenn auch leicht verständlich, daß Berlin, seit es Weltstadt geworden, das charakteristisch Berlinische nahezu vollständig abgelegt hat. Der Berliner mit der loddrigen Schnauze ist nur noch in seltenen Exemplaren, am ehesten noch in Gerichtshöfen als Angeklagter wegen Beamtenbeleidigung oder sonstiger kleiner Vergehen anzutreffen, und der einst von der ganzen Glorie der Frechheit und Nichtsnutzigkeit umstrahlte Berliner Schusterjunge ist nicht mehr. Der Berliner Straßenjunge von heute unterscheidet sich in nichts von seinem großstädtischen amerikanischen Kollegen. Die alten Typen sind unter der Masse der Zuwanderung verschwunden.

Einen großen Vorzug vor anderen Städten besitzt Berlin in seinem Adreß=buch. Denn dieses Adreßbuch giebt nicht nur den Wohnort einer Person, ihren Beruf und ihren Geschäftsplatz, sondern auch ihre Telephon=Nummer, die Bank, mit welcher sie ihre Geschäfte macht, und ihren Credit an. Es vereinigt also ein ge=wöhnliches mit einem Handels=Adreßbuch. Außerdem enthält das Adreßbuch einen Wohnungs=Anzeiger, so daß man sich jederzeit unterrichten kann, wer in einem ge=gebenen Hause in einer gegebenen Straße wohnt.

Einem eingefleischten Pferdefreunde, wie mir, mußte es auffallen, daß selbst nicht in des deutschen Reiches Hauptstadt, und wie ich im Laufe meiner Reise wahr=nehmen mußte, nirgendwo in Europa, das amerikanische Buggy oder ein ihm ähnliches praktisches und leichtes Fuhrwerk Eingang gefunden hat. Und doch wären sie gerade in Europa — und in Europa vor Allem in Berlin mit seinen wun=dervollen, ebenen Straßen, mit seinen großartigen Parks und Anlagen, mit den nach allen Richtungen ausstrahlenden Chausseen so recht an ihrem Platze. Welch' größeren Genuß kann es für einen Pferdefreund geben, als in einem leichten, aber sicheren Fuhrwerk hinter einem Gespann feuriger Pferde auf solchen Straßen zu reisen. Nur Einen habe ich getroffen, der das gethan hat, aber es war ein Ameri=kaner. Er fuhr mit seiner aus elf Mitgliedern bestehenden Familie und zwei Dienst=boten mit einem Four=in=Hand von Brüssel nach Neapel.

Das Berlin bei Nacht ist heute lange nicht mehr das, was es vor fünf=zehn Jahren war. Damals, kurz nach dem Kriege, waren die Zügel ziemlich locker gelassen, heute übt die Sittenpolizei äußerste Strenge, und wo früher die Straßen von willigen Dirnen wimmelten, ist heute von ihnen nichts mehr zu sehen. Das Orpheum und das Ballhaus, die früheren Stelldichein=Plätze der feinen Demimonde und der vergoldeten männlichen Jugend, bestehen allerdings noch, aber es sind sehr solide Lokale geworden, die schon um 11 Uhr geschlossen werden. Nach dieser Zeit ist Berlin überhaupt vollständig todt — so todt wenigstens, als dies in einer ge=drängten Ansiedlung von mehr als fünf Viertel Millionen Menschen möglich ist. Nur im allerinnersten Centrum der Stadt befindet sich ein die ganze Nacht offenes Café, das Café=National, in welchem sich die höhere Demi=Monde Stell=dicheins giebt. Indessen herrscht hier zwar ein sehr reges Leben, aber ein durchaus anständiger Ton. Keinerlei Verletzung der Etikette, nicht einmal ein lautes Ge=spräch, ist gestattet. Trotzdem wäre es ein Irrthum zu glauben, daß die Unsittlich=keit in Berlin abgenommen hat. Im Gegentheil wurde mir von urtheilsfähiger Seite mitgetheilt, daß, wenn es auch der Polizei gelungen ist, durch strenge Maß=nahmen ihr Breitmachen in der Oeffentlichkeit zu verhindern und sie von der Straße zu vertreiben, sie desto üppiger im Verborgenen blüht, und in diesem ihrem geheimen Treiben von der Polizei nicht nur geduldet, sondern in vielen Fällen — gegen Ent=gelt! — beschützt wird, so daß in diesem Punkte wenigstens die Berliner Polizei nichts vor der Chicagoer voraus hat.

Von den Berliner Theatern habe ich wenig gesehen, denn es war Sommer, und die meisten waren geschlossen. Doch kann ich, obwohl Herr Raster bereits darüber geschrieben, mich nicht enthalten, kurz des Ballets zu erwähnen, das ich im Victoria=Theater gesehen. Denn in diesem Stücke wirkten 750 Personen und 16 Pferde mit, und die Bühne ist 170 Fuß tief und 80 Fuß breit. Bedenkt man, daß unser Columbia=Theater, das größte in Chicago, überhaupt nur 125 Fuß tief ist, so kann man sich eine Vorstellung von der räumlichen Ausdehnung dieser Bühne machen. Eins ist bei allen Theatern, nicht nur in Berlin, sondern in ganz Europa, sehr zu loben, — die sehr kurzen Zwischenpausen, und eins sehr zu tadeln, — daß es keine Ushers giebt. Während ersteres ermöglicht, daß die Vorstellungen selten mehr als $2\frac{3}{4}$ Stunden währen, hat letzteres viel Unannehmlichkeiten im Gefolge. Zwar sitzt am Eingange zu den betreffenden Sitzabtheilungen eine Frau, welche die Sitz=marken abnimmt und einem ungefähr die Richtung des Sitzes weist, aber es ist leicht einzusehen, daß dabei viele Irrthümer vorkommen müssen.

In Berlin gewesen zu sein, ohne den Kaiser gesehen zu haben, ist wie ein Besuch in Rom, ohne einen Blick auf den Papst. Und wir waren auch glücklich genug, eines Nachmittags in „Unter den Linden" den alten Herrn in einem offenen

Wagen vorüberfahren zu sehen. Und er sieht wirklich alt und vollauf seine neunzig Jahre aus. Ganz zusammengeschrumpft lag er in der Ecke des Wagens und mit einer rein mechanischen Handbewegung grüßte er nach rechts und links. Aber rührend und wohlthuend war nichts destoweniger der Jubel und die Begeisterung der Bevölkerung bei seinem Anblick. Ein Jeder nahm den Hut ab, ein Jeder rief „Hurrah" und noch lange nachdem der Wagen unserem Gesichtskreise entschwunden war, konnte man den brausenden Zuruf der Menge vernehmen. Wie tief Kaiser Wilhelm den Berlinern an's Herz gewachsen, und wie sie ihm nicht nur die dem Alter und seiner hohen Stellung gebührende Ehrfurcht, sondern auch wirkliche herzliche Liebe zollen, das bewies mir das Begegniß deutlich.

Des Sehenswerthen in der deutschen Reichshauptstadt ist so viel, und so viel davon ist schon so oft der Gegenstand der Besprechung seitens der berufensten Federn gewesen, daß es den Leser nur ermüden würde, darüber von Neuem zu hören. Deshalb nur einen kurzen Blick auf das Alte Museum mit seinen berühmten Bildern und Sälen voll klassischer und anderer alterthümlicher Kunstwerke, auf das Neue Museum mit seinem herrlichen Treppenhause und den wunderbaren Kaulbach'schen Gemälden darin, auf die National=Gallerie mit mehr und sehr schönen Gemälden, die auf mich, wie schon früher bemerkt, eine größere Anziehungskraft ausübten, als wenigstens die meisten im alten Museum, auf's alte preußische Königsschloß und die statuengeschmückte Schloßbrücke, dann die berühmte Straße „Unter den Linden", die sich in den fünfzehn Jahren in baulicher Beziehung nur wenig verändert hat, dagegen einen bedeutend gehobenen Verkehr zeigt, der sich an Lebhaftigkeit zwar noch lange nicht mit dem Chicagoer, an den Statestraße, Clarkstraße und Madisonstraße messen kann, aber aus einer anderen und gestehe ich es, bunteren und deshalb interessanteren Welt besteht; auch das kronprinzliche Palais, das herrliche Denkmal des alten Fritz, und dahinter auf das kaiserliche Palais und das bekannte Fenster, das, wenn der alte Herr in Berlin anwesend ist, Mittags Tausende umlagern, bis er sich zeigt, auf's Brandenburger Thor mit seiner Victoria, die heutzutage nirgendwo am richtigeren Platze, als eben da; durch den Thiergarten hindurch nach Charlottenburg in das Mausoleum Friedrich Wilhelm III. und Louisens der Unvergeßlichen, nach der berühmten Napoleonsgruft, zweifelsohne die schönste Grabstätte der Welt, und den Preußen die schönste, und dann zurück zur Jubiläums=Kunstausstellung, wo man einen wirklichen ungeheuchelten und unverkümmerten Genuß von mehreren Stunden hat, nicht allein von den Gemälden und Sculpturen, sondern von den schönen Anlagen, der herrlichen Musik, der interessanten Gesellschaft, um dann vier Sehenswürdigkeiten uns zuzuwenden, welche bis jetzt weniger Erwähnung gefunden haben, als sie es verdienen und von denen wenigstens die drei letzten auch nur wenig von Reisenden in Augenschein genommen werden. Es sind die Ruhmeshalle, das Reichspostmuseum, die Volksküchen und der Central=Viehhof.

Daß die Ruhmeshalle das alte, vom ersten Könige Preußens nach den Plänen von Andreas Schlütter errichtete frühere Zeughaus ist, ist ja bekannt, weniger wohl, daß es gewissermaßen schon dem Erbauer dem Zwecke bestimmt wurde, dem es erst seit dem Jahre 1877 entgegengeführt wird. Denn die über dem Haupteingang befindliche lateinische Inschrift besagt: „Den Waffenthaten zur Anerkennung, den Feinden zum Schrecken, seinen Völkern und Bundesgenossen zum Schutz, hat Friedrich I., der erhabene und unbesiegte König der Preußen, dies Zeughaus zur Bergung aller Kriegswerkzeuge, sowie kriegerischer Beute und Trophäen von Grund aus erbauen lassen im Jahre 1706." — Zeughaus ist es auch stets gewesen, und Trophäen wurden auch darin gelegentlich untergebracht, doch war der Zutritt nur wenigen bevorzugten Sterblichen gestattet, bis im Jahre 1875 Kaiser Wilhelm vom Landtage eine Bewilligung verlangte, um das Gebäude zu einer Walhalla umzugestalten, die neben einer Waffensammlung alter und neuer Zeit, die Standbilder der preußischen Herrscher, die Büsten preußischer Feldherren, und in Wandgemälden die Darstellung der bedeutsamsten kriegerischen Vorgänge der preußisch-brandenburgischen Geschichte enthalten solle. Im Jahre 1877 wurden auch die nöthigen Mittel bewilligt, und der von dem jetzt verstorbenen Baurath Hitzig in seinen wesentlichen Theilen geschaffene Neubau hat in dem schon von früher her imposanten 300 Fuß im Geviert messenden Gebäude Räume geschaffen, die, obwohl ihre Ausschmückung immer noch nicht völlig vollendet ist, doch in ihrer Gesammtheit schon jetzt als die schönsten bezeichnet werden müssen, denen ich für Museumszwecke begegnet bin.

Seit drei Jahren ist die Ruhmeshalle, so weit es eben möglich war, dem Publikum geöffnet. Was ihren Besuch außer den in ihr vorhandenen zahlreichen Trophäen des deutsch-französischen Krieges so besonders interessant macht, ist der Einblick, welchen sie in die Geschichte der Waffenkunde gewährt, und in die wunderbare, man könnte sagen traurige Entwickelung, den der Scharfsinn der Menschen auf dem Gebiete des Menschenmordens unter dem Vorwande der Nothwehr zu Wege gebracht hat. Die Waffensammlung beginnt mit dem Schlusse des 14. Jahrhunderts und enthält von den ersten Geschützröhren an, die aus eisernen Stäben mit eiserner Bodenplatte zusammengeschweißt wurden, und in denen auf das damals noch ungekörnte Pulver zwischen dieses und die mühsam und selbstverständlich wenig vollkommen gemeißelte steinerne Kugel zu besserer Wirksamkeit ein Holzpflock gesetzt wurde, wohl so ziemlich eine jede verbessernde Neuerung, die auf dem Gebiete des werfenden, wie des geworfenen Geschosses bis in die neueste Zeit gemacht worden ist — die bronzenen, zum Theil schön verzierten Kanonen des 16. Jahrhunderts, die Haubitzen, Mörser, Kartätschen, Orgelgeschütze jener Zeit, schon ein französisches Hinterladungsgeschütz von 1609, lederne Kanonen, Hakenbüchsen und natürlich meistens mehrere Exemplare der in den beiden letzten Jahrhunderten verwendeten Geschütze, bis zu den neuesten. Ebenso eine vollständige Ausstellung des Kriegs-Ingenieurwesens der letzten fünf Jahrhunderte, des Pionier-Handwerksgeräths, der Hieb- und Schußwaffen, nicht blos der europäischen, sondern auch der morgenländischen, darunter viele einst berühmten Männern gehörige, Gewehre, Armbrüste, Panzer, Säbel, Schwerter, Lanzen, Küraße. Es würde einen dickleibigen Band brauchen, um auch nur einigermaßen eine eingehende Darstellung dieser vorzüglichen Sammlung zu geben, welche, als ich sie sah, 7416 Nummern enthielt und die natürlich fortwährend vermehrt wird, und auch kurz vorher erst auf dem Gebiete der kleineren Waffen einen bedeutenden Zuwachs durch die vom Staate angekaufte vorzügliche Waffensammlung des verstorbenen großen Kriegers, des Prinzen Friedrich Karl, erfahren hatte. Von hohem Interesse sind natürlich auch, doch wohl mehr für patriotische preußische Gemüther, die zahlreichen eroberten Fahnen, Standarten und Festungsschlüssel.

Die eigentliche Ruhmeshalle, welche im zweiten Stockwerk des Gebäudes liegt, ist noch immer nicht fertig, und dem Publikum nicht geöffnet. Doch gelang es uns durch Vermittelung hineinzukommen, und wir sahen einige der bereits fertigen herrlichen Gemälde, welche dieselbe schmücken, den Triumphzug von Geselschap in der Kuppel der Halle, Werner's Proklamation des neuen deutschen Kaiserreichs in Versailles, und zwei andere Gemälde von Camphausen und Georg Bleibtreu, den beiden großen deutschen Schlachtenmalern. In den drei Abtheilungen dieser Halle werden neben den preußischen und brandenburgischen Herrschern, die Büsten von 32 der größten preußischen Feldherren ihre Aufstellung finden.

Noch weniger Leute als in die Ruhmeshalle kommen in's Reichspostmuseum. Und doch ist darin eine Ausstellung enthalten davon, wie seit vor Beginn der christlichen Zeitrechnung, seit vier Jahrtausenden, die Post zu Fuß, zu Pferde, zu Wagen und Schiff, per Dampfschiff und Schienenstrang befördert worden ist, und zwar nicht etwa in bildlichen Darstellungen, sondern in bis in die kleinste Einzelnheit gehenden Nachbildungen und Modellen. Vom modernen Postwesen namentlich ist Alles vorhanden, was dazu gehört, vom Stiefel und der Peitsche des Postillons bis zum Modell des allerschnellsten Windhundes des Oceans. In einigen Stücken geht die Ausstellung bis in das Jahr 2000 vor Chr. zurück. Da ist zu sehen, dargestellt durch Modelle von Wagenbau und Bespannung, von Straßenanlagen und Schiffen, von Schriftproben und Nachbildungen von Bildwerken das Verkehrswesen der alten Culturvölker, der Aegypter, Assyrer, Perser, Hebräer, Griechen, Römer, des Mittelalters, der ersten Jahrhunderte der Neuzeit, und endlich die beschränkte Entwicklung des Postverkehrs im achtzehnten und die großartige Entwicklung im 19. Jahrhundert,

durch Nachbildungen von Posthäusern, Posthausschildern, Postwagen, Bahnpost=
wagen, Postschiffen, Feldpostausrüstungen, durch Geräthschaften für den technischen
Postbetrieb, durch alle die verschiedenen Apparate, welche die Entwicklung des
Telegraphendienstes bezeichnen, durch Verdeutlichung der Rohrpost ec. ec.
Selbst das Brieftaubenwesen ist nicht vergessen, und wir sahen einen Apparat,
der einer Brieftaube angethan wird zum Verscheuchen der Raubvögel. (Wenn die
Brieftaube von einem solchen angegriffen wird, läßt der Apparat, während die
Taube schnell fällt, eine helle Glocke ertönen und verscheucht dadurch den bösen Ver=
folger.)

Ganz selbstverständlich ist mit dieser äußerst reichhaltigen und schon deshalb
höchst verdienstlichen Sammlung, weil sie viel mehr als die Kunstsammlungen den
allmählichen Fortschritt und gelegentlichen Rückschritt der Menschheit veranschaulicht,
eine Briefmarkensammlung verbunden, welche für die zweitbeste der Welt
erachtet wird, und als langjähriger Briefmarkensammler möchte ich diese Gelegenheit
benutzen, um über diesen Gegenstand einige Worte zu sagen.

Es giebt heutzutage kaum einen Ort, jedenfalls kein Land, die nicht ihre Brief=
markensammler hätten, und das Briefmarkensammeln ist heutzutage nicht mehr
ein Sport, ein gelegentlich geübter Zeitvertreib, sondern es ist zu einer Wissenschaft
geworden, die deshalb auch bereits mit einem wissenschaftlichen Namen, Philatelie,
geehrt worden ist. Es bestehen, in Europa wenigstens, Vereine, welche das Brief=
markensammeln als ein wissenschaftliches Studium betreiben, ja die Briefmarken sind
bereits zu einer Spekulations=Waare geworden, und es bestehen Briefmarken=
Börsen, auf denen nicht allein wirklich vorhandene Marken gekauft und verkauft
werden, sondern auf denen in „Options" gehandelt, d. h. gewettet wird, wie die und
die bestimmten Marken an einem gewissen zukünftigen Zeitpunkt im Preise stehen
werden, gerade wie auf den Getreide= und Aktien=Börsen in Bezug auf die ein=
schlägigen Waaren und Werthe. Es giebt Briefmarken=Zeitungen, Briefmarken=
Monatshefte und Briefmarken=Kataloge, von denen die letzteren, je nach
ihrer größeren Ausführlichkeit und geringeren oder besseren Ausstattung, $3—5 das
Stück kosten, und diese Kataloge sind sehr lehrreich, denn sie enthalten gewöhnlich
zugleich höchst werthvolle Statistiken und geschichtliche und geographische Notizen und
man kann aus ihnen meistens die politischen Umwälzungen der einzelnen Staaten seit
Einführung der Briefmarken kennen lernen.

Vielfach auch aus den Marken selbst. Nehmen wir z. B. Frankreich an.
Dieses gab die erste Briefmarke zur Zeit der dritten Republik, im Jahre 1849, aus,
und sie erscheint geschmückt mit dem Haupte der Göttin der Freiheit. Sie blieb es
bis 1852, wo bald nach dem Staatsstreich im Jahre 1852 statt der Freiheitsgöttin
das einfache Bildniß Louis Napoleons darauf erscheint, das 1862, zur Zeit der
höchsten Machtstellung des großen Abenteurers, durch seinen lorbeergekrönten Kopf
ersetzt wird, um 1870, nach Sedan, wieder dem Bilde der Freiheitsgöttin Platz
zu machen. Weshalb im Jahre 1872 wieder Postmarken mit dem Kopfe des abge=
setzten Kaisers erschienen, habe ich nicht erfahren können. Ein Jahr später gab es
wieder Marken mit der Freiheitsgöttin und seit 1876 die jetzt noch gebräuchlichen mit
den allegorischen Figuren des Handels und des Friedens. Geschichtlich auch be=
merkenswerth ist, daß die in den Jahren 1870 und 1871 in Bordeaux gedruckten
Marken zu den vom künstlerischen Standpunkt schlechtesten Marken gehören, die je
verausgabt wurden, und ein Bild geben von den in Frankreich damals herrschenden
Zuständen.

In Form und Aussehen sind die Briefmarken sehr verschieden. Die räumlich
kleinste Marke, die es je gegeben hat, und auch eine der kleinsten im Werth, war eine
ältere des Herzogthums Braunschweig. Sie maß nur ¼ Zoll im Geviert und galt
¼ guter Groschen (⅔ Cts.) und nur vier davon, zu einer Marke vereinigt, wurden
verkauft, und man mußte sich davon abschneiden, so viel man brauchte. Die umfang=
reichste Marke stammt aus den Ver. Staaten von Columbia, eine Marke für Geld=
briefe, 6 Zoll lang und 2½ Zoll breit. Die dem Werthe nach kleinste Geld=
marke hat Italien herausgegeben, 1 Centesimi (⅕ Cent); die dem Werthe nach
höchste die Ver. Staaten, $60, eine Marke für in Masse versandten Zeitungen.

Die Form der Marke ist, wie gesagt, sehr verschieden, und wenn auch bei den aufzuklebenden Marken das Viereck und bei den in den Einschlag eingedruckten das Oval vorherrscht, so giebt es doch auch kreisrunde, dreieckige, sechseckige und achteckige, und von dreieckigen solche mit spitzen und stumpfen Winkeln. Auf den meisten Marken erscheint das Bildniß des jeweiligen Herrschers oder Oberhauptes der Regierung. Nur Frankreich macht jetzt und die Ver. Staaten machen stets eine Ausnahme, indem letztere nur die Bildnisse ihrer großen Todten darauf anbrachten. Am häufigsten erscheint auf den Postmarken das Bildniß der Königin Viktoria, weil nicht nur Großbritannien und Irland, sondern jede der zahlreichen britischen Colonien, und sei sie eine noch so kleine Eilands=Gruppe in der Südsee, ihre eigenen Postmarken hat und sie natürlich mit dem Bildniß der Kaiserin von Indien bedruckt. Die größte Zahl von dem Aussehen nach verschiedene Marken hat S p a n i e n herausgegeben, denn bei jeder der häufigen politischen Umwälzungen in diesem Lande gab es auch neue Postzeichen. Die s c h ö n s t e n Marken sind ohne Zweifel die seit mehreren Jahren herausgegebenen r u s s i s c h e n mit dem weißen Adler im dunklen Felde. Ihnen würdig zur Seite stehen die neuesten Marken der freien deutschen Reichs= und Hansestadt L ü b e c k. Aber alle die verschiedenen Marken zusammengenommen, welche im Laufe der Zeit in den einzelnen Ländern erschienen sind, wird den von der berühmten American Banknote Engraving Co. in New York ausgeführten Marken der V e r. S t a a t e n in Bezug auf Entwurf und künstlerische Ausführung völlig der Vorrang vor allen anderen zuerkannt, und auch ein nicht kunstgeübtes Auge wird dieses Urtheil beim Durchblättern eines Briefmarken=Albums auffallend bestätigt finden.

Als besondere Marken=Eigenthümlichkeiten seien erwähnt, daß B r a s i l i e n Jahre lang auf seinen Marken nur allmächtig große Zahlen ohne ein Wort der Erklärung druckte, daß in D o m i n i c a die Marken noch heute entzweigeschnitten werden dürfen, wenn ein geringeres Porto erforderlich, als das darauf angegebene, und daß aus W e s t = A u s t r a l i e n kein Brief anlangt, ohne daß Brief und Marke mit einem regulären „Punch" durchlöchert sind — wie es heißt, behufs Durchräucherung der Briefe vor Abgang derselben.

Es ist bekannt, daß die Einführung der Postmarken ein Verdienst des britischen Generalpostmeisters Rowland Hill ist und im Jahre 1840 erfolgte, daß mithin der Postmarke, die zu einem so großartigen Verkehrsaufschwung den Anlaß gegeben hat, ihr fünfzigjähriges Jubiläum noch bevorsteht.

Uebrigens war der erste Gedanke Hill's keine Marke, sondern ein vollständiger Briefbogen mit Einschlag, wie er neuerdings in unserem Lande einzuführen gesucht wird, und auf dessen Adressenseite sich eine umfangreiche Federzeichnung befand, aber diese Einrichtung währte nur wenige Monate, und die nach dieser Idee herausgegebenen Postzeichen — zu 1 und 2 Penny — sind jetzt so rar, daß man dafür gerne von $150 bis $250 bezahlt. Noch in demselben Jahre kamen die kleinen viereckigen Marken heraus, welche bis heute vorzugsweise im Gang sind.

Dem Vorgange Englands folgten im Ganzen recht schnell alle civilisirten Staaten, namentlich die Ver. Staaten im Jahre 1849, zuletzt Rußland in 1857. In Amerika hatte es übrigens schon vorher auf bestimmte Oertlichkeiten beschränkte Marken gegeben.

Die größte Markensammlung ist die des britischen, die zweitgrößte die im Reichspostmuseum enthaltene des deutschen Reichs. Letzteres hat einen Vertrag mit jeder Regierung der Erde, wonach jede neu herausgegebene Marke ihm sofort zuzuschicken ist. Dadurch ist es möglich geworden, eine nahezu vollständige Sammlung aller jemals erschienenen Briefmarken herzustellen. Die größte Markensammlung hat ein Herr F e r r a r i in Paris, der sich ganz dieser Sache widmet und von den ungefähr 10,000 bis jetzt herausgegebenen Marken 9000 besitzen soll. Er hat unlängst $350 für eine der ersten Marken der Insel Mauritius bezahlt, den höchsten Preis, der überhaupt je für eine Marke bezahlt worden ist. Nach ihm soll der Pariser Rothschild die beste Sammlung haben. Die eigentlich werthvollsten, d. h. den größten Preis bringenden Marken, sind die ersten preußischen Einschlag=Marken, die ohne Weiteres mit $200 und mehr bezahlt werden. Ein wahres Glück sind die

Briefmarken-Sammlungen für die Conföderirten Staaten, denn deren Postmarken werden darin noch erscheinen, nachdem man die Conföderirten Staaten längst vergessen hat.

Eine gute Briefmarkensammlung hat nicht nur einen idealen, sondern einen wirklichen, in Dollars und Cents ausgedrückten Werth. Eine ganz vollständige giebt es nicht, und sie ist deshalb unschätzbar. Eine der vier angeführten mag von $20,000 bis $30,000 werth sein. Für meine eigene, die nur etwa 6000 von den ungefähr 10,000 erschienenen Marken enthält, sind mir in Berlin $6000 geboten worden, wobei ich bemerken will, daß seit dem letzten Jahrzehnt die Briefmarkensammlungen an Werth nicht gestiegen sind, weil durch die ungeheure Vermehrung der überseeischen Verbindungen, und seit Dampfer an jeder kleinen weltverlorenen, aber postmarkenbegabten Insel anlegen, der markensammelnden Welt vorher ungeahnter Zufluß geworden ist. Aber immerhin ist aus dem Vorhergehenden ersichtlich, daß sich die Mühe des Sammelns belohnt.

Eine andere große, zwar anderwärts nachgeahmte, aber nirgends zu gleicher Vollkommenheit gediehene Eigenthümlichkeit Berlins sind seine Volksküchen. Daß diese Anstalten einer hochherzigen Jüdin, der Frau Lina Morgenstern, ihr Entstehen verdanken, dürfte allgemein bekannt sein. Daß sie wahrscheinlich nicht von den Berlinern, und jedenfalls nicht von den nach Berlin kommenden Fremden, unter denen doch heutzutage auch Manche sind, welche nicht blos zum flüchtigen Sehen, sondern zu ernstem Studium hingekommen, nach Gebühr und Verdienst gewürdigt werden, beweist das geringe von ihnen gemachte Aufheben. Und doch verdienen unter den vielen trefflichen, aus öffentlicher wie privater Anregung entstandenen gemeinnützigen Einrichtungen der deutschen Reichshauptstadt, gerade sie ein eingehendes Studium und eine gerechte Würdigung.

Die Volksküchen, deren Zahl jetzt achtzehn oder neunzehn beträgt, sind keine Armenküchen, und sollen es nicht sein. Sie werden nicht durch milde Beiträge erhalten, sondern erhalten sich selbst, ja sie werfen sogar noch einen Gewinn ab, und der Verein, welcher im Jahre 1866 seine Arbeit mit einem allerdings durch freiwillige Geschenke zusammengebrachten Anlagekapital von 13,078 Mark ($3138.72) begann, hat heute, trotzdem er Noth- und Kriegszeiten durchmachte, bei welchen er an 20,000 Mark zusetzte, einen Reserve-Fonds von 65,653.10 Mark ($15,567.14), er hat also sein Kapital in zwanzig Jahren verfünffacht.

Der Verein steht unter Leitung eines Central-Vorstandes, der die äußere Leitung hat und aus sechs Herren, drei Damen und vier stimmberechtigten Mitgliedern des Küchenvorstandes besteht, und den Lokal-Vorständen, welche die besondere Aufsicht über die Küchen führen, und aus einer Vorsteherin, deren Stellvertreterin und vierzehn Ehren- oder Aufsichtsdamen, zusammengesetzt sind. Diese Lokalvorstände wählen die gemeinsamen Lieferanten, die Waaren nur gegen Checks der Küchenvorsteherinnen verabfolgen; die Ehrendamen übernehmen die freiwillige Pflicht, je an einem Wochentage von 10¾ bis 1½ Uhr, und wenn Abendspeisung ist von 6 bis 7½ Uhr Abends, den Dienst am Buffet zu thun. Sie kosten die Speisen, sorgen, daß die Näpfe die vorgeschriebene Portion enthalten, vertheilen die Portionen an das kaufende Publikum gegen an der Kasse zu lösende Marken, halten auf Sauberkeit und Ordnung, führen Buch über die Einnahmen, die täglich übrig bleibenden Speisereste, und halten zu dreien unregelmäßige Inspectionen ab.

Um 6 Uhr Morgens wird die Volksküche geöffnet. Dann muß das Küchenpersonal, das nicht im Lokal schläft, am Platze sein. Um 10¾ Uhr muß das Essen fertig und Alles blitzblank und sauber sein. Dies Speiselokal enthält nur hölzerne, angestrichene Tische und Stühle und ist durch einen großen Büffettisch von der Küche abgeschlossen, aus der die Speisen in üblicher Weise durch ein Fenster vom Anrichtetisch hineingereicht werden. Es werden nie mehr als zwei Gerichte an einem Tage verabreicht, aber die Speisekarte wechselt jeden Tag. Heute giebt es vielleicht Suppe und Pökelfleisch mit Kohl, morgen Suppenfleisch mit Kartoffeln, am dritten Tage Hammelfleisch und Gemüse ꝛc., und zwar sind Gemüse oder Kartoffeln oder beides stets mit dem Fleisch zusammengekocht. Denn die Volksküche geht von dem Grundsatz aus, daß die pflanzlichen und thierischen Nährstoffe in wohlerwogener Mischung

und zu einem Gericht vereinigt, ohne Zwischenpausen gereicht, sauber und schmackhaft
zubereitet, auch den hungrigsten Arbeiter besser und dauernder sättigen, als den Fein=
schmecker und Vielesser ein Diner von zwanzig Gängen, und es ist Thatsache, daß sich
seit dem Bestehen der Volksküchen, in denen jetzt jährlich zwei Millionen Portionen
verabreicht werden, der Gesundheitszustand der Berliner Arbeiterbevölkerung um ein
Bedeutendes verbessert hat, und daß in Folge der besseren Ernährung auch eine merk=
liche Abnahme des Branntweingenusses und der Trunkenheit in diesen Kreisen hat
festgestellt werden können. In den Volksküchen werden die nährenden Säfte aus
dem Fleische gekocht, aber nur so lange, daß das Fleisch noch als Nahrungsmittel
und nicht blos als Ballast dient. Die kräftige Fleischbrühe wird zur Bereitung der
Kartoffeln und Gemüse verwendet, nachdem diese halb gar gekocht und von dem Was=
ser befreit sind. Die dem Gemüse und den Kartoffeln zu einer guten Ernährung
noch fehlenden Nährstoffe werden in Gestalt von Mehl, Fett, Zucker und Salz hin=
zugefügt, und an Würze durch Suppenkräuter, Wurzeln und Gewürze wird nicht ge=
spart. In der That sind die in den Volksküchen verabreichten Speisen so schmack=
haft, so nahrhaft und so reinlich, daß ein Jeder sie mit Appetit essen kann, und die
Portion kostet nur 25 Pfennige = 6 Cents. Auch kann man sich Portionen dort
holen, so daß Familien, die aus irgend einer Ursache verhindert sind, Mittagessen zu
kochen, sich dort versorgen können.

Die Volksküchen sind ein Erziehungsmittel. Denn Jeder der hinkommt, muß
reinlich gekleidet sein, seinen Hut abnehmen, und sich eines gesitteten Betragens
befleißigen, sonst wird er durch stets anwesende Polizisten schleunigst an die
Luft gesetzt.

Eine wie ausgezeichnete und wohlthätige Einrichtung würden nicht solche Volks=
küchen in unserem Chicago mit seiner großen Arbeiter=Bevölkerung sein. Wie
segensreich, gesundheits= und mäßigkeitsfördernd würde es wirken, wenn der Arbeiter,
der jetzt sein oft schon Abends zuvor bereitetes Mittagbrod kalt verzehren muß, für
einen so geringen Preis wie 5 oder 6 Cents, und dafür kann bei den billigen hiesigen
Fleischpreisen sicher dasselbe hergestellt werden, wie in Berlin, Mittags eine kräftige
warme Speise erhalten könnte. Man sieht, ein wie geringes Anlagekapital dazu
gehört; mit zwölftausend Dollars schon würden sich vier solcher Küchen einrichten
lassen, wo sie am dringendsten nöthig sind, und mit dem daraus gezogenen Gewinn
könnten immer neue geschafft werden, bis dem Bedürfniß abgeholfen ist. Hier ist
eine würdige Aufgabe für unsere philanthropischen Frauen.

Die vierte der besonderen Beachtung verdienenden Sehenswürdigkeiten ist der
städtische Central=Vieh= und Schlachthof von Berlin. Denn der
Chicagoer irrt sich, der glaubt, er brauche nicht nach Berlin zu gehen, um einen
Viehhof und Schlachthäuser zu sehen. Er wird einen ganz gewaltigen Unterschied
finden und sich sagen müssen, daß auch in Bezug auf diese großartige Chicagoer An=
stalt er von der kleineren Berliner Manches lernen kann. Vor allen Dingen auf dem
Gebiete der Reinlichkeit! Denn etwas Reinlicheres als diesen Viehhof und dieses
Schlachthaus ist wohl nicht denkbar. Der städtische Central=Viehhof, der, wie schon
der Name sagt, der Stadt gehört, liegt im Osten Berlins vor dem Frankfurter Thor,
und umfaßt ein Areal von ungefähr 144 Acres; seine Anlage hat, mit Einschluß des
Bahnhofs und der Entschädigung an 207 Privatschlachtstättenbesitzer und an die
Viehmarkts=Aktiengesellschaft, die bei Einführung des Schlachtzwangs ihre Privat=
anstalten schließen mußten, $3,075,500 gekostet. In diesem Viehhof sind alle Vieh=
ställe und alle Straßen mit Backsteinen gepflastert, und sie sind so sauber gehalten,
wie die Straßen in Holland. 130 bis 140 Arbeiter sind stets mit dem Reinigen und
Herbeischaffen von Futter beschäftigt. Eine Veterinär=Polizei, aus 13 Thierärzten
bestehend, führt Controlle darüber, daß kein krankes oder krank scheinendes Thier
lebend den Markt verläßt, und 100 Mikroskopiker mit 40 Probenehmern, überwacht
von einem Oberthierarzt und 12 Thierärzten, besorgen die Trichinenschau.

Der Schlachthof besteht aus sieben Schlachthäusern, in welchen die 2000 Rinder,
6000 Schweine, 1300 Kälber und 3500 Hammel, die ungefähr Berlin in der Woche
nöthig hat, geschlachtet werden. Kein Schlachthaus innerhalb der Stadt wird ge=
duldet. Und zwar kann ein Metzger sein Vieh, gegen dessen Verwechselung mit

anderem jede Vorsichtsmaßregel getroffen ist, sich von den, von der Stadt angestellten Schlächtern schlachten lassen, oder er kann seine eigenen Leute zum Schlachten hinschicken, natürlich gegen Zahlung einer Miethe für die Benützung der Räumlichkeiten. Diese sind so vortrefflich für den Zweck eingerichtet, und so reinlich gehalten, wie man es in unseren Schlachthäusern vergeblich sucht. Freilich wird in ihnen ja auch unendlich viel mehr geschlachtet. Die Rinder, Kälber und Hammel einerseits, die Schweine andererseits werden zu verschiedenen Thoren in den Schlachthof eingelassen. Die 330 Fuß langen und 90 Fuß breiten Schweineschlachthäuser enthalten jedes 14 Brühbottiche, deren Wasser durch unten einmündende Rohre durch Dampf erwärmt wird; die Kühlkammern, 92 an der Zahl, liegen unter den Schlachthäusern. Noch größer sind die drei anderen Schlachthäuser für Rindvieh und Schafe, — 460 Fuß lang, 95 Fuß breit, und die Zahl der Schlachtställe darin, nebst den dazu gehörigen Kühlräumen beträgt 137. Starke Winden und Eisenbahnschienen erleichtern das Herunterlassen und Hinaufbringen der geschlachteten Schweine. Die Fußböden sind mit weißen Mettlacher Thonplatten gedeckt, deren weiße Farbe den Aufsehern die Aufrechterhaltung der Reinlichkeit sehr erleichtert, die, wie gesagt, eine musterhafte ist. Kaum ist ein Thier geschlachtet, so ist auch schon alles Blut und jeder Schmutz verschwunden. Eine Albumin=Fabrik, in welcher das Blut verarbeitet wird, und eine Talgschmelze, eine Darmschleimerei, eine Kaldaunenwäsche und eine besondere Schmelzküche für sinnige Schweine befinden sich gleichfalls auf dem Viehhof, von dem ich einen sehr viel angenehmeren Eindruck mit nach Hause nahm, als trotz seiner Großartigkeit je von dem unsern.

Von allen Sehenswürdigkeiten Deutschlands ist keine interessanter für den Ausländer, als das Militär, namentlich wenn man sich Mühe giebt, sich über seine Organisation genauer zu unterrichten, und sieht, mit welch' unablässigem Eifer und welcher beständiger Sorgfalt an seiner Vervollkommnung gearbeitet wird. Man sagte mir, daß der Generalstab in den Händen des Grafen Waldersee und des Generals Blumenthal thatsächlich besser sei, als im Jahre 1870 unter Moltke, und man sieht deshalb in dieser Hinsicht mit vollkommenster Ruhe jedem Kriege entgegen. — Es ist eine wahre Freude, einen strammen deutschen Offizier vorübergehen oder reiten zu sehen, oder gar auf dem Tempelhofer Felde den Cavallerie=Uebungen beizuwohnen, wo Einem erst voll in's Bewußtsein tritt, welch' eine Riesenarbeit erforderlich gewesen sein muß, um die deutsche Armee auf ihren jetzigen hohen Standpunkt zu bringen.

Nicht überall freilich in Deutschland gewährt das Militär die gleichen, das Auge gefangen nehmenden Eindrücke, wie in Berlin. Schon wenn man nach Sachsen kommt, fällt es Einem auf, daß die dortigen Soldaten kleiner und unansehnlicher erscheinen, und auch in ihrer Haltung und Uniform lange nicht so stramm und proper sind, wie in Preußen, und geradezu in Erstaunen geräth man, wenn man den gemüthlichen Bayer in seiner blauen, nachlässig und schlotternd sitzenden Uniform die Straße entlang schlendern sieht. Daß die Sachsen und Bayern, wenn es auf das Schlagen ankommt, ebenso tüchtig dreinzuhauen wissen, als die Preußen, das haben sie 1870 bei St. Privat, Wörth, Sedan und überall gezeigt, wo sie in's Feuer kamen, aber der rechte militärische Zug herrscht nun einmal, dem äußern Anschein nach, nur in Preußen.

Die Lasten, welche das Heer Deutschland auferlegt, sind ja sehr bedeutend, aber sie werden ohne viel Murren ertragen. Man weiß, daß man seiner des westlichen Nachbars halber bedarf, und aus allerbester Quelle wurde mir in Berlin mitgetheilt, daß Frankreich in den Soldaten habe als Deutschland, daß deren Disziplin nichts zu wünschen übrig lasse, daß die französische Armee ganz vorzüglich ausgerüstet sei, und daß, wenn es wieder losgehe, es wahrlich kein Spaziergang nach Paris sein werde. Uebrigens ist es die allgemeine Ansicht, daß, so lange der alte Kaiser lebt, Bismarck einen Krieg zu verhüten wissen wird, wie das ja auch sein Auftreten in der bulgarischen Angelegenheit gezeigt hat, daß aber, sobald Kaiser Wilhelm seine Augen geschlossen hat, und namentlich, wenn Bismarck ihm bald folgen sollte, es sehr bald losgehen werde, schon weil der Kronprinz einige Siege nöthig brauche, um sich Ansehen zu verschaffen.

Bismarck habe ich leider nicht zu Gesicht bekommen, natürlich viel von ihm gehört. Interessant darunter war mir die Mittheilung aus dem Munde unseres Gesandten, Herrn Pendleton, daß Bismarck nicht nur gut, sondern vorzüglich Englisch spricht, und Herr Pendleton, der selbst ein sehr elegantes Englisch spricht, kann das wohl beurtheilen. Er erklärt, daß kein Macauley und kein Carlisle sich schöner und formvollendeter ausdrücken könnte.

Von Herbert Bismarck hörte ich allgemein, daß man in ihm angenehm enttäuscht worden und daß seine Beförderung zum Staatssekretär durchaus eine verdiente sei. Er habe sich so außerordentlich tüchtig gezeigt, daß Bismarck ihm schon das Meiste überlasse, und man hegt scheinbar keinen Zweifel, daß, wenn sein Vater die Augen schließt, er im Stande sein wird, das Reich zusammen- und dessen Ansehen nach außen hin aufrecht zu erhalten.

Niemand sollte Berlin verlassen, ohne dem Zoologischen Garten einen Besuch abgestattet zu haben, der ohne Zweifel der am schönsten angelegte in der Welt ist. Es ist ein herrlicher Park mit wundervollen Promenaden und einer vorzüglichen Restauration, und da auch täglich, am Nachmittag oder Abend Frei-Concerte gegeben werden, so wird wirklich ungeheuer viel für das geringe Eintrittsgeld geboten. Ausgezeichnet eingerichtet sind die Thierbehälter, namentlich das Elephantenhaus; sie dienen anderen ähnlichen Anlagen zum Muster. In Bezug auf die vorhandenen Thiere kann sich der Berliner zoologische Garten allerdings nicht mit dem in dieser Beziehung besten, dem Hamburger messen.

Auch das Berliner Aquarium, welches weitaus das größte und am schönsten eingerichtete ist, das ich gesehen, bietet jedem Freunde der Thierkunde einen Aufenthalt von mehreren angenehmen Stunden. Die darin befindliche Sammlung der Schlangen ist sicher die reichhaltigste der Welt.

Zwar nicht herzerfreuend, sondern eher traurig, aber deshalb doch von hohem Interesse ist ein Besuch in dem weltberühmten städtischen Krankenhause Berlin's, der Charité, mit seinen siebzehnhundert Kranken. Zwar ist das Gebäude veraltet, und entspricht mit seinen großen Sälen nicht dem heutigen Stande der Hospitalwissenschaft, welche die Kranken in möglichst kleinen Abtheilungen untergebracht wissen will; aber bei der vorzüglichen Leitung und Verwaltung, und mit der von Professor Virchow geleiteten Klinik nimmt die Charité unter den gleichartigen Anstalten immer noch einen sehr hohen Rang ein, und liefert einen erfreulichen Beleg dafür, daß wir in einem humanen Zeitalter leben, in welchem den Unglücklichen und Kranken die außerordentlichste Pflege und Sorgfalt zu Theil wird.

Auch die große königliche Bibliothek ist eines Besuches werth, namentlich für Den, welcher sich für alte Manuscripte und Bücher interessirt. Sie enthält jetzt 900,000 Bände und 10,000 Manuscripte, darunter die Handschrift und den ersten Abdruck von Luther's Bibelübersetzung, Melanchthon's Bericht über den Reichstag zu Worms, Gutenberg's auf Pergament gedruckte Bibel von 1450, — das erste Buch, welches mit beweglichen Typen gedruckt wurde, Handschriften von Evangelien aus dem achten Jahrhundert, und andere mehr von hohem Interesse.

Von besonderem Interesse für Amerikaner ist zum Zwecke des Vergleichs das Studium des Steuerwesens. So viel ich davon habe erfahren können, gründet sich die Steuerveranlagung auf den Miethwerth der Wohnung des Besteuerten. Die Regierung nimmt an, daß im Durchschnitt ein Jeder den sechsten Theil seines Einkommens verwohnt und berechnet danach, daß ein Mann, der 1000 Mark verwohnt, ein Einkommen von 6000 Mark jährlich habe, und von diesem Einkommen hat er 6⅔ Prozent — also 400 Mark — Steuern zu zahlen. Nun giebt es aber Leute, welche nicht selbstständig wohnen, und da mit Ausnahme der davon erst seit Kurzem befreiten zwei untersten Steuerklassen, ein Jeder Einkommensteuer zu zahlen hat, so wird bei solchen durch den betreffenden Steuerbeamten, unter Zuziehung zweier Bürger des Bezirks, ihr muthmaßliches Einkommen festgestellt. So hatte man dem Portier des Hotels, in welchem ich logirte, und der im Hotel unter seinem Pulte schläft und nur durch Trinkgelder bezahlt wird, ein Einkommen von 7000 Mark angerechnet, von dem er also 466 Mark ($112) Steuern zu zahlen hatte. Die Kellner in den unteren Stockwerken, die nur $10 Monatsgage erhalten, waren auf 1200

Mark eingeschätzt und mußten 80 Mark ($19.20) Steuern zahlen; die Kellner in den oberen Stockwerken kamen mit ungefähr $15 weg. Selbst die Dienstmädchen werden herangezogen und müssen jährlich 75 Cts. bis $1.50 an den Staat abgeben. Die Kellner müssen nebenbei noch monatlich 24 Cts. an die städtische Krankenkasse zahlen, wodurch sie ein Anrecht auf freie Krankenpflege und ihre Familie im Sterbefalle auf einen Beitrag von 150 Mark zu den Beerdigungskosten erlangen.

Ob diese Art der Besteuerung für Amerika die richtige wäre, ist eine Frage, die ich nicht ohne Weiteres bejahen möchte. Aber daß die Steuer eine gerechte ist, weil sie einen Jeden gleich trifft und weil ihr Niemand, stehe er hoch oder niedrig, sei er arm oder reich, entgeht, und der reiche Börsenspekulant ganz in demselben Verhältniß zahlt, wie der kleine Beamte und Ladenbesitzer — das muß anerkannt werden. Es werden eben drüben keine Unterschiede gemacht; es kann sich Niemand durch seinen Einfluß und sein Ansehen der Steuer entziehen oder eine Verminderung derselben erlangen, und selbst Bismarck muß, ebenso wie der geringste Constabler, seine Abgabe zahlen. Vor dem Steuergesetz wenigstens herrscht bedeutend größere Gleichheit in Deutschland, als in Amerika.

Und eins ist sicher! Man sieht nicht nur in Berlin und in Deutschland, sondern in ganz Europa, daß das an Steuern gezahlte Geld auch richtig angewendet wird; die Steuerzahler erhalten etwas für ihr Geld, das mit äußerster Sparsamkeit verwaltet und für das wirklich Großes und Gutes geleistet wird. Das vorzügliche Drainirungssystem Berlin's, seine vortrefflich und dauerhaft gepflasterten und in musterhaftester Ordnung und Reinlichkeit gehaltenen Straßen, seine Museen, seine Bildergallerien, die so viel Geld gekostet haben und noch kosten, und die dem Publikum eine so reiche Quelle des Genusses und der Belehrung sind, die Verschönerung des Thiergartens, die vielen herrlichen Anlagen, die Volksschulen, die Frei=Concerte, die Prachtbauten der öffentlichen Aemter und Anstalten, die treffliche Straßenbeleuchtung, sie alle verdanken ihr Entstehen und ihre Unterhaltung den zwar unnachsichtlich eingetriebenen, aber musterhaft verwalteten, und im Uebrigen nicht so übermäßig hoch erscheinenden Steuern.

Auch sorgt man hier dafür, daß nicht eine Generation alle Lasten zu tragen hat. Behufs Vollendung der Canalisation im ganzen Weichbilde Berlin's und für verschiedene andere öffentliche Bauten, welche hauptsächlich der kommenden Generation zu Gute kommen werden, wurde gerade eine Anleihe von 12 Millionen Dollars aufgenommen, für deren Verzinsung natürlich die jetzige Generation Sorge tragen muß, deren Bezahlung aber der nächsten überlassen bleibt. Nur mit einem solchen System ist es möglich, große umfassende Verbesserungen auszuführen, und es ist die größte Kurzsicht und das größte Hinderniß für ihre Entwickelung, wenn man bei uns in Amerika große, stets wachsende Städte zwingen will, öffentliche Arbeiten und Verbesserungen, die hauptsächlich unseren Nachkommen zu Gute kommen werden, sofort direkt durch Steuern zu bezahlen.

Beiläufig sei bemerkt, daß Berlin außer den eben erwähnten letztgeborgten nur ungefähr 12½ Millionen Dollars Schulden hat, dafür aber Gebäude, Liegenschaften und nutzbringende Anstalten aufweisen kann, die den Werth dieser Schuld weit übersteigen.

Auch im Volksschulwesen hat Berlin Großes geleistet. Einhundertundzwanzigtausend Kinder besuchen dort die öffentlichen Freischulen. — Das Postwesen Berlins ist vortrefflich organisirt, und es giebt jetzt dort 120 Poststationen und 30 Rohrpoststellen. Durch die Rohrpost werden vermittelst pneumatischen Luftdrucks Briefe nach der Adressaten nächstgelegenen Station geschickt und ihm von dort aus sofort zugetragen, so daß man oft schon in 20 Minuten eine Antwort von einem 6 Meilen entfernt Wohnenden haben kann.

Trotz allem Fortschritts sind mir in Berlin doch auch noch einige Zöpfe aufgestoßen. Zunächst ein sehr unbedeutender, und das ist, daß die Speisekarten, oder wie man jetzt vorzieht zu sagen, Speisenkarten (es hat darüber einen langen, heftigen Kampf zwischen den Philologen gegeben), noch häufig, sogar in den feinsten Lokalen unter den Linden, eine Größe haben, wie eine Seite des „Westen". Wenn auch das Papier billig ist, so fällt doch eine solche Papierverschwendung gegenüber

der sonst allgemein geübten Sparsamkeit auf, und nebenbei sind diese Riesenspeisen=
karten sehr ungeschickt zu handhaben.

Ungleich unangenehmer berührt den Amerikaner ein anderer Zopf: die in den
Berliner Banken immer noch herrschende Langsamkeit. Ich ging Mittags
auf die Deutsche Reichsbank, um einen Wechsel auf Norwegen zu kaufen, und nach=
dem ich eine volle halbe Stunde gewartet und ihn immer noch nicht erhalten hatte,
erkundigte ich mich wegen der Verzögerung. Ich erhielt zur Antwort, er käme gleich.
Nach Ablauf von 55 Minuten erkundigte ich mich wieder, und der junge Mann am
Schalter theilte mir mit, der Wechsel sei noch nicht ausgestellt, und da die Bank von
1 bis 3 Uhr geschlossen würde und es gleich 1 Uhr sei, so solle mir der Wechsel in's
Haus geschickt werden, wenn ich nicht vorzöge, ihn um 3 Uhr zu holen. Kurz nach
3 Uhr, volle 4 Stunden nachdem ich ihn bestellt, erhielt ich dann endlich meinen
Wechsel. Welche Chicagoer Bank könnte mit ihren Geschäften nach einem solchen
System fertig werden?

Natürlich besuchten wir auch Potsdam und seine herrliche Umgebung. Aber es
hieße Eulen nach Athen tragen, wollte ich, nachdem erst vor Kurzem die geistreichen
Briefe des Herrn Karl Ahrendt über den gleichen Gegenstand in der „Illinois Staats=
zeitung" wiedergegeben sind, noch meinerseits darauf eingehen. Wir hatten das
Glück, Potsdam, Sanssouci, Babelsberg, das neue Schloß, Glienicke, ec. ec. zu
einer Zeit zu sehen, wie sie nicht gefunden werden könnte; bei herrlichstem
Frühlingswetter und Alles in der vorzüglichsten Sauberkeit und Ordnung, des Be=
suches der königlichen Familie wartend, die in einigen Tagen eintreffen sollte.

Ich möchte nicht von Berlin scheiden, ohne unseres amerikanischen Gesandten,
Herrn Pendleton, zu erwähnen, der in Berlin eine sehr angesehene Stellung ein=
nimmt, und den ich leider gerade unter dem Eindruck des großen Unglücks traf, das
ihn durch den plötzlichen Tod seiner Gattin betroffen; sowie unseres emsigen General=
Consuls, Oberst Fritz Raine. Beiden Herren bin ich für freundliches Entgegen=
kommen und werthvolle Fingerzeige großen Dank schuldig.

III.

Von Berlin nach Wien über Dresden, Bayreuth und Prag.

Sollte sich Jemand, der Deutschland kennt, wundern, weshalb wir, um nach
Wien zu gelangen, einen Umweg durch eine Gegend machten, die landschaftlich fast
absolut nichts bietet, und vermuthen, es seien die Wagner=Festspiele gewesen, dem
werde zur Antwort, daß diese damals noch nicht im Gange waren, und sie uns auch
schwerlich bewogen haben würden, soweit aus dem Wege zu reisen, sondern daß es den
Besuch einer lieben in Bayreuth verheiratheten Freundin galt.

Die Fahrt von Berlin nach Dresden bietet so gut wie gar nichts von Interesse.
Die Gegend ist öde und sandig. Hauptsächlich in die Augen fallend war nur mir,
dem Amerikaner, die überall zu Tage tretende Sorgfalt, welche die preußische Regie=
rung auf das Forstwesen verwendet. Denn überall sah man junge, zum Theil schon
recht weit vorangeschrittene Anpflanzungen auf dem Sandboden. Auch fiel mir,
gerade wie bei meinen früheren Besuchen in Deutschland auf, daß man, wenigstens in
dieser Gegend, die Kuh noch immer mit dem Gaul vor den noch aus dem Mittelalter
stammenden aus einem Stück Holz bestehenden Pflug spannt, daß das Geschirr noch
immer aus zwei Stricken besteht, und daß die Frau den Pflug führte.

Dresden, welches man nach nur dreistündiger Fahrt erreicht, bietet dem
Fremden in seinem Museum und in seiner Schatzkammer — dem grünen Gewölbe —
ungemein viel, sonst aber ist in der Stadt selbst wenig, ja wenn man das neue Opern=

haus ausschließt, gar nichts zu sehen. Dagegen ist die Umgegend allerdings wunder=
schön, und nach allen Richtungen hin lassen sich die allerschönsten Spazierfahrten
machen, deren Endpunkt gewöhnlich, wie allenthalben in Europa, hübsch gelegene
Kaffeehäuser sind. Wem die Zeit gestattet, einen weiteren Abstecher zu machen, der
kann durch einen Ausflug die Elbe hinauf in die sächsische Schweiz mehrere Tage sich
sehr angenehm vertreiben. Wie schon gesagt, sind die größten Sehenswürdigkeiten
Dresden's in dem Museum und dem Zwinger enthalten — beide auch äußerlich schöne
und interessante Gebäude, ersteres nach Plänen Semper's im Renaissancestyl erbaut,
wird wohl mit Recht als eine der schönsten Leistungen der Architektur bezeichnet,
während letzterer, an welchen sich das Museum als Flügel anschließt, als der vor=
nehmste Vertreterin des Barockstyles, wenigstens in Deutschland gilt. Sie enthalten
die weltberühmte Dresdener Bildergallerie, die Sammlung der Stahlstiche und Zeich=
nungen, die 365,000 Nummern enthält, Nachbildungen von Bildwerken, die sehr
werthvolle zoologische, ethnographische und mineralogische Sammlung und das
Museum mathematischer und physikalischer Instrumente.

Die Dresdener Bildergallerie trägt ihren Ruhm mit Recht. Nächst der
großen im Louvre ist sie zweifelsohne die bedeutendste Gemälde=Gallerie der Welt.
Man kann stundenlang in ihr umherwandern, und findet immer noch etwas Neues,
immer noch etwas, was anziehender wirkt, als das Vorhergehende. Aber alle Bilder
und Sehenswürdigkeiten zusammengenommen halten keinen Vergleich aus mit dem
einen herrlichen Gemälde, das hauptsächlich den Ruhm der Dresdener Gallerie begrün=
det hat — Raphael's sirtinische Madonna, deren verkleinerte Copie
ja in Stahlstich, Holzschnitt und Farbendruck den Meisten bekannt ist. Das Ori=
ginal ist acht Fuß hoch und sechs Fuß breit, und enthält außer der mit dem Christus=
kinde aus den Wolken tretenden Madonna und den beiden Cherubim zu ihren Füßen,
noch die auf den Copien gewöhnlich fehlenden Figuren von St. Sixtus zur Rechten
und St. Barbara zur Linken. Das Bild wurde im Jahre 1753 für $45,000 ange=
tauft und würde heute auch für viele Millionen nicht hergegeben werden.

Die zweitgrößte Sehenswürdigkeit ist die sächsische Schatzkammer, das im könig=
lichen Palaste gelegene, nach einem seiner acht Räume so genannte Grüne Ge=
wölbe. Da sich in Europa fast in jeder Residenz solche Schatzkammern befinden,
die sich auch im Wesentlichen, d. h. der Art des Inhalts nach, nicht viel von einander
unterscheiden, — sie enthalten sämmtlich außergewöhnliche Kunstgegenstände, kostbare
Rüstungen, prachtvolle mit Edelsteinen besetzte Degen, kostbare Juwelen, Kron=
diamanten, goldene und silberne Geräthe und dergleichen mehr, — so seien hier nur
einige derjenigen Kostbarkeiten angeführt, durch welche sich das Grüne Gewölbe be=
sonders auszeichnet. Am Hauptsächlichsten ist unter den Kunstgegenständen das
Renaissance= und Barock=Zeitalter vertreten, doch finden sich auch schöne Arbeiten aus
früheren Jahrhunderten. Vorzüglich vertreten ist die deutsche Juwelierkunst des 16.
und 17. Jahrhunderts, und die Elfenbeinschneidekunst. Unter den Kostbarkeiten
aus diesem Stoff nehmen ein hoher Pokal in vergoldeter, getriebener Silberfassung, mit
ganz wundervoller erhabener Schnitzerei; eine große Fregatte mit geschwellten
Segeln, von Neptun getragen, der auf seinem von Seerossen gezogenen und von
Meergöttern umringten Muschelwagen sitzt (mit dem prächtigen Postament 40 Zoll
hoch und 28 Zoll breit); ferner zwei angeblich von Michel Angelo geschnittene
Pferdeköpfe, zwei in Schlägerei begriffene Musikanten von Dürer, und der aus einem
Stücke von 16 Zoll Höhe geschnittene, 92 Köpfe enthaltende „Fall der Engel" wohl den
ersten Rang ein. Unter den Gold= und Silbergefäßen im eigentlichen Grünen Ge=
wölbe machen sich ein von dem berühmten Jamnitzer im sechzehnten Jahrhundert ver=
fertigter Schmuckschrein, Abendmahlsgeräth von italienischer Arbeit aus demselben
Zeitraum, der Nürnberger Jungfrauenbecher, ein Pokal und Becher zugleich (er be=
steht aus einer silbergetriebenen Frauenfigur im Costüm des Anfangs des siebenzehn=
ten Jahrhunderts, die in den hochgehobenen Armen eine bewegliche Seeschnecke mit
reicher vergoldeter Silberfassung über sich hält, und worin der Rock der Dame den
Pokal bildet. Diesen mußten die Herren leeren, ohne aus dem Inhalt des zugleich
gefüllten Bechers etwas zu verschütten); ein goldenes Trinkhorn, mit mythologischen
Darstellungen und mit Rubinen besetzten Kronen höchst kunstvoll geschmückt; eine

kostbare Tafeluhr von vergoldetem Silber, die reich mit Rubinen und Diamanten besetzt ist und bei denen Smaragden die Zahlen des Zifferblattes bilden; ein riesiger silberner Elephant mit Thurm auf dem Rücken; ein angeblich früher Gustav Adolf gehöriger Pokal, und zwei riesige silberne Weinflaschen mit Kühlgefäßen bemerkbar. Hochinteressant sind die zahlreichen Kunstsachen aus Achat, Chalcedon, Lapislazuli und Onyx, namentlich eine über fünf Zoll hohe und vier Zoll breite Onyx-Camee mit dem Brustbild des Kaisers Augustus; die berühmte Onyxschale, deren Fassung, Angriff und Fuß aus kostbarer, mit bunt emaillirten Blumen besetzter goldener Filigranarbeit besteht, und eine von Schlottheim in Augsburg gefertigte Uhr, den Thurm von Babel darstellend, sowie kleinere Luxusartikel aus Gold, Edelsteinen und Perlen aus dem Ende des siebenzehnten und Anfang des achtzehnten Jahrhunderts in großer Menge.

Von ganz besonderem Interesse ist aber die Juwelensammlung, welche den Kronschatz des sächsischen Hauses und neben diesen und den dazu gehörigen prachtvollen Ordensdekorationen eine der prächtigsten und kostbarsten Sammlungen von Brustketten und Anhängestücken aus der Renaissancezeit, Prunkwaffen ꝛc. enthält. Der Juwelenschmuck des sächsischen Königshauses ist von geradezu unermeßlichem Werthe, die Krondiamanten sind lauter ostindische Steine, kein einziger Brasilianer ist darunter. Ein Hauptstück ist die Diamant-, Rauten- oder Rosengarnitur, die aus Rock- und Westenknöpfen, Achselband, Schuhschnallen, Knieschnallen, Hutschnüren, Degen, in dessen Griff und Scheide allein 780 Rauten eingesetzt sind, und dem großen Sterne des polnischen weißen Adlerordens besteht und nahezu 2000 Diamanten bis zur Größe von $30\frac{3}{4}$ Karat, und auch einige orientalische Rubinen enthält. Ferner sind dort sieben Exemplare des Ordens des goldenen Fließes, sämmtlich mit den auserlesensten und seltensten Steinen geschmückt, unter denen sich der größte böhmische Granat ($46\frac{3}{4}$ Karat) befindet. Eine andere Brillantengarnitur mit noch viel mehr Steinen enthält zwei Brillianten von $48\frac{3}{4}$ und 36 Karat, einen Degen mit 1861 einzelnen Brillianten bis zu $9\frac{1}{4}$ Karat, und in einer Hutagraffe einen 40 Karat schweren herrlichen **grünen Diamanten**. Prachtvoll ist auch der Schmuck der Königin, darunter ein Halsband aus 228 orientalischen und 177 sächsischen Elsterperlen, sämmtlich auserlesene Exemplare, eine Achselschleife aus 51 großen und 611 kleinen Brillianten, ein aus 38 großen bis zu $24\frac{1}{2}$ Karat wiegenden Brillianten bestehendes Halsband, mit einem birnenförmigen Stein von 30 Karat. Dann giebt es noch eine Rubinengarnitur, eine Smaragdgarnitur, einen kostbaren Onyxschmuck, mit der größten bekannten von $36{,}000$ bewerthet, über 6 Zoll breiten und fast 4 Zoll hohen Onyxplatte, ferner Dinglinger's berühmtes Kunstwerk: „Der Thron und Hofhalt des Groß-Moguls zu Delhi," ein großartiger Tafelaufsatz, an dem 17 Mann acht Jahre lang arbeiteten und der 58,485 preußische Thaler kostete, eine Schildkrott-Garnitur u. a. m. Es würde Bücher nehmen, um die Kostbarkeiten zu beschreiben, von denen nur noch der berühmte Siegelring Dr. Martin Luther's erwähnt werden mag, den Kurfürst Johann Friedrich der Großmüthige Luther schenkte und den Kurfürst Johann Georg I. von Luther's Enkel wieder geschenkt erhielt, um ihn bis zu seinem Tode zu tragen. Es ist ein Ring aus glattem Golde, mit einem Karneol, in den Luther's selbstgewähltes Wappen geschnitten ist.

Die berühmte **Brühl'sche Terrasse** am Elbufer, das sie um durchschnittlich 50 Fuß überragt, und zu der man vom Schloßplatz aus auf einer prachtvollen, breiten, mit Sandsteinfiguren geschmückten Treppe emporsteigt, ist eine der schönsten Promenaden der Welt. Sie ist eine halbe englische Meile lang, und auf ihr befinden sich die schönsten Kaffeehäuser, in denen es stets sehr lebhaft hergeht. Abends, wenn Alles hell erleuchtet, ist der Anblick der Terrasse ein besonders anziehender.

Unter allen modernen Bauten, welche ich in Europa gesehen, ist meinem Geschmacke zufolge kaum eines, welches sich mit dem **neuen Dresdener Hoftheater** vergleichen könnte. Es ist erst vor acht Jahren fertig geworden — das frühere, gleichfalls sehr schöne, brannte im Jahre 1869 ab — und, wie dieses, von Gottfried Semper erbaut. Es ist ein herrlicher Renaissancebau und sicher eines der hervorragendsten Muster dieses Styls in Deutschland, und auch im Innern prachtvoll eingerichtet. Das Auditorium faßt 2000 Personen. Als wir in Dresden waren, wurde gerade die Götterdämmerung gegeben, und da wir uns gerne das Innere des Theaters bei Lampenlicht ansehen wollten, aber durchaus nicht Lust hatten, von 6 Uhr Abends bis 12½ Uhr Morgens in einer Loge zu sitzen, so nahmen wir uns für 15 Cents Sitze im fünften Balkon und erreichten damit unsern Zweck vollkommen, denn die Aussicht von dort oben war eine ausgezeichnete.

Nachdem wir die Ausstattung genügend studirt, begaben wir uns nach unten in die großen und wundervollen Foyers (Vorsäle) und glaubten uns plötzlich nach Amerika versetzt. Es war furchtbar heiß, und wie überall in Europa, so ist auch in diesem herrlichen Theater die Ventilation sehr schlecht, und in Folge davon strömten in den Zwischenakten fast die sämmtlichen Zuhörer aus den Logen, des ersten und zweiten Ranges in die Foyers und die damit verbundenen Erfrischungslokale, und von allen diesen sprach ein Jeder Englisch. Deutsch hörte man nicht. Die Restauration machte glänzende Geschäfte, nicht nur in kühlen und durststillenden Getränken, sondern auch, da die Vorstellung so lange währte, in soliden Speisen.

Daß in Dresden sehr viele Amerikaner wohnen, ist ja bekannt. Ihre Zahl soll 10,000 betragen, was fast einem Zwanzigstel der Bevölkerung gleichkommt, denn Dresden hat 220,000 Einwohner. Sie bewohnen so ziemlich einen Stadttheil für sich, der deshalb auch die amerikanische Colonie genannt wird, und in dem sich amerikanische Kirchen und amerikanische Schulen befinden. Es ist merkwürdig genug, daß so viele Amerikaner nach Dresden strömen, da ihnen durch das Zusammentreffen mit so vielen anderen das Erlernen der deutschen Sprache sehr erschwert wird. Aber das Leben soll nicht theuer sein und ist fashionable und sehr angenehm.

Sehr lohnend war es für mich, den Betrieb der Kettenschifffahrt auf der Elbe zu sehen, die sich sehr bewährt und gewiß auch in amerikanischen Flüssen Verwendung finden könnte.

Hinter Dresden wird die Gegend nach Bayreuth zu bedeutend schöner und fruchtbarer als die, welche wir auf dem Wege von Berlin nach Dresden durcheilten. Man sah auf allen Seiten, wie emsig die Bauern an der Frühjahrsarbeit und wie schön das Land bestellt war. Der Curiosität halber muß ich erwähnen, daß, als meine Frau auf dem Bahnhof in Zwickau aus dem Fenster sah, sie ausrief: „Dort steht eine Locomotive „Chicago." Wodurch die bayerische Staatsbahn dazu veranlaßt wurde, eines ihrer Dampfrosse „Chicago" zu taufen, weiß ich natürlich nicht, wohl aber, daß wir Beide eine närrische Freude daran hatten und dem Lande denselben schnellen Aufschwung wünschten, wie ihn die Stadt erlebt, deren Namen dort so angemessen angebracht worden ist.

Bayreuth bietet dem Fremden gar nichts. Die Stadt, welche 22,000 Einwohner zählt, scheint keinen erheblichen Handel zu haben, obgleich sie in einer keineswegs armen Gegend liegt, und auch keinerlei Hülfsquellen zu besitzen, aus denen sich ein Fortschritt herleiten ließe. Natürlich hat sie durch das Wagner-Theater etwas gewonnen. Aber da die Vorstellungen daselbst nur wenige Wochen währen, und nicht einmal alle Jahre stattfinden, so kann dadurch ein bleibender Aufschwung nicht geschaffen werden. Das Theater, das bekanntlich nur temporär ist, — ob das beabsichtigte große und dauernde je gebaut werden wird, darf jetzt wohl bezweifelt werden — hat eine wundervolle Lage am Ende einer breiten, mit schönen Bäumen besetzten Allee, und überragt das Städtchen. Am Theater selbst ist aber nichts zu sehen; es ist sehr einfach und ohne irgend welche kostspielige Verzierungen und Einrichtungen gebaut. Die Bühne ist 80 Fuß im Quadrat; das 1600 Personen fassende Auditorium ist 100 Fuß hoch und unter der Bühne, unter welcher bekanntlich auch das 104 Instrumente starke Orchester sitzt, ein 40 Fuß tiefer Raum. Mehrere Räume des Theaters sind mit Andenken an den großen Musiker, namentlich mit Kränzen von seinem Begräbniß, gefüllt, deren Zahl weit über 200 beträgt, und die — es sind darunter solche aus Gold, Silber, Lorbeer ꝛc. — in ihrem Reichthum und ihrer Mannigfaltigkeit einen großartigen Anblick gewähren. Selbstverständlich sahen wir uns auch die Villa Wahnfried, das inmitten eines 2½ Acre großen Gartens stehende Wohnhaus Wagner's an, das bekanntlich die Inschrift trägt: „Hier wo mein Wähnen Friede fand, Wahnfried sei dieses Haus genannt."

Eine Merkwürdigkeit besitzt Bayreuth, welche freilich nicht leicht von einem Touristen entdeckt werden wird, und die ist, daß es dort Jemand fertig gebracht hat, durch menschliche Handarbeit den Dampfmaschinenbetrieb lahmzulegen. Bisher habe ich immer geglaubt, daß Maschinenarbeit billiger sei als Menschenarbeit, und unsere Weltbeglücker erklären ja, daß eben deshalb die Dampfmaschine ein so großes Unheil über die Welt gebracht habe, indem sie die Menschenarbeit verdränge. Mein Freund, ein Rheinländer, betreibt dort eine nicht unbedeutende Accidenzdruckerei mit sieben Pressen — er war gerade dabei, die Billets, Anschlagezettel, Programme und sonstige Drucksachen für das bevorstehende Wagnerfest herzustellen — und die ganze Kraft wird ihm durch einen baumlangen und baumstarken Bayer geliefert, der für 9 Mark die Woche schreibe n e u n M a r k ($2.16) per Woche, von Morgens früh bis Abends spät, Tag aus Tag ein, das große Schwungrad dreht, welches die Pressen in Bewegung setzt. Und mit dieser menschlichen Triebkraft hat er zwei im Orte befindliche Dampfdruckereien völlig lahmgelegt und an den Rand des Bankerotts gebracht.

Hier in Bayreuth bekam ich auch eine Vorstellung von der ächten bayerischen Gemüthlichkeit. Ich machte einen Ausflug nach dem eine Stunde von der Stadt liegenden Lustschloß „Eremitage", um dessen wunderschönen Park und die hübsche, der Versailler nachgebildete Wasserkunst zu sehen; und als wir mit dem Schauen und einer Erfrischung fertig waren, ging ich zu meinem an einem Tische abseits mit Collegen beim Biere sitzenden Kutscher und ersuchte ihn, vorzufahren. Ganz naiv erhielt ich zur Antwort: „Na, wartet's a mol noch zehn Minute, bis i mei Krug Bier ausgetrunken hoab. Sie hoabe ja noch Zeit!" Und bei den 10 Minuten blieb es auch.

Von Bayreuth nach Prag führt der Weg über Eger und Karlsbad durch eine sehr schöne und hochinteressante Gegend in Böhmen. Auf einer Strecke hat die Bahnstrecke große Aehnlichkeit mit der von der Pennsylvania=Centralbahn durchschnittenen Gegend in der Nähe des Horse=Shoe=Bend. Daß Böhmen reich an Gesundbrunnen ist, merkt man, denn man kommt nahe an Marienbad, Franzensbad, Teplitz vorbei und durch Karlsbad. Wo die Gegend bebaut ist, ist das Land trefflich bestellt, und zwar vornehmlich und nicht allein hier, sondern auch jenseits von Prag, zwischen dort und Wien, mit herrlichem Hopfen. Ist es doch die Gegend von Pilsen, dessen treffliches Bier in Amerika großen Anklang findet, und an dessen Güte und Ruhm der ausgezeichnete Hopfen ja einen nicht geringen Antheil hat.

Wer auch nur Einiges von der bedeutenden Rolle kennt, welche P r a g in der Geschichte der Welt gespielt, der stellt sich darunter unwillkürlich auch äußerlich eine interessante Stadt, voll vieler Sehenswürdigkeiten vor. Indessen wird er sich arg enttäuscht finden. Auch Prag bietet den Reisenden nur wenig. Es giebt dort weder Museen, noch außer dem Dom bemerkenswerthe Kirchen, und auch das Leben auf den Straßen hat nichts Eigenthümliches. Ein Besuch von einem Tage genügt vollkommen, um Prag und seine Umgegend kennen zu lernen. Die Stadt mit ihren Vorstädten hat 251,000 Einwohner, von denen man, wenn man 10,000 Mann Militär und die 17,000 Juden abrechnet, etwa $\frac{4}{7}$ Czechen und $\frac{3}{7}$ Deutsche sind. Der Besuch des Judenviertels, jetzt Josefstadt genannt, gehört mit zu dem Interessantesten, das Prag bietet. Zwar wird dieselbe jetzt schon zur Hälfte von Christen bewohnt, aber sie macht deshalb immer noch einen höchst eigenthümlichen Eindruck, namentlich die A l t n e u s c h u l e, die älteste der neun Synagogen, eine düstere, abbröckelnde Steinmasse, die aus dem Anfang des 13. Jahrhunderts stammt, und in der wir, da es gerade Samstag war, das Glück hatten, dem hochinteressanten Gottesdienst beizuwohnen. Von der Unreinlichkeit, die man den östlichen Juden vorwirft, sieht man hier nichts — im Gegentheil, dieses Judenviertel ist bei weitem der reinlichste Theil Prag's.

Der Dom enthält als eine allerdings große Sehenswürdigkeit, das Grabmal des heil. Nepomuk. Es ist aus solidem Silber gefertigt, soll 30 Centner wiegen, und ist von höchst kunstvoller und geschmackvoller Arbeit. Sonst aber bietet der Dom eher noch weniger, als die meisten alten Kirchen Europas von gleicher Größe. - Das Hradschin, gewissermaßen das Capitol Prag's, mit der königlichen Burg, dem erzbischöflichen und anderen Palästen, die 1600 Fuß lange Karlsbrücke mit ihren Hei ligenbildern, und der ganz hübsch angelegte neue Stadtpark vollenden so ziemlich die Sehenswürdigkeiten Prag's — bis auf eine.

Das sind die Niederlagen der berühmten **böhmischen Glaswaaren**. Niemand, der Prag besucht, wird oder sollte sich den Genuß entgehen lassen, sie zu besuchen. Für mein Theil muß ich gestehen, daß die wenigen Stunden, die ich der modernen Kunst dieser Art dort widmete, mir größeren Genuß und größeres Vergnügen eintrugen, als die vielen hundert Stunden, die ich der alten Kunst geweiht. Es ist einfach erstaunlich, welche herrliche Sachen und wie billige in Böhmen aus Glas hergestellt werden.

IV.

Wien.

Von Prag nach Wien ist eine Fahrt von sieben Stunden, durch eine hübsche, romantische Gegend, — soweit wir sie sehen konnten. Denn es dunkelte bereits, als wir uns Wien näherten. Dort stiegen wir in demselben Hotel ab, wie vor fünfzehn Jahren — freilich mit wie ganz anderen Gefühlen. Damals hatte uns zwölf Stunden vorher die Nachricht ereilt von dem Chicagoer Brande und dem Verlust all' unserer Habe und wir waren nach Wien nur gegangen, um dort unsere Vorbereitungen für die sofortige Rückreise zu treffen. Unwillkürlich zog, als ich die Treppen des Grand Hotel hinaufschritt, das Bild dieser letzten fünfzehn Jahre an mir vorüber, und ich konnte nicht umhin, zu denken, wie glücklich wir sind, in einem Lande zu wohnen, wo man von einem solchen Schicksalsschlage sich innerhalb nur eines halben Menschenalters erholen und nach einer verhältnißmäßig so kurzen Zeit eine Reise da wieder aufnehmen kann, wo man sie damals hatte nothgedrungen abbrechen müssen.

Und welche Veränderungen haben sich in dieser Zeit nicht in Wien vollzogen. War auch unser Aufenthalt damals sehr kurz, so erinnere ich mich doch noch, wie lebhaft es in der Stadt herging, ein wie bewegliches und fröhliches Treiben auf den Straßen und namentlich im Prater herrschte, wie lustig das Wiener Volk, so daß es mir als völlig berechtigt vorkam, wenn ich die Wiener singen hörte: „Es giebt nur a Kaiserstadt, es giebt nur a Wien." Heute wie verschieden! Die Straßen sind wie ausgestorben, im Prater ist die Eleganz der früheren Jahre nicht mehr zu finden. Unzählige Geschäftslokale und Wohnungen stehen leer. Das Wien bei Nacht ist nicht wiederzuerkennen; das lustige und ausgelassene Treiben ist dahin; um 10 Uhr sind die Straßen dunkel und verödet. Vor den einst so lebendigen Cafés sitzt fast Niemand mehr, und man hört nur ein allgemeines Jammern über die schlechten Verhältnisse in Wien.

Auf meine verschiedenen Fragen nach der Ursache dieser schlechten Zeiten habe ich sehr verschiedenartige Antworten erhalten. Die Einen sagten, die Stadt stünde zu sehr unter der Controlle der Geistlichkeit, Andere, die sämmtlichen österreichischen Magnaten, welche früher in Wien den Winter zubrachten, gingen jetzt nach Pest und verzehrten dort ihre Millionen, Andere wieder, daß die traurige politische Lage an Allem schuld sei; denn man müsse jeden Augenblick befürchten, die Kriegserklärung zu hören, und Niemand wolle sich deshalb auf geschäftliche Unternehmungen einlassen, und dergleichen mehr.

Zu sehen ist in Wien lange nicht so viel, wie in Berlin und anderen großen Hauptstädten Europa's. Die Sammlungen sind weder so zahlreich, noch erscheinen sie so reichhaltig, wobei allerdings zu bemerken ist, daß augenblicklich mehrere Museen im Umbau begriffen sind, so daß Vieles auch nicht besichtigt werden konnte. Auf zwei Dinge aber kann Wien mit Recht stolz sein. Das sind seine prachtvollen öffentlichen Gebäude und der Marstall des Kaisers.

Wien's öffentliche Gebäude entstammen mit geringen Ausnahmen der Neuzeit und stellen sich, sowohl was architektonische Schönheit und Pracht betrifft, wie in Bezug auf zweckentsprechende und bequeme Einrichtung, den vollendetsten öffentlichen Gebäuden der Welt würdig zur Seite. Ein Prachtbau, innen wie außen, ist das im Styl der französischen Frührenaissance in den Jahren 1861—1869 erbaute dreitausend Zuschauer fassende Opernhaus, in dem das prächtige Treppenhaus mit den Marmorstatuen der sieben freien Künste besonders hervorragt; das erst vor drei Jahren äußerlich — innen noch nicht völlig — vollendete neue R a t h h a u s ist bedeutend schöner und eindrucksvoller, als das gleichfalls neue Berliner; das R e i c h s = r a t h s = G e b ä u d e, eigentlich zwei durch niedrige Seitenflügel verbundene und harmonisch zu einem Ganzen abgeschlossene Häuser, ein mächtiger, höchst eindrucksvoller Bau im griechischen Styl, von dem berühmten Hansen gebaut, scheint Einem mehr nach Washington, als nach Wien zu passen; die neuen Hofmuseen werden wohl mehr Platz einnehmen und mehr Kunstschätze fassen können, als irgend eines der gleichartigen Gebäude anderswo. Geradezu herrlich und vorzüglich eingerichtet ist die auch erst im letzten Jahrzehnt neu entstandene U n i v e r s i t ä t, von dem berühmten Schöpfer Neu-Wiens, dem genialen Ferstel, im Styl der toskanischen Frührenaissance erbaut. Alle diese Gebäude und viele andere mehr, wie z. B. die B o t i v k i r c h e, die B ö r s e ꝛc. liegen an der R i n g s t r a ß e, welche ich ohne Zaudern die p r ä c h t i g s t e S t r a ß e d e r W e l t nenne. Denn sie übertrifft nicht allein an Breite — 190 Fuß — alle mir bekannten Straßen und an Länge wenigstens die Berliner Linden um das Doppelte, — in Bezug auf die sie einrahmenden Gebäude und auf den in ihr herrschenden Verkehr kann sich keine andere mit ihr messen. Die Ringstraße ist, wie die meisten Leser des „Westen" aus früheren Berichten her wissen werden, auf den alten Festungsgräben mit den niedergelegten Festungswällen Wien's entstanden, und in Folge davon — wie ja schon der Name andeutet — eine gebogene Straße — und wer den berühmten Newski-Prospect in Petersburg, der völlig gerade ist, und den man deshalb gleich ganz vor sich hat und ganz übersehen kann, schaut, mag im ersten Augenblick diese Straße für belebter und großartiger halten; ja, ein ähnlicher Eindruck mag ihm beim Anblick der sehr belebten Pariser Boulevards, des Capucines und des Italiens, überkommen, aber wenn er nähere Vergleiche anstellt, so muß er, meiner Ansicht nach, zu dem Schlusse gelangen, daß die Ringstraße in jeder Beziehung die großartigste Straße der Welt ist.

Der M a r s t a l l des Kaisers von Oesterreich ist eine jener Sehenswürdigkeiten, welche besonders Pferdeliebhabern Interesse und Genuß bietet. Wenn man hört, daß in diesem Stalle d r e i h u n d e r t P f e r d e für die Privatzwecke einer Familie gehalten werden, so drängt sich, wenigstens dem Amerikaner, der sich im Allgemeinen, wenn er es kann, auch gerne ein oder zwei Pferde über das allerdringlichste Bedürfniß hinaus hält, zunächst der Gedanke auf: „Das ist doch ein schauderhafter Lurus." Dann aber nimmt ihn doch der Gedanke von der Großartigkeit eines solchen Unternehmens gefangen.

Selbstverständlich kann ich, weder noch will ich auch nur annähernd eine Beschreibung der Schönheiten von Pferdefleisch versuchen, die ich hier vorfand. Nur obenhin sei erwähnt, daß der Kaiser Franz Joseph in einem Stalle achtzehn der herrlichsten pechschwarzen Hengste stehen hat, und dort daneben achtzehn schneeweiße Hengste, und zwar sind sie Privatgespanne des Kaisers — nur er fährt damit aus. Diese Pferde, welche theilweise auf dem kaiserlichen Gestüt in Liebitz (Lippica) bei Triest, theils in Gladrich in Böhmen gezogen wurden, sind von spanischer Abkunft, und es mag irgendwo ebenso schöne Pferde geben — schönere, wette ich, — nicht! Sie haben große Aehnlichkeit mit den berühmten Trakehner-Hengsten, mit denen Leo von Weste vor einigen Jahren mit Barnum durch Amerika zog. Die Kaiserin, die bekanntlich eine ausgezeichnete Reiterin und große Pferdefreundin ist, hat im Marstall allein 30 Reitpferde der verschiedensten Rassen stehen. In den an die Ställe sich anschließenden Wagengelassen sollen — natürlich haben wir sie nicht gezählt — v i e r h u n d e r t W a g e n stehen — herrliche, von Gold strotzende, fast ganz aus Gold gefertigte Krönungswagen, Hochzeitswagen, Taufwagen, kostbare Wagen, die zum Besuch eines regierenden Fürsten gebaut wurden (nach dem am Habsburger Hofe herrschenden Ceremoniell wird einem dort zum Besuch kommenden regierenden Fürsten ein ganz neuer, vorher noch nicht benutzter, mit seinem Wappen geschmückter Wagen für die Dauer seines Aufenthaltes zur Verfügung gestellt) und gewöhnliche, aber selbstverständlich immer noch prachtvolle und elegante Wagen für den täglichen Gebrauch der kaiserlichen Familie und des kaiserlichen Hofgesindes. So sahen wir auch den Wagen, der für den Besuch des Schah angeschafft wurde und der, ebenso wie das dazu gehörige Geschirr, von Gold und Edelsteinen strotzt.

Die eigentlichen Pferdeställe sind in vorzüglichster Ordnung, und was man in Europa nicht nur in Pferdebehausungen, sondern auch in Menschenbehausungen so selten findet, vortrefflich gelüftet. Was mich darin besonders interessirte, und Jeden interessiren wird, der das Unglück hat, Krippenbeißer zu besitzen, war das vortreffliche Mittel, das hier gegen diese zur Abgewöhnung angewendet wird. Man bekleidet nämlich die Krippe der Krippenbeißer mit beweglichen Metallplatten, welche, wenn das Thier sie mit den Zähnen packt und selbstverständlich zurückdrückt, mit Drähten einer elektrischen Batterie in Verbindung kommen, und ihm so zu seinem großen Erstaunen einen empfindlichen Schlag in die Zähne versetzen helfen. Es währt gar nicht lange, und das Pferd hat sich die Unart abgewöhnt.

Es würde einen großen Mangel an Gerechtigkeit bekunden, wollte ich zu erwähnen unterlassen, daß Wien sich rühmen darf, die **schönsten Frauen** der Erde zu haben. Nicht allein, daß Wien's Frauen sich geschmackvoll zu kleiden verstehen, was ja natürlich zum guten Aussehen viel beiträgt, an Anmuth der Bewegung, lebensvollem Ausdruck des Auges stehen sie unübertroffen da, und die Feinheit ihrer Züge wird noch gehoben durch einen Körperbau, der dem Bildhauer als Modell dienen kann. So schön auch unsere Maryländerinnen und Virginierinnen, würde ich, zwischen den zwei schönsten von ihnen und der schönsten Wienerin als Paris vor die Wahl gestellt, der Wienerin den Apfel zuerkennen.

Sind die Wienerinnen — im Allgemeinen natürlich — schön, so leiden die Wiener — und hierbei sind **alle** Wiener, männlich und weiblich, einbegriffen, aber auch natürlich im Allgemeinen — an einem großen Fehler — dem der ausgesuchtesten Unreellität. Wenigstens soweit sie dem Kaufmannsstande oder davon dem Kleinhandel angehören. Man hatte uns schon vorher in dieser Beziehung vor Wien gewarnt, und wahrlich diese Warnung war berechtigt. Selbst in dem asiatischen Moskau habe ich nicht ein gleiches Aufschlagen, ein gleiches Lügen, ein gleiches Bemühen, aus den Fremden den drei- und vierfachen Werth der verlangten Waaren herauszuschlagen und ihn auf jede mögliche Art zu betrügen vorgefunden, wie hier in Wien.

Davon nur einige Beispiele. Im „Louvre" kauften wir einige Sachen und ordneten an, daß dieselben sofort nach unserem Hotel gesandt werden sollten, da wir schon am Abend abreisen wollten. Das war gar nicht unsere Absicht, aber wir thaten es, weil uns gesagt worden war, daß wir nicht darauf rechnen dürften, alles Gekaufte zu erhalten, wenn wir die Sachen nicht nachsähen. Und richtig, sowohl von den hier im „Louvre", wie von den unter gleicher Angabe im „Palais Royal" gekauften Sachen fehlte je ein besonders werthvolles und natürlich bereits bezahltes Stück. Als wir dieselben am nächsten Morgen reklamirten, wurden sie uns ohne Weiteres mit dem Bemerken ausgehändigt, sie seien aus Versehen liegen geblieben. Wären wir, ohne die Sachen vorher auszupacken, am Abend abgereist, nun so hätten wir sie eben nie erhalten. Und darauf hatte man gerechnet.

Im „Palais Royal", dem Hauptverkaufslokal der berühmten „Wiener Waaren", sah ich eine Figur im Fenster stehen, die mir gefiel und nach deren Preis ich mich erkundigte. Die Antwort lautete: 200 Gulden ($80). Am nächsten Tage war ich in demselben Laden und hatte mit einem anderen Verkäufer zu thun. Ich sah die Figur diesmal auf dem Verkaufstisch stehen, bewunderte sie und fragte wieder nach dem Preise. Der Verkäufer entgegnete, die Figur sei an Madame Lucca verkauft, ich könne aber eine ebensolche für 120 Gulden ($48) haben.

Diese Unreellität ist wohl auch die Ursache, weshalb die Geschäfte so schlecht gehen, denn jeder Reisende weiß davon zu erzählen, und die Meisten kommen bereits gewarnt nach Wien. Und dennoch ist es merkwürdig, wenn die Geschäfte in Wien schlecht gehen, wenn man die einladenden Fenster betrachtet. Denn unzweifelhaft versteht kein Kaufmann irgendwo in der Welt es so gut wie der Wiener, seinen Schaufenstern ein elegantes Aussehen zu verleihen, und seine Waare verlockend aussehen zu machen. Wobei zu bemerken ist, daß in fast allen Wiener Läden sich fast der ganze Waarenvorrath im Fenster befindet. Die große Mehrzahl der Läden sind nämlich sehr klein — so klein, daß zwischen dem Fenster und dem Ladentisch oft kaum vier Fuß Raum ist und daß in vielen Fällen der Verkäufer sich sogar auf die Straße begeben muß, um von dort aus Sachen aus dem Fenster zu nehmen, weil nicht der nöthige Raum vorhanden ist, um es nach innen zu öffnen.

Der **Prater** ist für Wien, was der Thiergarten für Berlin, nur in erhöhter Weise, indem er noch mehr vom Publikum benutzt wird und ihm noch mehr bietet. Er ist der Sammelplatz der gesammten mittleren Klassen Wien's, namentlich an Sonntag-Nachmittagen. Zu dieser Zeit findet man im Prater fünfundzwanzig bis fünfzigtausend Menschen im Sonntagsstaat, von einer der zahlreichen Buden zur anderen wandernd, als wäre es Kirmeß, oder die verschiedenen Cafés und Restaurationen besuchend, und mit ihrer Familie den Nachmittag und Abend vergnügt und billig verbringend. Das Herz hat mir ordentlich gelacht, wenn mir hier und anderwärts in Europa ein derartiger Anblick geboten wurde, und immer stieg mir dabei die Frage auf: Wie lange wird es noch währen, bis wir auch in Amerika auf eine ähnliche friedliche, unschuldige und genügsame Weise den Sommer-Sonntag Nachmittag und Abend im Freien verbringen werden? O! ihr glücklichen und genügsamen Leute, mußte ich ausrufen, wenn ich sah, wie eine Familie einen Tisch besetzte, oder sich im Rasen lagerte, der Familienvater einen Schoppen Bier bestellte, die Mutter den mitgebrachten Kuchen aus der Tasche zog, und die Gesellschaft, fröhlich plaudernd, oder der jüngere Theil lustig umherspringend, sich bei dem einen Glase Bier und dem wenigen Kuchen ein bis zwei Stunden königlich amüsirte; oder wenn ich drei oder vier Damen im Kaffeegarten anlangen sah, die sich bei ihrem nebst Zucker und Kuchen mitgebrachten Kaffee, den sie für 10 Pfennige aufgegossen erhielten, stundenlang strickend und plaudernd unterhielten. Wahrlich, mit Wenigem zufrieden zu sein, bei Wenigem dennoch wahrhaft glücklich zu sein, und seine schönsten Genüsse im Familien- und Freundschaftskreise zu suchen, das verstehen nur die Deutschen.

Der Prater, der die schöne Größe von ungefähr 4500 Acre hat, also achtzehnmal so groß wie der Lincoln Park ist, ist bekanntlich kaiserliches Eigenthum, und diente zweihundert Jahre lang dem Hofe als Thierpark. Der gute Kaiser Josef aber gab ihn dem Publikum Preis, das von ihm, wie erzählt, den ausgiebigsten Gebrauch macht. In seiner prächtigen Haupt-Allee, die mit vier Reihen der herrlichsten Kastanienbäume bepflanzt ist, finden — namentlich am zweiten Ostertage und am 1. Mai — die durch die Eleganz ihrer Toiletten und Gespanne berühmten Wiener Corsofahrten statt, und sie ist auch sonst hauptsächlich der Sammelpunkt der eleganten Welt, die dieselbe entweder einfach zum Spazierenfahren benutzt, oder sie auf dem Wege zu den weiter hinausgelegenen Restaurants und Kaffeehäusern durchfährt, während dem „Volk" hauptsächlich der Wurst'lprater zum Zielpunkt dient, in dem es von Wein- und Bierschenken, Schaubuden, Polichinell-Theatern, Krafterprobungs-Apparaten — kurz, der ganzen Ausrüstung eines Jahrmarkts wimmelt. Im Prater befindet sich auch ein großes Aquarium, und an der Donau ein großes Schwimmbad. Von der Wiener Weltausstellung im Jahre 1873 hier stehen hier noch die große Rotunde und der Kunstausstellungspalast oder der „Pavillon der Liebhaber", und werden zu kleineren Ausstellungen, großen Concerten ꝛc. benutzt. Während der Sommermonate werden am Ende der Feuerwerk-Allee mehrfach — ich weiß nicht, ob auf städtische oder auf kaiserliche Kosten — im Prater großartige Feuerwerke abgebrannt — leider keins, so lange wir dort waren.

Die **St. Stephanskirche** ist eine der Hauptsehenswürdigkeiten Wien's, namentlich für Solche, die noch nicht die vielen großen Kirchen in Italien und Rußland gesehen haben. Das herrliche und eindrucksvolle Bauwerk wird angenblicklich vollständig restaurirt, und ich möchte bei dieser Gelegenheit bemerken, daß man nicht glauben muß, Europa lebe noch immer im letzten oder vorletzten Jahrhundert. Ueberall ist man dabei zu restauriren, und den Staub und Schutt und die Uebertünchung der verflossenen Jahrhunderte abzuräumen. Wie wohlthuend das wirkt, sieht man ganz besonders an dieser Kirche, worin die Restauration bereits zum Theil vollendet, aber noch genug im früheren Zustande ist, um einen Vergleich zu ermöglichen.

Die St. Stephanskirche ist eines eingehenden Studiums werth, und um sie ordentlich kennen zu lernen, muß man mindestens einen ganzen Tag darin zubringen. Niemand wird aber von mir verlangen wollen, daß ich auf dem Papiere wiedergebe, was zu sehen einen ganzen Tag in Anspruch nimmt. Wie der aller alten großen Kirchen Deutschland's hat ihr Bau mehrere Jahrhunderte (von 1300—1510) in Anspruch genommen, ja ein Stück ihrer Mauern stammt noch aus dem zwölften Jahrhundert, wie aus den romanischen Formen an der Westfaçade des sonst gothischen Baues ersichtlich ist. Die Kirche ist 360 Fuß lang, mit drei Schiffen von fast gleicher Höhe (90 Fuß) und nahezu gleicher Breite, die von einem einschiffigen Querhause durchschnitten werden. Das reichverzierte Gewölbe ruht auf 18 sehr starken, fast 10 Fuß Durchmesser haltenden Pfeilern. Im Innern sind besonders sehenswerth die Barbarakapelle mit dem Votivaltar, der zur Erinnerung an die Rettung des Kaisers Franz Joseph aus der Mörderhand Libeny's dort errichtet ist, die Grabmäler des Herzogs Rudolf IV. und des Cardinals Rauscher im Frauenchor, die aus schwarzem Marmor gebildete Vorhalle mit der Steinigung des hl. Stephan's, der Sarkophag Kaiser Friedrichs III. aus rothem und weißem Marmor mit zahlreichen Wappenschilden, und biblischen und sonstigen Darstellungen; die aus Stein gehauene Kanzel, das Grabmal Prinz Eugen's - des edlen Ritters, einige sehr schön gemalte Fenster ꝛc. Vor dem Aufgang zur Sakristei befindet sich der Schlußstein zur alten Fürstengruft, in welcher seit 200 Jahren nur noch die Eingeweide der Mitglieder des Herrscherhauses beigesetzt werden, während die Leichen in der Fürstengruft bei den Kapuzinern ihre letzte Ruhestätte finden. Unter der Kirche ziehen sich drei große Gewölbe übereinander hin, die mit Knochen und Schädeln gefüllt sind; indessen ist nur noch ein kleiner Theil davon zugänglich — der Rest verschüttet.

Als ich zuerst in's Geschäft trat, gab mir ein alter Freund meines Vaters folgende goldene Lebensregel: "Wash, recollect always, that courtesy is the cheapest capital one can have in trade." An diesen trefflichen Rath wurden wir auf Schritt und Tritt in Wien erinnert. Denn wohl nirgends in der Welt sind die Angestellten in den Läden und das Personal in den Hotels so höflich, freundlich und zuvorkommend, wie in Wien. Nur daß diese Höflichkeit gar zu sehr in Speichelleckerei ausartet, und dem Fremden, der anfänglich von ihr amüsirt wird, auf die Dauer unbequem wird und ihn anekelt. Der Portier des Hotels begegnet der ankommenden Dame mit einem: „Gnädige Frau, ich küß' die Hand." Der Mann im Aufzug nimmt, wenn das Ziel erreicht ist, mit einem: „Küß' die Hand," die Kappe ab, während er die andere hinter dem Rücken zum Empfange eines Trinkgeldes, hinhält. Betritt eine Dame einen Laden, so stürzen sämmtliche Angestellte, und wären es ihrer hundert, mit einem: „Küß' die Hand, gnädige Frau," auf sie zu. Hat man gar Einkäufe gemacht, so ist es fast unmöglich, vor den unzähligen Bücklingen, mit denen man bis auf die Straße hinaus verfolgt wird, und den Einem angedrohten Handküssen aus dem Laden zu entkommen. Und so überall.

Dieser Wiener Eigenthümlichkeit steht eine andere würdig zur Seite. In einigen der Hotels nämlich giebt es Aufzüge (Elevatoren), welche nur beim Nach-oben-Fahren Passagiere mitnehmen, indem die Eigenthümer behaupten, das Hinunterfahren sei zu gefährlich; während in anderen Hotels wieder nur beim Hinunterfahren Passagiere mitgenommen werden, und zwar den Eigenthümern zufolge aus dem gleichen Grunde, weil das Hinauffahren zu gefährlich sei, in Wirklichkeit wohl aber, weil die Maschinerie nicht die nöthige Kraft besitzt, den Aufzug mit Menschen gefüllt nach oben zu bringen. Dabei sind in Wien, wie überhaupt in Europa, die Aufzüge noch von der allerarmseligsten Einrichtung, kaum eleganter als unsere Frachtaufzüge, und gehen noch sechsmal so langsam, als die langsamsten in den Ver. Staaten. Nur im Grand Hotel in Paris haben wir einen einigermaßen anständigen Elevator gesehen.

Als ich in meinem vorigen Briefe über schlechte Geschäfte erwähnte, vergaß ich hinzuzufügen, daß wenigstens eine Thatsache diese Klagen als hochberechtigt erscheinen ließ. Der Verdienst muß schlecht und die Armuth groß sein in einer Stadt, in welcher im letzten Jahre für siebzehn Millionen Gulden Haushaltungsgegenstände und Kleidungsstücke in den öffentlichen Leihämtern verpfändet wurden.

Und eines Umstandes muß ich noch erwähnen, ehe ich von Wien Abschied nehme. Das Wiener Deutsch klingt sehr nett und gemüthlich — nur schade, man versteht es nicht. Wir besuchten das Volkstheater im Prater, haben aber in den drei Stunden, die wir dort saßen, auch nicht eine Silbe verstanden. Ueberhaupt ist Wien kaum mehr eine deutsche Stadt — unzählige Zungen hört man dort, und in den feinsten Kreisen herrscht, wie mir unser amerikanischer Geschäftsträger mittheilte, die französische Sprache fast vor.

V.

Von Wien bis Granitza. — Allgemeines über Rußland.

Von Wien war unser nächstes Reiseziel Warschau. Die Eisenbahnfahrt bis zur russischen Grenze durch Niederösterreich, Mähren, Oesterreich-Schlesien und den westlichsten Winkel Galiziens gehend, bietet — außer den großen historischen Erinnerungen an die Völkerschlachten auf dem Marchfelde gleich hinter Wien — des Interessanten für den Reisenden verzweifelt wenig. Zuerst sieht man noch die wohlbestellten großen Gemüsegärten, welche Wien versorgen, später die berühmten Weizenfelder der March-Niederung. Je weiter man in die slavischen Lande hineinkommt, desto mehr wird auf allen Seiten bemerkbar, daß die Felder nicht so gut bestellt sind, und daß sich die Bauernhöfe in schlechterem Zustande befinden. Desto mehr auch sieht man die Frauen, und nur Frauen auf dem Felde schaffen. Zu Hunderten sehen wir sie in ihren langen, meist weißen Kitteln oder Hemden mit ihren langen Sensen zur Arbeit ziehen oder in Reih und Glied stehend das Getreide schneiden.

Die Männer gehen zur Erntezeit über die Grenze nach Congreßpolen hinein, um dort sich als Schnitter zu verdingen. Eine Schaar von 300 solcher auf dem Wege nach Polen befindlichen Schnitter bestieg bei einer der Stationen unsern Zug. Sie waren erbärmlich gekleidet, furchtbar schmutzig und vernachlässigt im Aeußern, und boten in ihrem uncivilisirten Aussehen einen fremdartigen und traurigen Anblick dar. Ein polnischer Gutsbesitzer, der mit uns die Reise machte, und bei dem ich mich nach den Verhältnissen dieser Leute erkundigte, sagte mir, daß sie jährlich zu Tausenden nach Polen kämen, um dort bei der Ernte zu helfen. Trotz der Unkosten, welche die Hin- und Herreise verursache, sei es billiger, diese Leute zu engagiren, als Ernte-Maschinen zu benutzen, denn man bekomme sie für die Kost! Und was für Kost das wohl sein wird! — Es war mir das auch wieder ein Beweis, daß die Maschine wenigstens nicht an allem Arbeiter-Elend schuld ist.

Daß wir uns in einer vielsprachigen Gegend befanden, merkten wir gleich bei unserm Eintritt in den Schlafwagen, in welchem die Plakate mit den Verhaltungsmaßregeln in fünf Sprachen: Deutsch, französisch, böhmisch, polnisch und russisch gedruckt waren.

Den ersten Eindruck von Rußland und russischem Wesen erhielten wir in Granitza, der galizisch-russischen Grenzstation. Es war 10 Uhr Abends und stockfinster, als wir dort eintrafen. Der Zug hatte kaum gehalten, als an jeder Thür des Wagens ein russischer Offizier in voller Uniform und mit der Waffe an der Seite erschien, gefolgt von einer Anzahl schwerbewaffneter Soldaten, welche, ohne einen Laut von sich zu geben, in die Kojen der Reisenden drangen, das dort vorgefundene Gepäck an sich nahmen oder den Passagieren aus der Hand rissen und damit nach dem Zollamt abmarschirten. Die Offiziere hatten mittlerweile die Pässe der Reisenden durchgesehen, welche man, beiläufig bemerkt, in Rußland stets bereit halten und überall, wo man einen auch noch so kurzen Aufenthalt nimmt, sofort nach Ankunft auf der Polizei abgeben muß; und dann wurden die Reisenden wie Sträflinge unter militärischer Bewachung von diesen Offizieren nach dem Zollamt gebracht, wo das Gepäck der Durchsicht unterworfen wurde. Die freilich war dort ebenso wenig streng, wie überall in Europa, wo die Behörden aller Orten gegen die Reisenden sehr zuvorkommend sind. Nur hinter Gedrucktem sind die russischen Beamten her, wie der Teufel hinter der armen Seele, und eine Reiselektüre meiner Frau, die Tauchnitz'sche Ausgabe irgend eines harmlosen Romans, wurde sofort mit Beschlag belegt und da die Unterbeamten natürlich englisch nicht lesen konnten, in ein dahinterliegendes Bureau, wahrscheinlich zu einem höhern Beamten geschleppt, aber nach wenigen Minuten zurückgebracht und gnädigst durchgelassen. Nicht so gut erging es einem Herrn, dem von einem der Offiziere ein prachtvoller großer und jedenfalls sehr werthvoller Stahlstich, den Angriff einer türkischen Reitertruppe auf russische Cavallerie während des letzten russisch-türkischen Krieges darstellend, einfach in Fetzen zerrissen wurde, weil — nun weil jener Reiterangriff in jener Schlacht mit einer Niederlage der Russen geendigt hatte.

Rußland ist — in der Annahme gehe ich wohl nicht fehl — den meisten unserer Leser ein fast ebenso unbekanntes Land, wie China, oder wie den Deutschländern Amerika — d. h. es herrschen darüber in Folge übertriebener und entstellter Berichte vielfach irrige Ansichten. Es wird deshalb vielleicht nicht übel aufgenommen werden, wenn ich, ehe ich auf meine besonderen Reise-Erlebnisse näher eingehe, die allgemeinen Beobachtungen voranschicke, die ich in der Kürze der Zeit über Land und Leute habe machen können.

Wollte man glauben, daß Rußland äußerlich ein uncivilisirtes Land sei, so würde man einen großen Irrthum begehen. Aeußerlich wenigstens herrscht der Firniß der Cultur, so sehr auch das Volk im Allgemeinen an Bildung und Kenntnissen hinter dem mittel- und westeuropäischen zurückstehen mag. Namentlich was die gesellschaftlichen Verhältnisse betrifft, findet man in Rußland einen großen Mittelstand, welcher meist, und besonders in den großen Städten, mit mehr **Behaglichkeit** und **Aufwand** lebt, als die Bürgerklassen in der Mehrzahl der Städte des westlichen Europa. **Gastfreundschaft** wird in großartigem Maßstabe geübt. Wer bei einem Russen eingeführt ist, dem steht dessen ganzes Haus und dessen ganze Zeit zur Verfügung, und man veranstaltet seinetwegen Gesellschaften, Bälle, Spazierfahrten. Es herrscht überall unter Gleichgestellten, und jeder gut empfohlene Fremde gilt als Gleichgestellter, ein höchst liebenswürdiger, ungebundener Ton, der dadurch, daß man sich in Rußland stets mit dem Vornamen anredet, dem man meist noch, nicht den Familiennamen des Angeredeten, sondern den Vornamen von dessen Vater hinzufügt, also Paul Petrowitsch (Paul Peter's Sohn) oder Maria Nikolajewna (Marie, Nikolaus' Tochter), einen sehr vertraulichen Anstrich erhält. Sogar der in Deutschland und Oesterreich so lästig werdende **Gebrauch der Titel** bei der Anrede fällt im gesellschaftlichen Kreise fort, und nur die dienende Klasse redet Beamte und Militärs mit „Ew. Wohlgeboren" oder „Excellenz" unter Beifügung des vollen Namens an. Das früher bei Ankunft und Fortgehen übliche Abküssen ist glücklicher Weise so ziemlich ganz abgekommen, und wird außer am Osterfeste, wie bei uns, nur noch unter den intimsten Bekannten geübt.

Wenn der Hang zum Spiel und hohen **Spiel** ein Zeichen von Civilisation ist, so ist Rußland sogar ein hochcivilisirtes Land. Denn in Rußland wird sehr viel und sehr hoch gespielt. Schon auf der Eisenbahn macht man die Bekanntschaft mit diesem Hange der Russen, denn fast in jedem Verschlag sah man Herren und Damen spielen, und wir hatten alle Mühe, uns dem Drängen, ein Spielchen mitzumachen, zu erwehren.

Dem Ausländer besonders auffallend ist die von den Russen zur Schau getragene hohe **Ehrfurcht vor religiösen Dingen**, die sich in dem vielfältigen Bekreuzen, im Verbeugen vor jeder Kirchenthür, im Küssen des Fußbodens der Kirche und der Glasbehälter äußert, in denen Reliquien aufbewahrt sind. Trotzdem kennt der Russe — außer allerdings zuweilen gegen Juden — keine Intoleranz. Vollständig unbehelligt haben wir, selbst während des Gottesdienstes, ohne die vorgeschriebenen Gebräuche mitzumachen, die Kirchen durchwandert.

Vortrefflich sind die **russischen Eisenbahnen** — namentlich in Bezug auf die Einrichtung der Wagen, besonders die der 1. Klasse. Die russischen Eisenbahnwagen sind breiter, als die westeuropäischen und amerikanischen, und sind den letzteren darin ähnlich, daß sie wie diese durch einen Gang in der Mitte getheilt sind, unterscheiden sich aber von ihnen vortheilhaft dadurch, daß die Sitze zu zwei oder vier Personen abgeschlossene Kammern sind, so daß man für sich allein sein kann. Dabei sind diese Kammern mit großer Eleganz möblirt; sie enthalten Tische und breite Divans oder Lehnstühle, die Nachts in Schlafpfühle verwandelt werden. Wie in den amerikanischen Wagen sind ein Salon und ein Toilettenzimmer darin vorhanden.

Im Allgemeinen viel besser wie in Amerika, und den westeuropäischen mindestens gleich sind die **Bahnhofsgebäude** der größeren Stationen und die Speisesäle darin, und die Verpflegung ist nicht nur ausgezeichnet, sondern auch verhältnißmäßig recht billig. Allerdings liegen größere Bahnstationen oft vier bis sechs Stunden auseinander — ein Umstand, über welchen meine deutschen Mitreisenden, die in Deutschland gewohnt waren, wenigstens alle halbe Stunde ein Glas Bier und jede Stunde ein belegtes Butterbrod zu essen, sich sehr ungehalten aussprachen. Und einer Eigenthümlichkeit der russischen Bahnen sei hier erwähnt. Die meisten gehen, wenn nicht an den größten, so doch an den größeren Orten in geraumer Entfernung vorbei, und man hat oft vom Bahnhof noch eine Postfahrt von mehreren englischen Meilen zu machen, ehe man die gleichnamige Stadt erreicht. Denn alle russischen Bahnen sind strategische Bahnen und in erster Reihe auf schnellen Militär-Transport berechnet.

Die **öffentliche Sicherheit** läßt in Rußland wenig zu wünschen übrig — wenigstens nicht für den Reisenden, der, wenn sein Paß in Ordnung ist und er die Vorschriften betreffs der Anmeldung beobachtet hat, nur die gute Seite der trefflich organisirten Polizei empfindet. Denn diese fanden wir überall höflich und zuvorkommend.

Die **Gasthöfe** sollen in Rußland in kleineren Städten und im Inneren des Landes viel zu wünschen übrig lassen, und ein Vorrath von persischem Insektenpulver soll sich für den Aufenthalt in ihnen empfehlen. Die großen Hotels in Warschau, Moskau, oder Petersburg stehen aber den besten westeuropäischen an Reinlichkeit, Eleganz der Einrichtung, guter Küche und in jeder anderen Beziehung nur selten nach.

Interessant ist ein Studium der verschiedenen Arten der **Wirthschaften**. Es giebt natürlich Restaurants verschiedener Güte, Bier-, Schnaps- und Theestuben, Garküchen ꝛc., und viele davon sind von Polizei wegen schon äußerlich kenntlich. So haben Lokale, welche Essen verabreichen und Schnaps ausschenken, rothe, bloße Schnapswirthschaften blaue, Bierhäuser halb rothe und halb blaue Schilder. In letzteren trifft man, da der Russe es nicht liebt, seine Abende anders als in geschlossener Gesellschaft zuzubringen, und deshalb das Clubwesen in Rußland fast noch in größerem Maßstabe herrscht, als in England, meist nur Ausländer und selbstverständlich vornehmlich **Deutsche** an.

Da ich — ob leider oder glücklicher Weise, sei dahingestellt — mit keiner Kehle begabt bin, die sich an den flüssigen Gottesgaben vom Bier an aufwärts oder abwärts erfreut, so bin ich nicht im Stande, einen Bericht über den Werth oder Unwerth der russischen Nationalgetränke zu geben, oder auch nur über den ersten Eindruck, den sie auf den Ausländer machen. Wohl aber habe ich es mir angelegen sein lassen, die **russische Küche**, soweit es eben in der kurzen Zeit des Aufenthaltes möglich war, zu studiren, und das Gesammtergebniß dieses Studiums, das allerdings nur zum Theil auf eigener Erfahrung und nothwendiger Weise auch auf Berichten Anderer beruht, ist, daß die russische Küche durchaus nicht zu verachten ist. Manches Gericht natürlich berührt im ersten Augenblick fremdartig, fast unangenehm. Aber man erkennt den guten Kern bald heraus, und womit man sich beim ersten Male schwer befreunden konnte, das mundet schon beim zweiten.

Ziemlich allgemein bekannt ist, daß in Rußland (und auch in Schweden und Norwegen) eben vor oder vielmehr als Beginn des eigentlichen Mittagessens ein appetitreizendes Frühstück — Sakußka — eingenommen wird. In den feineren Hotels, Familien, besteht diese Sakußka, die nur in den allerfeinsten Hotels abgeschafft ist, aus Häring, Caviar, Lachs, Sterlet, Wurst ꝛc. mit pikanter Sauce und Schnaps. Selbst in dem gewöhnlichsten Speisehaus wird eine solche Sakußka herumgereicht, bestehe sie auch nur aus trockenem Brod, Branntwein, einem Happen Fleisch und sauren Gurken, also das vollständige Vorbild unseres Saloon=Lunches.

Das eigentliche Mittagessen (Objäd) beginnt gewöhnlich mit einer kalten oder warmen Suppe, die dem West=Europäer zuerst nicht mundet; alsdann folgt ein Fischgericht (Sterlet, Forellen vom Don, Steinbutte aus dem Peipus=See oder der Wolga, selten Meerfisch); darauf Confitüren oder gleich ein Fleischgericht (Kalb= oder Ochsenfleisch mit Salat, gesalzenen Kirschen oder Aepfeln), schließlich ein Pudding, Eis ꝛc. Das Dessert besteht aus Feigen, Nüssen, Oliven; nach dem Dessert folgen Thee oder Kaffee mit Citronenscheiben und Liqueur. Morgens früh wird in den meisten russischen Familien Thee genossen, in den Hotels erhält ein Jeder, was er wünscht; zum Frühstück, um 12 Uhr, giebt es Fleischspeisen, Caviar, dazu Branntwein oder Bier.

In der nationalen russischen Küche ist, wie ich erfuhr, Alles fest geregelt, jede Jahreszeit hat ihre eigenen Suppen, ihr eigenes Geflügel und ihr eigenes Gebäck. Von manchen Gerichten kann man das Datum angeben, wo ihr Erscheinen beginnt: das Obstessen fängt mit dem 8. August, das Eisessen und Trinken des kühlen Kwas mit dem Ostersonntage an. Auch die Religion übt Einfluß auf die Gestaltung des Küchenzettels: der Sonnabend hat andere Gerichte als der Sonntag, der Freitag und Mittwoch (als Fastentage) andere als der Montag und Donnerstag. Leidtragenden wird der Kutja (Kyria, d. i. Reisbrei mit Pflaumen und Rosinen) beim Todtenschmause vorgesetzt, dem Geburtstagskinde ein Kolibak (ein mit süßen Säften gefüllter Kuchen) über dem Kopfe zerbrochen. Hochzeitsschmause, Verlobungsfeste, die Butterwoche, Weihnachten, Ostern — alle haben ihre besonderen Gerichte.

Natürlich richtet sich die Güte der Speisen nach dem Geldbeutel, und dem Geldbeutel entsprechend giebt es, wie überall in der Welt, kostspielige und billige Speiseanstalten. Zu den billigsten und einfachsten derselben gehören die sog. Küchenmeistereien, in denen man für 30—40 Kop. (15—20 Cts.) zwei Speisen reinlich und schmackhaft servirt bekommt. Bier und Schnaps wird nicht verabreicht. Die Restaurants zweiten Ranges empfehlen sich am meisten zur Einnahme des Mittagessens. Küche, Bedienung u. s. w. sind wie in den feinen Restaurants, nur ist das Aeußere weniger glänzend, das Publikum minder vornehm. Man kann hier zu 50, 75 und 100 Kop. zu Mittag speisen; Schnaps, Bier und Weine werden verabreicht. Die Restaurants ersten Ranges sind höchst luxuriös eingerichtet und werden nur vom reichsten und vornehmsten Publikum besucht. Küche, Bedienung und ganzes Arrangement ist meist echt national, doch kann man auf Verlangen auch deutsche und französische Küche erhalten. Merkwürdig ist, daß fast in allen größeren Restaurationen sich große Spieluhren befinden, bis zum Werthe von $15,000, ein in Amerika schon überwundener Standpunkt.

Auffallend ist auch für den Fremden die überaus große Zahl der Kellner. In den feinsten Restaurants sind es fast sämmtlich Tataren, die an gewöhnlichen Tagen schneeweiße Anzüge tragen, an Feiertagen in echt russischen Kostümen: buntseidenen langen Pluderhemden mit buntem Gürtel, hohen Stiefeln ꝛc. erscheinen. In jedem Restaurant befindet sich eine Garderobe, in der die Sachen der Gäste aufbewahrt werden, wofür man, wenn man will, aber nicht muß, 4—8 Cents bezahlt.

Speisen aller Art werden auch für wenige Kopeken in den Garküchen und von gewöhnlichen Straßenverkäufern feil geboten: harte Eier, Salzgurken, Essig= und Salzpilze, gesalzene oder geräucherte Fische, Piroggen oder Pasteten mit Pilzen und Reis und Fleisch gefüllt, ferner verschiedene Sorten von Obst u. s. w. Die Kunden dieser ambulanten Händler sind ausschließlich die niederen Volksklassen. Bei starker Kälte gehen stets Leute mit fertigen Sjamowars und Blinis herum, um armen

Leuten Gelegenheit zu geben, ihren Magen zu erwärmen. — Ganz verschieden von dem gewöhnlichen ist der feine Straßenverkäufer; bei ihm ist Alles, wenn auch etwas theuer, aber stets reinlich und sauber zu haben. Sein Frühstückskasten ist oft ein sehr gewählter und reichhaltiger. Er hat hauptsächlich seine festen Kunden unter den Kaufleuten, denen nicht Zeit gegönnt ist, die Office zu verlassen und in eine Wirthschaft zu gehen. — Man sieht, die russischen Zustände und Gewohnheiten haben manche Aehnlichkeit mit den amerikanischen, und ein Volk, das so gut und mit Geschmack zu essen versteht, kann unmöglich ein ganz uncivilisirtes sein.

Man sollte glauben, daß zur Bereisung eines wegen seines kalten Klimas so berüchtigten Landes, wie Rußland, der Sommer die richtige Zeit wäre. Und doch ist das ein großer Irrthum. Die richtige Zeit, Rußland zu bereisen ist, wie man mir allgemein sagt, der Winter — für Den wenigstens, welcher nach Rußland geht, um — wie es ja doch Vergnügungsreisende thun — das Volksleben in seiner vollen Entfaltung zu sehen. An landschaftlicher Schönheit bietet Rußland so wie so nichts, oder das was es bietet, ist vielleicht noch nicht entdeckt worden, und man ist nothgedrungen auf den Besuch der großen Städte angewiesen. Hier aber entfaltet sich das gesammte Volksleben nur im Winter in seiner ganzen anziehenden Vollständigkeit.

Und das hat seine guten Gründe. Was nämlich die Kälte betrifft, so hat es damit allerdings seine Richtigkeit. Es ist in Rußland sehr kalt, und zwar in ganz Rußland, nicht nur im nördlichen. Beträgt doch selbst die mittlere Jahrestemperatur von Nikolajew am schwarzen Meere nur 7.7, und in Sebastopol nur 9.3 Grad Wärme Reaumur, und ist doch die Durchschnittstemperatur im Winter auch dort noch 22 Grad Reaumur Kälte, resp. nur 1.8 Grad Reaumur Wärme, während Petersburg — 6.1 und Moskau — 7.7 durchschnittliche Kälte im Winter, und nur 3 und 3.4 Grad Wärme im Jahresdurchschnitt aufweisen. Aber die Kälte ist eine sehr gleichmäßige, und wenn sie auch oft sich bis zu Kältegraden von 25 und 30 Reaumur steigert, so kommt es nie vor, daß wenige Tage hinterher dann plötzlich starke Wärme eintritt und Thauwetter folgt. In Petersburg thaut es von Mitte November, wo durchschnittlich der Schneefall beginnt, bis Mitte Mai niemals, und Eiszapfen sind deshalb dort eine fast gänzlich unbekannte Sache.

In Folge dieser Beständigkeit der Kälte und der damit verbundenen Reinheit und Trockenheit der Luft, ist das Klima Rußland's während des Winters ein sehr gesundes. Allerdings versteht es der Russe auch, in seiner Kleidung und in seinen häuslichen Einrichtungen sich dem Klima anzupassen. Die Häuser sind sehr solide gebaut und gut geheizt, und begiebt sich der Russe auf die Straße, so steigt er in Pelzstiefel, zieht einen großen, schweren, bis auf die Füße reichenden Pelz an, stülpt sich eine große Pelzkappe auf das Haupt, und wenn er fährt, zieht er sich noch einen bis an den Magen reichenden Fußsack über die Beine, und ist dann gegen jede noch so bittere Kälte geschützt. Kommt er wohin, so wird das Pelzwerk abgeworfen, und man steht in salonfähigem Zustande da. Vermehrtes Unterzeug oder dickere Oberkleidung während des Winters legt der Russe nicht an. Seine Pelze schützen ihn genug gegen jede Unbill der Witterung und in den Häusern ist es, wie gesagt, warm.

Da während des Winters das Land von einer beständigen Schneelage bedeckt ist, so sind die Straßen gerade in dieser Jahreszeit am fahrbarsten. Alle Wagen werden dann auf Schlitten gesetzt und die Straßen in den großen Städten besonders sollen in Folge davon einen herrlichen und belebten Anblick gewähren, namentlich nach der schon bald nach 2 Uhr eintretenden Dunkelheit, wo z. B. für Petersburg der eigentliche Tag erst anbricht. Denn die Hauptstraßen sind nicht nur von Stadt wegen mit elektrischem Licht beleuchtet, auch die glänzenden Läden an beiden Seiten strömen genug Licht aus, um den Fahrdamm tagsgleich zu erhellen. Und in dieser glänzenden Beleuchtung gleiten unter lautem Peitschenknall, in dem der russische Iwoschtschik Meister ist, und hellem Klingelgeläute Tausende von flinken Pferden gezogene Schlitten, vom einfachsten bis zum elegantesten, pelzbedeckt und die Insassen in Pelze vergraben, vorüber.

Um die Winterszeit entwickelt sich auch erst das glänzende gesellschaftliche Leben in den Hauptstädten, das zu schildern ich natürlich Andern überlassen muß, die es mitgemacht haben.

Was dem Reisenden besonders auffällt, ist, daß der Russe nicht nur raucht, sondern **fortwährend raucht**, sogar beim Essen, zwischen den einzelnen Gerichten, und daß auch die Damen rauchen, und zwar nicht nur, wenn sie unter sich sind, sondern ganz ungenirt auch in Eisenbahnwagen und in öffentlichen Lokalen. Für gewöhnlich werden Cigarretten (Papyros) geraucht, zu welchen die Ukraine, das Gebiet der Wolga und der Krim, den Tabak liefert. Namentlich der Krim Tabak soll sehr milde, duftig und wohlschmeckend sein.

Daß die Russen im Ganzen reinlich sind, und sich wenigstens wöchentlich einmal baden, hat man ja gelesen. Aber den Amerikaner, der gewohnt ist, sein Bad im eigenen Hause zu haben, überraschen die große Anzahl von Badestuben, deren man in jeder Straße oft mehrere sieht, — nicht nur in den größeren Städten, sondern auch in den kleinsten Flecken. Gewöhnlich baden die Russen heiß. Die Badestuben sind natürlich wie überall, je nach dem Preise mit größerer oder geringerer Eleganz oder Einfachheit eingerichtet. Die geringsten bestehen gewöhnlich aus zwei großen Sälen, je einem für die Geschlechter.

Sehr ausgeprägt ist bei den Russen die Liebe zur **Musik**. Das sieht man schon daraus, daß in allen Städten, die wir besuchten, in den städtischen Parks täglich Concerte von Militärkapellen stattfanden, und wie wir hörten, während des Sommers täglich stattfinden, und bei denen die gesammte anwesende elegante Welt zusammenströmte. Die Dirigenten dieser Militärkapellen sind, wir mir mitgetheilt wurde, ohne Ausnahme deutsche. Aber auch der niedere Russe liebt die Musik sehr leidenschaftlich. Festliche Zusammenkünfte ohne Gesang sind kaum denkbar; auch die tägliche Arbeit begleitet der Russe gern mit Gesang. Bei passenden Gelegenheiten ertönen zum Gesange auch einfache Instrumente: die Balalaika, eine Art Zither tatarischen Ursprungs mit drei Saiten, welche selten einem Bauer fehlt, der Guddock, eine dreisaitige Geige, die Gußli, eine liegende Harfe mit Drahtsaiten, die Pandura, eine Art Laute. Auch der Torban, eine Guitarre mit 27—36 Saiten, die Dudka (Flöte), das Roshok (Horn) und die Maultrommel sind beliebte Instrumente. Am meisten verbreitet ist die Hand-Harmonika, die Sonntags vor jeder Hütte ertönt. Die Volkslieder der Russen haben überwiegend einen einförmigen, melancholischen Charakter. Lebhafter sind die kleinrussischen Nationallieder und Tänze.

Die russischen **Nationaltänze**, meist Ringtänze, haben ein stark ausgeprägtes dramatisches Element. Durch Mimik, Gestikulation, Bewegungen, wird eine Reihe von Scenen dargestellt, in welchen sich in stetem Wechsel Leidenschaft, Schmollen, Betrübniß, Geringschätzung, Flehen und Versöhnung ausdrücken. Hiezu tönt auf den Instrumenten eine einförmige Melodie, welche diese verschiedenen Gemüthserregungen anzudeuten sucht. Die Zuschauer begleiten den Tanz und die Musik im Chor. — Russische Nationaltänze sind: der Wessnjanka (Frühlingstanz); Golubez (Taubentanz), den Streit und die Versöhnung zweier Liebenden darstellend; der Kamarinska, Kasatschka (Kosackentanz) ec., die Mazurka, ein polnischer, aber auch in Rußland sehr beliebter Tanz. Charakteristisch ist allen russischen Tänzen die eigenthümliche Manier, auf das Knie zu sinken.

Wenn man die Hauptstädte außer Spiel läßt, so haben alle **russischen Städte** das gleiche Aussehen, gerade wie in Amerika die Landstädte. Hat man ein paar gesehen, so kennt man sie alle. Uebrigens muß man den Gründern derselben das Zeugniß geben, daß sie stets die möglichst hübscheste Lage für sie ausgesucht haben.

Die russischen Dörfer liegen merkwürdiger Weise, so weit wir sie gesehen haben, stets nur auf einer Seite der an ihnen vorbeiführenden Landstraße, und zwar liegen alle Häuser oder Höfe an dieser einen Straße, und Nebengassen sieht man selten. Die Häuser sind fast durchweg Blockhäuser, d. h. aus wagerecht über einander gelegten Baumstämmen erbaut, deren Fugen mit Werg und Stroh verstopft sind. Ihr Dach besteht aus Brettern oder Schindeln. An der Front sind zuweilen grellbemalte hölzerne Verzierungen angebracht. Die inneren Räume des Wohnhauses bestehen durchweg aus drei Räumen, dem Hausflur und zwei Wohnstuben, der Sommer- und der Winter-Wohnstube. In letzterer steht ein riesiger Ofen, die Heiz-

Koch- und Backdienste leistet und außerdem als Ausruheplatz dient. In jedem Raume findet man ein Heiligenbild, mit stets brennender Kerze davor. Der neben jedem Hause befindliche Hofraum sieht wie eine kleine Festung aus, denn er ist ringsum mit einem überdachten, nach dem Hofe zu offenen Schuppen umgeben. Das Jungvieh wird im Winter in die Stube genommen, da die Ställe wenig Schutz gegen die Kälte gewähren. In dem leeren Raum unter den Wohnräumen, der auch als Vorrathskammer dient, wird das Federvieh untergebracht. Schon hieraus geht hervor, daß es in den russischen Bauernhäusern besonders reinlich nicht hergeht. Und auch äußerlich machen sie, einzeln wie in der Gesammtheit, einen recht schmutzigen Eindruck, ganz besonders aber auf der Strecke von Warschau bis Moskau, so viel wir davon näher zu sehen bekamen. Denn nicht nur Städte, auch Dörfer scheinen die russischen Bahnen möglichst vermieden zu haben.

Die Kleidung des russischen Bauern besteht in dem bunten Hemde, Rubaschka, das über den ebenfalls bunten Pluderhosen, Portki, getragen wird. Diese stecken bis zum Knie in weiten Stiefeln, Sjapogi, oder in den Onutschi, Tüchern, die anstatt der Strümpfe um Füße und Waden gewickelt und von dünnen, an den Schuhen, Baschmati, befestigten Schnüren zusammengehalten werden. Eine andere Fußbekleidung sind die Lapty, sandalenartige Bastschuhe mit Ledersohlen. Im Winter trägt man Pelzstiefel oder sehr zweckmäßige Ueberstiefel von Filz. Der eng anschließende, auf der Brust mit einer Klappe versehene Rock, Kaftan, hat einen Kragen und wird mit einem Gürtel oder shawlartigen bunten Tuch zusammengehalten. Im Winter wird er mit dem Schafpelz vertauscht. Die Kopfbedeckung besteht in der Shapka oder dem schwarzen niedrigen Filzhut, im Winter in dem Kolpak, der hohen Pelzmütze. Die Hände hat auch der geringste Russe im Winter stets bedeckt.

Das Hauptkleidungsstück der Großrussin ist der Sarafan, ein Rock von greller Farbe, und an Festtagen der oft mit Perlen verzierte Kakoschnik. Das Haupt wird mit einem seidenen Tuche umschlungen, welches das Haar der verheiratheten Frauen bedeckt, während die Mädchen ihr Haar in einer langen Flechte herabhängen lassen. Als Oberkleid dient der Schugai, ein Rock, welcher im Sommer kürzer als im Winter getragen wird; ferner kurze, oft mit Pelz gefütterte Jäckchen, Duschegrejka (Herzwärmer) oder Katjaweika (im Polnischen Kazabaika, s. Sacher-Masoch), im Winter auch lange Pelze, in der Form von denen der Männer wenig abweichend. Das Schuhwerk besteht aus Sandalen oder Tüchern. Die kleinen Kaufleute tragen anstatt der Schapka Tuchmützen, im Uebrigen ist die beschriebene Tracht die sämmtlicher einfachen Volksklassen. Der gebildete Russe hingegen huldigt der Pariser Mode, wenngleich in der Kleidung der Damen sich überall ein nationaler Einfluß geltend macht.

Da die Kirche im Leben des russischen Volkes eine große Rolle spielt, und ich, namentlich aus Moskau, viel über russische Kirchen zu berichten haben werde, so seien hier über die nationale russische Kirche, die griechisch-katholische, einige wenige Worte vorangeschickt. Die Bekehrung der Russen zum Christenthum, die im Ganzen keine großen Schwierigkeiten machte, weil das russisch-slavische Heidenthum keinen bestimmten Priesterstand hatte, erfolgte von Byzanz aus gegen das Ende des zehnten Jahrhunderts, auf Befehl des Fürsten Wladimir I. Swätoslavitsch, der, nachdem er schon früher selbst sich dem christlichen Glauben zugewandt, im Jahre 988 in Kiew sein Volk massenweise in den Dniepr treiben und durch griechische Mönche taufen ließ. Im Laufe der Zeit wurde der Bischof (Metropolit) von Moskau das Oberhaupt der russischen Kirche, die sich schon im vierzehnten Jahrhundert von der Oberhoheit des Patriarchen von Byzanz lossagte und auf eigene Füße stellte. Aus dem siebzehnten Jahrhundert stammt in Folge einer vom Moskauer Patriarchen Nikon vorgenommenen Revision der äußeren Ceremonien und liturgischen Bücher, die Abzweigung der Raskolniki (Geschiedene) und Starowjerzi (Altgläubige), die beide immer mächtiger werdende Sekten bilden. Peter der Große vereinigte die höchste geistliche Würde mit der kaiserlichen, und schuf in dem „Heiligen Synod" eine oberste Leitung der kirchlichen Angelegenheiten. Der heilige Synod besteht gegenwärtig nur aus fünf Mitgliedern (Metropoliten und Bischöfen) und dem Generalprocurator nebst dessen Gehülfen. Das Reich zerfällt in 52 Eparchieen oder bischöfliche Sprengel, an deren Spitze je ein Erzbischof oder Bischof steht; fünf dieser Eparchieen (St. Petersburg, Moskau, Kiew, Wilna, Sibirien) haben Geistliche vom höchsten Rang, Metropoliten, zu Verwaltern. In jeder Eparchie besteht ein Consistorium; zwischen den Consistorien und den Priestern stehen die Pröbste. Die gesammte Geistlichkeit zerfällt in eine höhere (außer Erzbischof und Bischof: Aebte oder Jgumeny, Oberpriester oder Protopopy und Priester oder Popy) und niedere (Diakone, Kirchendiener, Küster ꝛc.); ferner theilt sie sich in eine schwarze (Ordens-) Geistlichkeit und eine weiße (Welt-) Geistlichkeit, beide fast kastenartig abgeschlossen. Der Gegensatz und die Feindschaft zwischen Mönchen und Weltgeistlichen ist nicht blos eine charakteristische Eigenthümlichkeit der russischen Kirche. Die schwarze Geistlichkeit ist der herrschende Klerus mit griechischem Gepräge, die weiße die nationale Geistlichkeit. Erstere hat als herrschender Stand fast ausschließlich die Leitung der Kirche durch Besetzung der obersten Würden, durch die Censur und Unterstellung der geistlichen Lehranstalten, (Vorbereitungsschulen, Seminarien, Akademien), und sie wahrt eifersüchtig ihren Besitz.

Nach diesen allgemeinen Bemerkungen, bei denen ich, wie ich wiederholt bemerkte, der Vollständigkeit des Bildes halber auch das von anderen verläßlichen Leuten Gesehene und Erfahrene mir zu Nutze gemacht habe, nehmen wir unsere Fahrt bei Granika, oder bei Oderberg wieder auf, der österreichisch-preußischen Grenzstation der Ferdinand Nord-Bahn, von wo ich noch zu erwähnen nicht unterlassen kann, daß ich dort ein mir unvergeßliches Bild der heiligen preußisch-russisch-österreichischen Allianz sah, vertreten durch drei Lieutenants. Ein solcher Contrast, wie zwischen diesen drei Offizieren, ist mir selten im Leben unter gleichgestellten Persönlichkeiten begegnet. Der Preuße geleckt, stramm, jeder Zoll Offizier, jeder Knopf am Platz, jedes Haar nach Vorschrift gebürstet, ernstvornehm; der Oesterreicher gutmüthig von Aussehen, anständig noch aber nachlässig gekleidet, der in's Fleisch übertragene Leichtsinn; der Russe schmutzig, abgeschabt, verkommen. Es war mir ganz unfaßbar, wie die drei Leute kameradschaftlich mit einander verkehren konnten.

Auf der Tour nach Warschau vom Süden her berührt man nur wenige bedeutende Orte. Der erste derselben ist Tschentochau, auch Jasnagora genannt, zu beiden Seiten der Wartha ein berühmter Wallfahrtsort, dessen 15,000 Einwohner hauptsächlich von den fünfzig- oder sechszigtausend Pilgern leben, welche alljährlich nach dem auf dem Klarenberge oder Jasnogora belegenen Kloster des h. Paul des Eremiten wallfahrten, und von den Bauern, die zu zwölf dort während des Jahres abgehaltenen Krammärkten herbeieilen. Das erwähnte, wegen seiner früher unermeßlichen Schätze berühmte und auch jetzt noch sehr reiche Kloster ist durch seine hohe Lage weit sichtbar, und gleicht nicht nur, sondern ist eine Festung, welche die Straße von Oberschlesien nach Warschau, und von Posen über Kalisch nach Krakau beherrscht. Es enthält einen prachtvollen, 6000 Menschen fassenden Dom mit einem hochberühmten Muttergottesbilde. In Betreff seines durch Hussitenplünderungen und mehrfachen Schleifungen verminderten Reichthums sei erwähnt, daß ihm am Ende des vierzehnten Jahrhunderts der fünfzehnte Theil aller Güter des damals noch fünffach so großen Polens gehörte oder verpfändet war. Bei allen Polenaufständen, auch der neueren Zeit, bildete es den Mittelpunkt.

Etwas zahlreicher an Bevölkerung, aber den Eindruck einer heruntergekommenen Stadt machend, ist das 18,000 Einwohner zählende Petrikau, eine der ältesten Städte Polens, in welcher im 15. und 16. Jahrhundert die polnischen Reichstage abgehalten und die Könige Polens gewählt wurden. Sie enthält ein schönes und ziemlich gut erhaltenes Rathhaus, vier alte Klöster, neun Kirchen, ein verfallenes Schloß und eine ausschließlich von Juden bewohnte Vorstadt.

Und dann kommt man nach Warschau, Polens Hauptstadt. Wie in Prag, so fühlt sich auch hier der Reisende, dem die große Vergangenheit der Stadt vor dem geistigen Auge steht, enttäuscht. Denn sie bietet ihm nichts, was sein Interesse wirklich fesseln könnte. Abgesehen von seiner schönen Lage, 60 bis 70 Fuß über dem großen, hier fast eine halbe engl. Meile breiten Weichselstrom, der zwischen ihr und ihrer durch Mosen's berühmtes Gedicht: „Die letzten Zehn vom vierten Regiment" berühmte Vorstadt Praga hindurch fließt, und ihren zahlreichen Thürmen, welche wenigstens von der Ferne aus einen wohlthuenden Eindruck machen, sieht Warschau, trotzdem es in den letzten vierzehn Jahren um mehr als hunderttausend Einwohner zugenommen haben soll — die neueste Zählung giebt 384,000 Einwohner (davon ein Drittel Juden und 20,000 Deutsche) an, gegen 276,000 im Jahre 1872 — wie eine heruntergehende Stadt aus. Das mag daher kommen, daß dort vom Geiste der Neuzeit äußerlich nichts zu bemerken ist. Fast alle Gebäude haben den nüchternen Kasernen-Styl vom Ende des vorigen und dem Anfang dieses Jahrhunderts. Neue moderne Gebäude sieht man nur höchst selten. Auch an sehenswerthen Kunstgegenständen, Museen, Kirchen, bietet Warschau dem Weitgereisten so gut wie nichts, so viel auch für den seiner verflossenen nationalen Größe sich erinnernden Polen Erhebendes und Interessantes vorhanden sein mag. Nichtsdestoweniger ist ein eintägiger Aufenthalt in Warschau, der vollständig genügt, um die Stadt und auch die recht hübsche Umgegend zu besehen, nicht ohne Interesse.

Zunächst sei erwähnt, daß Warschau keine Festung mehr ist, denn die im siebzehnten Jahrhundert erbauten Wälle und Mauern sind zerfallen; nur nach Westen hin ist es und die große Eisenbahnbrücke durch die Alexander-Citadelle mit sechs Forts geschützt.

Warschau ist als Hauptstadt Polens natürlich der Sitz der hohen politischen, geistlichen und militärischen Behörden Polens, und dadurch wird schon ein gewisses Leben hervorgebracht. Es ist Sitz des General-Gouverneurs, des Civil-Gouverneurs, je eines Erzbischofs der griechisch-russischen und römisch-katholischen Kirche, eines Bischofs der griechisch-unirten Kirche, des Commandirenden des Militär-Bezirks Warschau und des General-Commandos des 6. russischen Armee-Corps. Die Stadt besteht aus der Altstadt, der Neustadt, nördlich von jener, und aus den Vorstädten Krakau, Neue Welt, Solez, Grzyhow, Leschno und rechts der Weichsel Praga. Am schlechtesten ist die Altstadt gebaut; die Vorstädte dagegen haben breite, gerade Straßen, besonders die Krakauer Vorstadt und Neue Welt. Diese, sowie die Lange Kurfürsten-, Königs-, Marschall-, Senator-, Weiden- und Honig-Straße sind die schönsten. Warschau besitzt 85 Kirchen, darunter 6 griechisch-russische, 1 lutherische und 1 reformirte, 14 Mönchs- und 4 Nonnenklöster, die aber zum Theil aufgehoben sind, und mehrere Synagogen. Ehedem zeichnete sich Warschau durch seine blühenden wissenschaftlichen Anstalten aus, die aber seit 1830 viel von ihrer Bedeutung verloren haben. Die 1816 gestiftete, 1832 aufgehobene, 1864 wieder eröffnete Universität zählt ca. 75 Lehrer und 800—900 Studenten. Außerdem besitzt Warschau 34 Lehranstalten, worunter 6 Gymnasien, 2 Realschulen, und eine medizinisch-chirurgische Akademie mit 215 Studenten.

Die Gewerbthätigkeit ist nicht unbedeutend. 1878 waren 258 Fabriken in Thätigkeit, daneben 4330 Werkstätten für 25,000 Handwerker. Dabei sind 8 chemische Fabriken, 15 große Lederfabriken, 10 Zuckerraffinerien, 7 Maschinenfabriken, bedeutende Fabriken von plattirten Waaren, Teppichen, Tuch ꝛc. Ueberhaupt vereinigt sich in Warschau der größte Theil des russisch-polnischen Gewerbefleißes und der ganze polnische Binnenhandel.

Was dem Fremden in Warschau am meisten auffällt, oder wenigstens uns, die wir nie zuvor in das nordöstliche Europa gedrungen waren, am meisten auffiel, waren die polnischen Juden, in ihren langen schwarzen, bis auf den Boden reichenden Röcken oder Kaftans, ihren langen schwarzen Bärten und ihren wohlgepflegten und gekräuselten Locken. Und obwohl wir wußten, daß in Polen die Juden einen großen und hervorragenden Prozentsatz der Bevölkerung bilden, so waren wir doch nicht darauf gefaßt, in Warschau ein Theater zu finden, das nur von Juden besucht, und in welchem nur in hebräischer Sprache gespielt wird — ein Theater noch dazu mit deutschem Namen: das Volkstheater. Wir haben uns darin einen ganzen Abend aufgehalten und davon ein großes, wenn auch fremdartiges Vergnügen gehabt.

Schauerlich schlecht ist im Allgemeinen in Warschau das Straßenpflaster. In den Hauptstraßen ist seit einiger Zeit das Eisenpflaster eingeführt, das aus gut 3 Fuß langen, 1½ Fuß breiten, rostförmig durchbrochenen und mit Kies ausgefüllten Platten besteht. Es fährt sich darauf zwar sehr angenehm, aber diese

Pflasterung soll sehr viele Ausbesserungen erheischen und namentlich die Pferde sehr ermüden.

Bei dieser Gelegenheit möchte ich der Merkwürdigkeit halber erwähnen, daß man überall in Europa mit neuen Straßenpflastern Versuche macht, und daß man in den meisten Fällen das Holzpflaster einführt, das wir in Chicago nicht mehr haben wollen. In Berlin z. B. reißt man altes Kieselpflaster auf und legt Holz, — allerdings auf einer solideren Grundlage, als es meist hier geschieht. In Wien machten wir dieselbe Erfahrung. In Petersburg wurde gerade zur Zeit unserer Anwesenheit im Newski-Prospekt, der Hauptstraße, das Asphaltpflaster aufgerissen, um es durch Holzpflaster zu ersetzen, und in den großen Städten Schwedens und Norwegens, wie in Paris, fand ich, daß Holzpflaster in der Mode sei. Als ich mich in Petersburg nach dem Asphaltpflaster erkundigte, sagte man mir, daß es in jedem Winter durch den Frost gehoben und ruinirt würde. Es wird dadurch auch die in Chicago gemachte Erfahrung bestätigt, daß Asphaltpflaster, das sich in milderem Klima so trefflich bewährt, große Kälte nicht vertragen kann.

Wenn es ein Trost ist, im Unglück Genossen zu haben, so hat Chicago diesen Trost. Denn in allen Großstädten Europa's traf ich auf aufgerissene Straßen, am meisten allerdings in Warschau, wo gerade ein neues Abzugs-Canalsystem hergestellt wird, für das die Stadt zehn Millionen Rubel (fünf Millionen Dollars) bewilligt hat.

Zu den Sehenswürdigkeiten Warschau's gehört das ehemalige königliche Schloß, an dem großen mit der Bronze-Statue Sigismund III. geschmückten Sigismund-Platz, das schon von den masovischen Herzögen gegründet wurde, aber im Laufe der Zeit viele Umbauten und Vergrößerungen erfahren hat, und besonders durch August II. und Stanislaus Poniatowski verschönert worden ist. Ein Theil davon ist für den Kaiser reservirt, falls er nach Warschau zu Besuch kommt. Der Rest wird theils vom General-Gouverneur bewohnt, theils dient er als Militärhauptquartier. Interessant zu sehen sind der ehemalige Thronsaal, die Säle des Senats und der Deputirtenkammer, der marmorne Ballsaal mit Büsten berühmter Polen. Leider sind die meisten Kunstgegenstände und Kostbarkeiten im Jahre 1831 nach Moskau und Petersburg geschafft worden.

Neben dem unschönen sogenannten sächsischen Schloß liegt der sächsische Garten, ein von August II. angelegter öffentlicher Spaziergang, der etwa 18 Acres umfaßt, und mit seinen wirklich prachtvollen schattigen Alleen, hundertjährigen mächtigen Bäumen, und seinen vielen Statuen und Fontainen mit Recht als eine der schönsten Promenaden Europa's gilt, und der natürlich der Sammelplatz der eleganten und galanten Welt Warschau's ist.

Selbstverständlich besieht der Fremde auch die Kapuzinerkirche, welche von Johann Sobiesti zum Danke für seinen Sieg über die Türken bei Wien erbaut wurde, und in welcher ein vom Kaiser Nicolaus nach seinen Siegen über die Türken im Jahre 1829 errichteter Marmor-Sarkophag das Herz Sobiesti's enthält. Auch eine Graburne zum Andenken an Stanislaus August Poniatowski ist darin, mit der lateinischen Inschrift: „Was ist stärker als der Tod? — Der Ruhm und die Liebe!"

Die Umgegend von Warschau zeichnet sich nicht gerade durch landschaftliche Reize aus, denn die Gegend ist flach, und die vielen großen historischen Erinnerungen, welche sich für den mit der Geschichte Polen's näher Vertrauten daran knüpfen, bestehen natürlich nicht für die meisten Reisenden. Ein recht hübscher Ausflug ist der durch den herrlichen Wald von Bielany nach dem gleichnamigen stattlichen Schloß, einem ehemaligen Calmaldulenser-Kloster, in dessen Park die Warschauer das Pfingstfest zu feiern pflegen; ein anderer durch den Wildpark des Grafen Potocki nach Wilanow, einem von Johann Sobiesti mit Hülfe seiner türkischen Gefangenen gebauten, auf terassenförmiger Anhöhe schön gelegenen, jetzt dem Grafen Potocki gehörigen Schloß, das in seinem Innern manche Merkwürdigkeiten birgt, so die prachtvolle Rüstung, welche Papst Innocenz XI. dem Könige Sobiesti nach der Befreiung Wien's schenkte, als Dank für die von diesem erbeutete und dem Papst übersandte Fahne Mohameds.

Daß die Polen den Russen nicht gewogen sind, darf man ja als bekannt voraussetzen. Aber ihr Haß gegen diese wegen der unaufhörlichen Versuche, sie zu Russen zu machen, ist nicht stärker, als der gegen Deutschland, besonders gegen Bismarck, wegen der Polenausweisungen. Gerade am Tage vor meiner Ankunft hatten die Warschauer Zeitungen die auch in der „Jll. Staatsztg." veröffentlichte Nachricht gebracht von der Ausweisung eines Polen, der seine kranke Frau nach Breslau, wo sie eine gefährliche Operation an sich vornehmen lassen wollte, begleitet hatte, und dem nicht gestattet wurde, in der Stunde der Gefahr bei ihr zu bleiben, worauf sich die Frau dann kurz entschloß und sich Wiener Aerzten anvertraute. In Folge davon fand ich die Stimmung besonders gereizt, und nirgends fand ich einen Polen, der nicht erklärt hätte, daß wenn zwischen einem Aufgehen in Rußland oder Deutschland gewählt werden müsse, das in Rußland denn doch vorzuziehen sei.

Letzteres wird freilich wohl nicht lange mehr auf sich warten lassen. Die russische Sprache ist bereits die Amtssprache in Polen geworden. In den Schulen wird jetzt nur noch Russisch und kein Polnisch gelehrt. Alle Soldaten in Polen — in Warschau allein liegen 40,000 Mann — sind Russen. Die früheren polnischen Beamten sind nach dem Innern Rußland's versetzt und Russen sind an ihre Stelle getreten. — Deutsch, das früher von den gebildeten Klassen in Warschau mit Vorliebe gesprochen wurde, hört man jetzt fast gar nicht mehr.

Die Fahrt von Warschau nach Moskau führt durch eine mit geringen Ausnahmen landschaftlich öde und uninteressante Gegend, und ich kann sagen, daß ich noch nie in meinem Leben eine Eisenbahnfahrt von 36 Stunden gemacht habe, die so langweilig war, und auf der es auch absolut nichts gab, was die Aufmerksamkeit fesseln und das Auge erfreuen konnte. Dazu trug allerdings bei, daß wir uns nicht verständlich machen konnten. Denn auf der ganzen Strecke trafen wir auch nicht einen einzigen Menschen, der die Sprachen verstand, die wir sprechen, so daß während der ganzen im wahren Sinne des Wortes qualvollen sechsunddreißig Stunden wir uns mit der Zeichensprache behelfen mußten. Daß wir Nachts um 2 Uhr aus dem Bette buchstäblich gerissen wurden, um unsere Billets vorzuzeigen, und daß wir, eben weil wir uns nicht verständlich machen konnten, an den unrichtigen Stationen zum Essen ausstiegen und entweder nichts bekamen, oder für schlechtes Essen unverschämte Preise zahlen mußten, trug auch nicht zur Erhöhung unserer Gefühle bei. Und nie habe ich den Wunsch nach einer Weltsprache so lebhaft gefühlt, als hier.

Uebrigens waren wir auch die einzigen Passagiere, welche von Warschau direkt bis Moskau fuhren, die andern fuhren gewöhnlich nur kurze Strecken, und überhaupt waren wir nie mehr als ein Dutzend Passagiere im ganzen Zuge — eine Erfahrung, die ich auch in anderen Theilen des continentalen Europas gemacht habe. Und ich glaube, wenn nicht die Engländer und besonders Amerikaner reisten, so würden die Passagierzüge auf den meisten europäischen Bahnen gar nicht bestehen können.

Von den größeren Orten, an welchen die Bahn vorbeifährt, sind zu nennen: Die Festung Brest-Litowsk am Bug, mit 40,000 zur Hälfte jüdischer Einwohner, welch' letztere dort eine berühmte Hochschule besitzen. Dann kommt nach einer langen und einförmigen Fahrt durch die Gouvernements Grodno und Minsk, durch anfangs viele Strecken von hohem Schilf und kurzem Weidengestrüpp und später durch endlose Wälder von Eichen, Linden, Tannen und Fichten, und vorbei an riesigen Holzniederlagen und elenden Dörfern, die Stadt Minsk, die man völlig Muse hat zu besichtigen, da der Zug dort 2¼ Stunden hält, ein unschöner, aber doch recht anmuthig gelegener Ort von 44,000 Einwohnern, und mit engen und unregelmäßigen Straßen; er enthält viele Fabriken und hat einen bedeutenden Handel. Bald hinter Minsk passirt man den berühmten Fluß Beresina und kommt dann in einen ungeheueren Wald, der erst am Dniepr endet. An diesem Flusse liegt recht malerisch die geschichtlich berühmte Stadt Smolensk, der Schlüssel und das Thor Rußlands benannt, die schon Ende des 9. Jahrhunderts eine Rolle spielte. Sie ist Gouvernementshauptstadt und enthält eine stark befestigte Citadelle, nebst mehreren Außenwerken und 25 Kirchen und 3 Klöster bei knapp 25,000 Einwohnern. Sie ist wichtig wegen ihres bedeutenden Getreidehandels und als Eisenbahnknotenpunkt.

In Moskau langten wir Abends an und wurden wie an der Grenze in Granitza auch hier gleich Zeuge russischer Sitte. Die Droschkentutscher, die dort ebenso frech und zudringlich sind, wie überall in der Welt, umdrängten die Passagiere, schrien auf dieselben ein und versuchten sie nach ihrem Wagen zu zerren, bis plötzlich ein Polizist erschien und mit der Knute so energisch auf sie einhieb, daß sie sämmtlich schleunigst zu ihren Droschken zurückkehrten. Wir erhielten dann in aller Ruhe eine Droschke und ließen uns nach dem deutschen Hotel Moskau's „Zur Stadt Berlin" fahren, denn selbstverständlich sehnten wir uns danach, an einen Ort zu kommen, wo wir gewiß sein konnten, daß unsere Wünsche verstanden würden. Dort waren wir auch während unseres höchst interessanten Aufenthalts in der russischen Hauptstadt sehr gut aufgehoben.

VI.

Moskau.

So wenig interessant wie Warschau, so hochinteressant ist Moskau, ja ich möchte mich zu der Behauptung versteigen, daß es in Europa keine Stadt gebt, die soviel Sehenswerthes und Neues bietet, und deren Besichtigung so lohnend für den Reisenden ist, als gerade Moskau. Denn obgleich Moskau ja noch für eine europäische Stadt gilt, hat Alles dort doch schon einen so vorwiegend asiatischen Anstrich, daß man sich bereits in den Orient versetzt glaubt. Niemand denkt daran, daß er sich schon hoch oben unter dem 55. Breitengrade befindet, wenn er die vielen blumenreichen Gärten schaut, von denen die Häuser umgeben sind; und die breit ausgelegten Straßen, die kleinen, von einander weit abstehenden Häuser, das Mischmasch der verschiedensten und fremdartigsten Volkstrachten auf den belebten Straßen, und nicht zu vergessen, die Armuth und der Schmutz, beide so kennzeichnend für den Orient, Alles trägt dazu bei, den Eindruck zu vermehren, als befinde man sich nicht mehr in Europa, sondern schon weit drinnen im Morgenlande. In einem kurzen Reisebericht Moskau's Sehenswürdigkeiten zu beschreiben, ist schlechterdings unmöglich. Denn wohin man kommt, in allen Theilen der Stadt, auf jeder Straße und in jeder der einzelnen Kirchen, Schlösser oder sonstigen Großbauten trifft man bei jedem Schritte auf etwas Neues, der Erwähnung Werthes, das Interesse Fesselndes. Deshalb heißt es auch hier, sich kurz fassen, und aus der Fülle das herauszugreifen, was einen besonderen Kunstwerth beansprucht oder geschichtlich berühmt ist.

Moskau hat in seiner Lage viel Aehnlichkeit mit Chicago, nur daß dieses 13 Grad südlicher und jenes nicht an einem See liegt. Wohl aber liegt es fast ebenso hoch wie Chicago, etwa 600 Fuß über dem Meere, und ist wie dieses eine Prairiestadt. Denn ringsum dehnt sich eine weite, fruchtbare, wellenförmige Ebene aus. Wie Chicago der Mittelpunkt der Ver. Staaten und des nordamerikanischen Festlandes, ist Moskau der Mittelpunkt des europäischen Rußlands — letzteres nicht nur in geographischer und commerzieller Beziehung. Denn mit ihrer Eigenschaft der größten Handels- und Fabrikstadt Rußlands verbindet sie auch noch die, die zweite Residenz des Czaren und der Sitz des höchsten Geistlichen von Rußland, nach dem Czaren, das Rom der russisch-griechischen Kirche, und der Wohnsitz des reichsten russischen Adels und der russischen Geldfürsten zu sein. Es ist die heilige Stadt der Russen, und zählt nicht weniger als 400 Kirchen und 20 Klöster, daneben auch 454 Schulen und andere Lehranstalten, nahezu über 800 Fabriken mit nahezu 100,000 Arbeitern und — 127 Armenhäuser. Die Einwohnerzahl beträgt 750,000, wovon etwa 15,000 Deutsche sind.

Doch obwohl ihrer Größe und Bedeutung nach Moskau eine Großstadt ist, so fehlt ihr trotz ihres vielhundertjährigen Alters noch heute das Aussehen einer solchen. Einige wenige nach modernen Begriffen elegante Straßen mit großstädti=

schen Bauten abgerechnet, besteht es aus einer unendlichen Zahl ein- und zweistöckiger Häuschen, die inmitten eines geräumigen Hofes oder Gartens stehen, und von Wirthschaftsgebäuden umgeben und von Zaun oder Mauer eingeschlossen sind. Mit anderen Worten, Moskau ist heute noch das Riesendorf, das Chicago vor und zum Theil noch nach dem Feuer war. Aber während dieses mit Riesenschritten sich in eine wirkliche Stadt verwandelt, scheint Moskau dazu auch nicht die geringsten Anstalten zu treffen. Aus den wenigen glänzenden, mit Holz und Asphalt gepflasterten Straßen, die noch dazu sehr kurz sind, gelangt man unmittelbar in Straßen von urwüchsigstem Zustand und von einer durchaus orientalischen Unsauberkeit. Gas- und Wasserleitung giebt es nur in den reichsten und feinsten Häusern, die noch dazu, soweit sie dem hohen Adel gehören, einen großen Theil des Jahres oder überhaupt leer stehen, denn derselbe siedelt mehr und mehr nach Petersburg über. Die in Folge der weitläufigen Bauart ungeheure räumliche Ausdehnung der Stadt wird noch vermehrt durch eine große Zahl parkähnlicher Gärten und umfangreicher unbebauter Plätze im Innern.

Die Straßen haben, wie gesagt, eine große Breite, am breitesten sind die Boulevards, die sich in drei Parallelkreisen um die Stadt ziehen. Davon ist der dicht am Kreml liegende von zahlreichen öffentlichen Prachtbauten eingerahmt. Die andern bilden meist eine Aufeinanderfolge herrlicher Linden-Alleen mit Ruhebänken, Lauben und Blumenbeeten, und sind natürlich die Spazierwege für die elegante Welt. Der besuchteste und auch schönste Boulevard ist der Twer'sche, dann der Tschiffto-Prudsky, auf dessen großen Teichen im Sommer dem Kahnfahren, im Winter dem Schlittschuhlaufen gehuldigt wird. Eine sehr lohnende Fahrt ist durch die den ganzen inneren Stadtkern umschließende, fast 10 engl. Meilen lange und sehr breite Gartenstraße, die fast durchweg von hübschen Gärten vor den Häusern eingefaßt ist und auf der sich eine Anzahl Märkte befinden.

Der Straßenverkehr in Moskau ist sehr lebhaft und interessant. Von den Binnenstädten Europas ist sie ohne Zweifel die, in welcher sich die größte Zahl verschiedener, durch Tracht und Gesichtstypus von einander unterscheidbarer Nationalitäten vereinigt findet. Wohl überwiegt auch hier die gewöhnliche europäische Tracht, aber daneben zeigt sich der bärtige Muschik in Bastschuhen und geflicktem Kaftan oder Schafpelz; der russische Geistliche in langer brauner Soutane, mit schwarzem Barrett, buntem Gürtel und lang herabwallendem Haupthaar und Bart; der Kaufmann in altrussischer Pelzmütze, an der Seite seiner ganz im orientalischen Geschmack mit ächten Perlen überdeckten Frau; Tscherkessen, Tataren, Kalmücken in ihrer Nationaltracht; Türken und Griechen im rothen Fez, und Perser mit der hohen Lammfellmütze, der polnische Jude im langen Talar 2c. Und zwar hängt hier augenscheinlich die Männerwelt viel hartnäckiger an der überlieferten Kleidung, wie die Frauen; denn bei diesen herrscht wenigstens im Schnitt die westeuropäische Kleidung vor, — ob der Farbenzusammenstellung freilich würde manche Pariserin in Ohnmacht fallen.

Die beste Gelegenheit für die Beobachtung dieser verschiedenen hier zusammenkommenden Nationalitäten bieten die zahlreichen Märkte, auf denen meist nur in einem oder in einigen wenigen verwandten Artikeln gehandelt wird. So giebt es einen Markt für Gemüse, Eier, Geflügel, Wild, einen Obstmarkt, einen Blumenmarkt und sogar einen Vogel- und Hundemarkt, welch' letzterer Sonntags abgehalten wird.

Auffallend sind dem Fremden die verschiedenen Handwerker, die mit ihrem Handwerkzeug von Haus zu Haus wandernd, auf der Straße die Ausbesserung der ihnen übergebenen Haushaltungsgegenstände vornehmen, ferner die Menge der Wahrsagerinnen, die unzähligen Bettler, die schon früher erwähnten Straßenverkäufer, und nicht zum wenigsten die riesige Zahl von Betrunkenen. So lange diese nicht sinnlos betrunken sind, hat die Polizei für sie kein Auge. Erst wenn er sich im letzten Stadium befindet, wird der Betrunkene von einem Polizisten in Gewahrsam genommen, und einer Droschke anvertraut, welche von Polizei wegen verpflichtet ist, den Kerl 200 Schritt weit zu fahren, und ihn dort einem anderen Polizisten, resp. einer anderen Droschke zu übergeben, bis das Polizeigewahrsam oder das Haus erreicht ist. Uebrigens bemüht man sich jetzt durch Anlage von Theeschenken der Trunksucht etwas zu steuern.

Ein sehr interessanter Theil Moskau's ist in der inneren Stadt der Rothe Platz, [Krasnaja], der größte und berühmteste freie Platz der Stadt, der auf der einen Seite an den Kreml stößt, und an dem zwei berühmte Kirchen, die Kapelle der Iberischen Mutter Gottes und die Kathedrale des heil. Basilius stehen.

Die Kapelle der Iberischen Mutter Gottes ist eine der berühmtesten Heiligthümer Rußlands. Kein Russe geht daran auch nur in Sicht vorbei, ohne sich zu bekreuzen, und gewöhnlich tritt er eben hinein, um die Füße des Jesusbildes zu küssen. Das Madonnenbild ist eine 1648 angefertigte Copie des wunderthätigen Marienbildes des iberischen Klosters auf dem Berge Athos; auf der rechten Wange hat es einen Riß, von dem Säbelhiebe eines Tataren herrührend. Eine Krone aus Diamanten ziert das Haupt, auf der Stirn und auf der einen Schulter funkeln riesige Edelsteine, ein Netz von echten Perlen hüllt das Haar ein. Rund umher ist es mit Geschmeide behangen. Das Bild wird täglich, auf einem mit sechs Pferden bespannten Wagen und von reichgekleideten Bedienten begleitet, gegen hohe Vergütung (etwa $50) zu Kranken, Familienfesten 2c. gefahren.

Einen höchst fremdartigen Eindruck macht die Kathedrale des h. Basilius, deren Bau von Ivan dem Schrecklichen 1554 aus Anlaß der Eroberung Kasan's begonnen, aber erst Ende des 16. Jahrhunderts vollendet wurde. Trotz mehrfacher Beschädigungen durch Feuer ist sie doch stets nach dem Plane des ursprünglichen Architekten restaurirt worden, dem Ivan angeblich die Augen hat ausstechen lassen, damit er nichts Aehnliches wieder schaffen könne. Sie besteht aus elf kleinen Kapellen in zwei Stockwerken übereinander, welche in völlig unbeschreibbarer Weise zu einem Ganzen vereinigt sind, und von zwölf verschieden geformten Kuppelthürmen gekrönt werden. Die in allen Farben schimmernden und jede von der andern verschiedenartig geformten Kuppeln, (die eine hat die Form einer Ananas, die andere ist zackig, die dritte gewunden, die vierte mit Schuppen bedeckt), die meist über die schlanken Trommeln hinausragen und auf denen sich schwere Kreuze erheben, gewähren mit der sonstigen überreichen Dekoration einen außerordentlich seltsamen phantastischen Eindruck.

An der Ostseite dieses Rothen Platzes befinden sich die sogenannten Reihen, der Bazar Moskau's, ein ungeheurer, aus lauter Läden und Kaufbuden bestehender und von den drei Hauptstraßen der inneren Stadt durchschnittener Gebäude-Complex. Schön und zum Kaufen einladend ist dieser Bazar nun gerade nicht. Ueberdachte enge Gänge führen an unabsehbaren Reihen dumpfer, finsterer und höchst einfach ausgestatteter Läden vorüber, an deren Thüren die dort verkaufte Waare als Aushängeschild dient. In den Gängen und Quergängen sind zwei Heiligenbilder mit brennenden Lichtern davor aufgestellt, und Käfige mit Singvögeln aufgehängt, aber das nimmt ihnen nichts von ihrem düsteren Charakter. Indessen sind diese Läden sehr besucht, weil man dort viel billiger kaufen soll, als in den großen Magazinen an den vornehmen Straßen. Zu haben ist Alles, und zwar enthält gewöhnlich eine Reihe auch eine besondere Waarengattung. Auch Erfrischungslokale giebt es in den Reihen, wo man sämmtliche national-russische Getränke durchprobiren kann.

Im südwestlichen Stadttheil giebt es zwei besonders große Sehenswürdigkeiten — das Rumjanzow-Museum und die Erlöserkirche.

Das Museum, dessen Haupttheil aus den dem Staate im Jahre 1828 geschenkten Sammlungen des Grafen Rumjanzow besteht, die seitdem durch Kauf und Schenkungen bedeutend erweitert wurden, enthält eine 200,000 Bände umfassende, und sich durch den Reichthum an altslavischer und altrussischer Literatur auszeichnende Bibliothek, nebst Lesezimmer, eine bedeutende Münzsammlung, das Daschkow'sche ethnographische Museum, das auch die Sammlungen des Weltumseglers Otto von Kotzebue einschließt, und als ganz besonders interessante Abtheilung das ethnographische Museum des russischen Reiches, welches ein Geschenk eines Moskauer Millionärs, in trefflich gearbeiteten lebensgroßen Gruppen die Bewohner der 54 russischen Provinzen, die Tscherkessen, wie die Lappländer, die Esthen wie die Turkmenen, die Südrussen wie die Samojeden in ihrer vollen, aus wirklichen Gewändern bestehenden

Volkstracht und bei ihrer gewöhnlichen Beschäftigung zeigt. Und zwar sind mindestens immer Mann und Frau dargestellt.

Die großartigste Sehenswürdigkeit Moskau's aber nach dem Kreml ist die Erlöserkirche. Keine andere erregt auch nur annähernd gleiche Bewunderung, und trotzdem wir uns vorgenommen, nachdem wir alle die vielen großartigen Kirchen in Italien und Süddeutschland besichtigt, keine mehr eingehender zu besuchen, so bereuten wir es nicht, zu Gunsten der Erlöserkirche eine Ausnahme gemacht zu haben. Und ich will hier gleich einschalten, daß, wenn ich früher in Italien die verschwenderische Pracht und den riesigen Luxus der Kirchen bewundert und zugleich, angesichts der großen Armuth des italienischen Volkes bedauert und geglaubt habe, das könne nicht übertroffen werden, wie z. B. die Pracht des Grabmals von Karl Borromäus im Mailänder Dom, so verschwindet doch aller Luxus in den Kirchen Italiens gegenüber den Reichthümern und der überschwenglichen Pracht der russischen Kirchen. Und keine ragt in dieser Beziehung so hoch hervor, als die Erlöserkirche.

Der Bau der Erlöserkirche hat schon vor 35 Jahren begonnen und wurde erst vor fünf Jahren beendet. Er hat nahezu 30 Millionen Rubel (15 Millionen Dollars) gekostet, und die mit Dukatengold ausgeführte Vergoldung der Kuppeln allein hat fünf Millionen Rubel verschlungen.

Um für die Kirche Platz zu schaffen, mußte nahezu ein ganzer Stadttheil angekauft und niedergerissen werden.

Der Bau dieser Kirche wurde bereits vom Czaren Alexander I. als Dank und zum Gedächtniß der Befreiung Rußlands von Napoleon I. geplant, und er übertrug die Ausführung dem Maler Wittmann, der sie an einem anderen Platze als dem jetzigen im Jahre 1819 begann, aber nachdem er 4½ Millionen Rubel verbaut, die Sache einstellen mußte, weil der Bau zusammenstürzte. Kaiser Nikolaus nahm den Plan im Jahre 1839 wieder auf, und legte an der jetzigen Stelle den Grundstein. Im Jahre 1857 war der äußere Bau so weit vollendet, daß der innere Ausbau in Angriff genommen werden konnte, der weitere 25 Jahre nahm. Die Kirche ist ganz aus Stein und Metall hergestellt und hat natürlich, wie alle russischen Kirchen, die Form eines griechischen Kreuzes. Sie wird von fünf, auf thurmartigen Trommeln ruhenden, vergoldeten Kuppeln gekrönt, deren mittelste und größte einen Durchmesser von 100 Fuß hat. Die Höhe bis zur Spitze des Kreuzes auf dem Hauptdome beträgt 350 Fuß. Die Mauern sind mit gefärbtem Portland-Cement überzogen, die Vorsprünge derselben mit weißem Marmor bekleidet, der Untersatz ist aus dunkelrothem finnischen Granit hergestellt. Sechsunddreißig gewaltige Marmorsäulen tragen das Hauptgesimse; breite Granittreppen führen an jeder der vier je 276 Fuß langen Façaden zu den kunstreich in Bronze gegossenen Portalen. Die Trommeln der an den vier Ecken des Kreuzes aufsteigenden kleineren Kuppeln dienen als Glockenthürme und enthalten 13 Glocken, deren größte ein Gewicht von 59,600 Pfund hat.

Während das Aeußere der Kirche trotz Bildhauerschmucks den Eindruck einfacher Großartigkeit gewährt, ist das Innere von geradezu sinnberauschendem, blendendem Glanze, und bildet mit seinem Farbenreichthum und Goldgeglitzer einen merkwürdigen Gegensatz zu der wundervollen Schlichtheit und stimmungsvollen Weihe gothischer Kirchen. Bis in die Kuppeln hinein sind die Wände mit Gold und den verschiedenfarbigsten Marmor bekleidet, und überdies von den ersten Künstlern, darunter Wereschagin, mit einem Kostenaufwand von mehr als einer Million Rubel mit großartigen Gemälden bedeckt. Der Fußboden ist aus Marmor-Mosaik. Von den 40 Fuß hohen Säulen von 3 Fuß Durchmesser im Innern sind mehrere aus Malachit, andere aus Lapis Lazuli, wieder andere aus Jaspis, und eine jede soll einen Werth von mindestens $8000 haben.

Ueber dem mittleren Raume, dem Schiff, erhebt sich die riesige Hauptkuppel, welche von vier mächtigen Säulen getragen wird. Zwischen Pfeilern und Außenwänden zieht sich vom Schiffe, durch Bronze-Gitter abgetheilt, ein 14 Fuß breiter, durch eine Gallerie in zwei Stockwerke getheilter Korridor hin, dessen unterer Theil für Processionen bestimmt ist, und auf dessen Wänden in großen Tafeln die Schlachten der Freiheitskriege und die Namen der in denselben gefallenen oder verwundeten

Offiziere verzeichnet stehen. Die die Wände schmückende Basreliefs mit bis zu 12 Fuß hohen Figuren sind zum Theil von ergreifenderer Schönheit und Wirkung, wie selbst die von Thorwaldsen in Kopenhagen.

Eine befremdliche Erfahrung machten wir hier. Meiner Frau wurde der Zutritt zum Hochaltar nicht gestattet, wie Frauen überhaupt der Zutritt zu demselben in der ganzen russischen Kirche versagt ist. Weshalb? habe ich nicht erforschen können. Lebten die Priester der griechischen Kirche im Cölibat, so könnte man sich die Sache noch eher erklären! Aber da sie nicht nur heirathen dürfen, sondern auch alle verheirathet sind, so kann man sich schlechterdings keinen Vers darauf machen. Man wird es hier wohl mit irgend einer alten asiatischen Sitte zu thun haben.

Im südöstlichen Stadttheile Moskau's befindet sich eine höchst interessante Anstalt, das weltberühmte Moskauer Findelhaus, das entschieden größte Findelhaus der Welt, das von der ebenso sittenlosen, wie staatsklugen Kaiserin Katharina II. im Jahre 1763 gegründet wurde, und wahrscheinlich schon damals eine große Nothwendigkeit für Moskau war, und es jedenfalls heute ist, denn in demselben werden jährlich durchschnittlich vierzehntausend von ihren Müttern verlassene, und natürlich meist uneheliche Kinder aufgenommen, und wenn möglich aufgebracht. Woher diese Kinder alle kommen, ist leicht ersichtlich. Denn es scheint in Moskau in den ärmeren Klassen kaum ein Mädchen von mehr als 12 Jahren zu geben, das nicht bereits die Folgen des Liebesgenusses an sich herumtrüge. Ja, es soll von den Eltern selbst ein förmlicher Schacher mit der Ehre ihrer jungen Töchter getrieben werden.

Der Besuch, den wir dieser Anstalt abstatteten, war ebenso lehrreich, wie interessant, wenn ja auch der Gesammt-Eindruck ein trauriger sein mußte. Wir lernten hier, wie billig und systematisch eine solche Anstalt geführt werde und wie wohlthuend sie wirken kann. Sie zu beschreiben, giebt es gar kein besseres Mittel, als dem unglücklichen Würmchen, das dort eingebracht wird, von dem Augenblicke seiner Ankunft an zu folgen, bis es weggebracht wird. Wir waren glücklich genug, gerade im Empfangszimmer zu sein, wie eine Straßenbettlerin mit einem vielleicht zwei Tage alten Kinde ankam, das ihr ihrer Angabe nach zum Ueberbringen im Findelhause übergeben worden war. Die einzige Frage, die man an sie richtete — ob sie seine Herkunft kenne und wisse, ob es getauft sei — wurde von ihr verneint, und das Kind wurde dann nach irgend einem Muttermal untersucht, gewogen, dann gebadet, gekleidet und erhielt eine Nummer, die dem Ueberbringer gegeben und nach der es genannt wird. Letzteres geschieht nicht, wenn es, wie das gewöhnlich der Fall, von einem Taufschein begleitet ankommt. Die Zeit der Ankunft jedes Kindes wird ganz genau gebucht. Die Kleider, in denen es ankommt, werden meist als unbrauchbar zurückgeschickt.

Die russische Regierung zahlt der Anstalt, mit welcher eine Hebammenschule, eine Gebäranstalt und ein Erziehungsinstitut für Waisenmädchen verbunden ist, einen jährlichen Zuschuß von mehr als einer halben Million Dollars. Die Frauen, die als Ammen für die Kleinen dienen wollen, müssen sich für das ihnen gezahlte geringe Gehalt verpflichten, mindestens drei Monate im Findelhause zu bleiben, nach Verlauf welcher Zeit die Amme das ihr übergebene Kind mit auf's Land nimmt, und gegen eine von der Regierung gezahlte Vergütung dasselbe bis zum 14. Jahre zu verpflegen hat. Inspectoren besuchen die Amme in gewissen Zwischenräumen und sehen nach dem Wohlbefinden der Kinder. Mit 14 Jahren muß das unglückliche Wesen dann für sich selber sorgen. Gelangt eine Mutter in bessere Verhältnisse, und will das Kind zurückhaben, so hat sie die Nummer des Kindes vorzuweisen und 35 Rubel zu zahlen — gewiß wenig genug.

Zur Zeit unserer Anwesenheit waren etwa 1000 Kinder in der Anstalt und natürlich ebenso viele Ammen, denn die Saugflasche kennt man in Rußland noch nicht, oder das Angebot von Ammen deckt noch völlig den Bedarf. In jedem der verschiedenen großen und sehr reinlich gehaltenen Säle befanden sich 40—50 Kinder, für jedes eine Wiege, ein kleiner Waschtisch mit Schrank, der genügende Wäsche und Waschgeschirr enthielt. Kinder gleichen Alters sind möglichst zusammengebracht, und haben alle gleiche Kleidung. Die Ammen scheinen in Klassen getheilt zu sein, denn es trugen die einen blaue, die andern rothe, die dritten gelbe Bänder im Haar.

Das Gebäude, welches in Form eines großen Vierecks gebaut ist und einen großen Garten umschließt, enthält alle möglichen Bequemlichkeiten. Die Küche ist vorzüglich, Alles ist reinlich und sauber, und die Luft in den Räumen reinlich und gesund. Es ist anerkannt in seiner Art ein Muster=Institut.

Die größte Sehenswürdigkeit Moskau's ist natürlich der Kreml, der im Mittelpunkt der Stadt auf einem die ganze Stadt beherrschenden hundert Fuß hohen Hügel liegt. Daß der Kreml nicht ein einziger Bau, sondern ein ganzer Stadttheil ist, wurde erst gelegentlich der Krönung Alexander III. zu oft berührt, als daß die Mehrzahl der Leser mit dieser Thatsache ebenso bekannt sein sollten, wie mit der andern, daß der Kreml das nationale Heiligthum der Russen ist, aus welchem der Czar erst gekrönt hervorgegangen sein muß, ehe er in den Augen des Volkes nicht nur der weltliche, sondern auch der geistliche Herrscher aller Russen geworden ist. Der Kreml enthält, umschlossen von einer gewaltigen, 65 Fuß hohen Mauer aus weißen Steinen, welche den Hebungen und Senkungen des hügeligen Bodens folgend und von achtzehn Thürmen gekrönt, schon an und für sich einen imposanten Anblick gewährt, eine ganze Reihe von Palästen, Kirchen, Staatsgebäuden und freien Plätzen und bedeckt einen Raum von mindestens einer halben englischen Quadratmeile.

Schon die in den Kreml hineinführenden Thore fesseln die Aufmerksamkeit des Reisenden. Die Hauptpforte ist die nach dem Rothen Platz führende, die Erlöserpforte, durch die wenigstens kein Russe anders als entblößten Hauptes schreiten darf — auch Fremde thun gut, die Sitte mitzumachen, wenn sie sich nicht dem Zuruf „Hut ab" aussetzen wollen. Sie wurde 1491 auf Befehl Iwans von dem Mailänder Baumeister Solarius erbaut, und besteht aus einem byzantinischen Bogen, auf welchem sich ein gothischer Thurm erhebt. Ueber dem Eingang befindet sich das Bild des Erlösers, das eigentliche Heiligthum des Kreml, und vor demselben eine riesige, unförmliche, ewig brennende Lampe. Durch diese Pforte hält der Czar bei seiner Krönung seinen Einzug in den Kreml.

Hinter diesem Thor betritt man den Czaren=Platz, der rechts vom Himmelfahrts=Kloster (für Nonnen) und dem kleinen Nicolai=Palais, links von bis zur Mauer sich hinziehenden Parkanlagen begrenzt wird, und auf welchem von den Nihilisten gemordeten Kaiser Alexander II., dem Czar=Befreier, von sämmtlichen Städten Rußlands ein großartiges Denkmal errichtet werden soll. Dem Nicolai=Palais gegenüber liegt der Iwan Weliky, der Glockenthurm „Johann der Große" und dicht daneben die größte aller Glocken, die Czar=Glocke.

Dieses metallene Ungethüm, das 4300 Centner wiegen soll, ist 26 Fuß hoch und hat 25 Fuß im Durchmesser, so daß darin 20 Menschen sehr bequem Platz finden, ruht auf einem hohen Granitsockel und ist überhaupt nie im Gebrauch gewesen. Daß sie es gewesen, ist ein Irrthum, der auf Thatsache beruht, daß sie eine ungefähr 3200 Centner schwere Vorgängerin hatte, welche vom Jahre 1668 bis 1701 in Thätigkeit war. Da aber verlor sie in Folge eines Brandes den Klang und sie wurde unter Zusatz von mehr als 1000 Centner Metall umgeschmolzen. Bei der Herstellung der Form hatte man sich aber verrechnet, da man dieselbe in der Mitte im Verhältniß zu dem fast doppelt so dicken Glockenrande viel zu dünn gemacht, so daß die Glocke in Folge der verschiedenen Spannung bereits beim Abkühlen eine Anzahl Risse erhielt. Trotzdem wurde sie unter einem hölzernen Schutzdache aufgehängt; aber das Gerüst brach noch in demselben Jahre (1773) zusammen, die Glocke stürzte auf den Boden, wobei ein Stück ausbrach, und sank nach und nach fast vollständig in die Erde ein, und würde heute ganz darunter verschwunden sein, wenn nicht Kaiser Nicolaus im Jahre 1836 den Befehl gegeben hätte, sie auszugraben, was sich nur durch einen ungeheuren technischen Apparat bewerkstelligen ließ, und auf ihren jetzigen Platz zu stellen. Das ausgebrochene 23,000 Pfund schwere Stück liegt am Fuße des Postaments, ebenso ein 17 Fuß langer Klöppel, der vielleicht zu der ersten Riesenglocke gehört hat — für diese wäre er zu klein gewesen. Angeblich enthält die Glocke 1480 Pfund Silber.

Uebrigens birgt der Iwan Weliky genug Glocken, die auch für einen Czaren groß genug sind. Der 290 Fuß hohe, in fünf Stockwerken, von denen die vier unteren achteckig, der fünfte rund ist, erbaute Thurm, von dessen vergoldeter Kuppel ein auf einen Halbmond gepflanztes Kreuz herabschaut (ein früher darauf befindliches, angeblich massiv goldenes Kreuz haben 1812 die Franzosen fortgeschleppt), enthält nämlich nicht weniger als 34 Glocken, deren größte — die sogenannte Himmelfahrtsglocke — 81,000 Pfund wiegt. Eine Besteigung dieses Thurmes bis zu der 170 Fuß hoch belegenen Gallerie ist zwar der 450 unbequemen Stufen halber höchst mühselig, aber außerordentlich lohnend. Denn von hier aus übersieht man nicht nur den Kreml mit seinem mächtigen kaiserlichen Schloß, dem weißglänzenden Gerichtshof, den fünf Kathedralen und zwölf Kirchen, den Klöstern, Arsenalen und Wirthschaftsgebäuden, sondern auch das riesige Häusermeer der einen Flächenraum von nahezu 60 englischen Quadratmeilen einnehmenden Stadt mit den reich vergoldeten Kuppeln ihrer zahllosen Kirchen, und die waldbegränzten Hügel ihrer Umgebung. Der Eindruck, den man an dieser Stelle von Moskau bekommt, ist für den Abendländer geradezu ein märchenhafter. Denn es scheint, als seien alle Merkwürdigkeiten des Orients an dieser Stelle zusammengetragen.

Von ergreifender Wirkung soll ein Besuch dieses Thurmes in der Osterwoche sein. Denn dann strahlt nicht nur der Kreml, sondern ganz Moskau in hellstem Lichte. Alle Kirchenkuppeln sind glänzend erleuchtet; jeder Russe, der es erschwingen kann, — und wer es nicht kann, der erbettelt's — begiebt sich mit einer großen Kerze auf die Straße. Um 12 Uhr beginnt die Himmelfahrts-Glocke zu läuten und alle anderen Glocken Moskau's fallen ein. Zugleich werden auf dem Kremel 101 Kanonenschüsse abgegeben und von allen Kirchen aus setzen sich feierliche Umzüge in Bewegung.

Hinter dem Iwan Weliski liegt der Kathedralenplatz, so genannt nach den Kathedralen der Himmelfahrt Mariä und des h. Michael, die daran liegen. Erstere ist die Krönungskirche des Czaren und die Begräbnißkirche der Patriarchen, und wurde an Stelle eines älteren Gotteshauses vor gut 400 Jahren erbaut und später mehrfach verschönert. Sie steht ungefähr im Mittelpunkte des Kreml und bildet ein beinahe gleichseitiges Viereck mit einer mächtigen Kuppel in der Mitte und vier kleineren Kuppeln an den Ecken. Ihr Anblick ist weder äußerlich noch im Innern ein angenehmer. Dazu ist sie zu bunt. Denn sie ist außen, wie innen mit Bildern in schreienden Farben und Vergoldung überladen. In ihrer Mitte zwischen den Pfeilern im Hauptschiff befindet sich die Stelle, auf welcher der Czar gekrönt und mit dem heiligen Oele gesalbt wird. Als besondere Merkwürdigkeit wird ein 20 Fuß hoher Reliquienschrein aus vergoldetem Kupfer und von durchbrochener Arbeit gezeigt, welcher das Leichentuch und Gewand der Mutter Gottes und einen Nagel des heil. Kreuzes enthalten soll, ersteres ein Geschenk des persischen Schah Abbas an den Czar Michael Feodorowitsch (1626), und letzterer eine Gabe des grusinischen Czaren Artschil (1686).

Nach den vielen ähnlichen Dingen, die ich schon auf meinen Reisen gesehen, muß Maria eine außerordentlich große Garderobe gehabt haben, und das heilige Kreuz eine wahre Fundgrube für Nägel gewesen sein. Die Platform, auf welcher die Salbung des Czaren vorgenommen wird, wird hinten durch ein Ikonostas abgeschlossen, eine hohe Wand aus röthlich vergoldetem Silber von durchbrochener sehr kunstvoller Arbeit, mit fünf Reihen von Heiligen übereinander, welche mit Edelsteinen übersäet sind. Dahinter befindet sich das Allerheiligste, und neben der hineinführenden Pforte das berühmte Korsun'sche Muttergottesbild von Wladimir, das angeblich der Apostel Lukas gemalt haben soll, und das von Konstantinopel erst 1154 nach Kiew und ein Vierteljahrtausend später (1394) nach Moskau kam. Die Einfassung dieses Bildes soll $100,000 werth sein, und der Smaragd auf der Stirn der Jungfrau wird auf $15,000 geschätzt. Das zur Vergoldung des Ikonostas und für die Altargeräthe verwendete Gold soll ein Gewicht von 14,380 Pfund haben, also einem Werthe von mehr als 4,500,000 Dollars gleichkommen. Diese und andere Schätze wurden 1812 von den Franzosen gestohlen, ihnen aber von den Kosaken wieder abgejagt, welche aus Freude darüber, daß es ihnen gelungen, die Heiligthümer zu retten, der Kirche noch den 880 Pfund schweren silbernen Kronleuchter mit 46 Armen dazu schenkten, der jetzt von der Kuppel herabhängt.

Durch das Ikonostas erblickt man das Sanktuarium, bestehend aus dem Berge Sinai, aus reinem Dukatengolde, auf dessen Gipfel ein goldener Moses mit den Gesetzestafeln steht. Eine Höhle im Berge mit einem kleinen goldenen Sarge dient zur Aufbewahrung der Hostie. Dieses Sanktuarium soll einen Geldwerth von $300,000 haben.

Ich konnte mich beim Anblick dieser und der unzähligen andern Kostbarkeiten, welche ich im Kreml angehäuft sah und deren Werth in die Hunderte von Millionen geht, des Gedankens nicht erwehren, wie gut es wohl wäre, einen Theil davon zu verkaufen und das entsetzliche Elend zu lindern, das Einem in Moskau auf Schritt und Tritt aufstößt, und namentlich vor den Kirchen sich aufdrängt. Denn diese sind fortwährend von Bettlerschaaren umlagert, die von Morgens bis Abends in jedem Wetter vor den Thüren mit dem Gesicht auf dem Boden liegend die Mildthätigkeit anrufen. Die Armuth in Moskau erscheint noch größer als in Venedig, wo notorisch ein Drittel der Bevölkerung vom Betteln lebt, denn nicht nur sieht man hier mehr Bettler, die italienischen Bettler haben doch wenigstens Kleider, wenn auch zerlumpte, der russische Bettler aber hat außer Bastschuhen und einer groben zerlumpten Decke, die er umwirft, nichts auf seinem Leibe. Diese Unglücklichen auf dem vom Regen durchweichten Boden — es regnete leider sehr viel während unserer Anwesenheit in Moskau — in Schmutz und Dreck liegen zu sehen, war ein herzzerreißender Anblick.

Die an der anderen Seite des Platzes gelegene Kirche des Erzengels Michael enthält die alte Czarengruft, in welcher alle russischen Czaren aus den Häusern Rurik und Romanow von Johann Kalita bis auf Iwan, den Bruder Peter des Großen, beerdigt liegen, darunter Iwan der Schreckliche, dessen Sarkophag mit einem schwarzen Tuche bedeckt ist, zum Zeichen, daß er als Mönch gestorben. Die Sarkophage sind meist dürftig und ohne künstlerischen Schmuck und auch sonst enthält die Kirche wenig Bemerkenswerthes.

Nahe dieser, auf dem höchsten Punkte des Kreml, liegt die Kirche zur Verkündigung Mariä, welche, nachdem sie verschiedene Male seit 1291 abgebrannt, im Jahre 1554 neu gebaut und in den sechziger Jahren restaurirt wurde. Sie macht mit ihren neun Kuppeln, von denen die mittelste ein goldenes Kreuz trägt, ihrem vergoldeten Dach, ihrer offenen Treppe und kreuzgangartigen Gallerie einen zwar originellen, aber doch hübscheren Eindruck, als die meisten andern Kirchen. Sie ist die Tauf- und Trauungskirche der alten Czaren. In dieser Kirche sind bemerkenswerth der Fußboden aus farbigem Jaspis, ein Geschenk des Schah von Persien an den Czaren Alexei, die zahlreichen an den Pfeilern angebrachten goldenen und silbernen mit Edelsteinen besetzten Kreuze, welche die Czaren früher mit goldenen Ketten auf der Brust trugen, der von den nach Gold suchenden Franzosen zerstörte und seitdem neugearbeitete Ikonostas, die in's Allerheiligste führende massiv silberne Thür und das Bild der donischen Mutter Gottes in einem Rahmen aus gediegenem Golde.

Bei dieser Gelegenheit möchte ich bemerken, daß bei den russischen Madonnen- und Heiligenbildern nur ein ganz kleiner Theil, meist nur Gesicht und Hände, gemalt ist. Der Rest ist aus Gold und Silber hergestellt.

Das große Kreml-Palais, das sich ein wenig weiter westlich anreiht, ist ein ungefähr 400 Fuß im Quadrat messender zweistöckiger Riesenbau, der nach den Plänen des Architekten Thon in den Jahren 1838—1849 errichtet wurde, und der angeblich 700 Zimmer enthält. Er steht an derselben Stelle, an welcher vor 1739 die hölzernen und steinernen Paläste des Czaren standen. Zum oberen Stock, in welchem die Gemächer der Czaren-Familie und überhaupt alle für die Oeffentlichkeit bestimmten Räume liegen, führt eine prachtvolle 66 Stufen zählende Paradetreppe aus geschliffenem Granit. Prachtvoll ist unter den Sälen der 200 Fuß lange, 70 Fuß breite und 56 Fuß hohe Georgensaal, ganz in Weiß und Gold gehalten, dessen Decke von 18 Pfeilern und 18 gewundenen Säulen getragen wird, auf deren Kapitälen von Victorien gehaltene Schilder mit den Namen russischer Siege angebracht sind. In den Wänden eingelassene Marmortafeln enthalten die Namen aller mit dem Georgskreuz, dem höchsten russischen Militärorden, ausgezeichneten russischen

Offiziere. An ihn stoßen der in Roth und Gold gehaltene 100 Fuß lange, 70 Fuß breite und ebenso hohe bei festlichen Gelegenheiten durch 4500 Kerzen erleuchtete Alexander (Newski)-Saal, und der 163 Fuß lange, 70 Fuß breite und 60 Fuß hohe Andreas-Thronsaal, der in Blau und Gold gehalten ist und unter einem von ciselirten vergoldeten Säulen gehaltenen Baldachin den von zwei Greisen — dem Romanow'schen Wappen — getragenen massivgoldenen kaiserlichen Thron enthält, über welchem sich in einem Strahlenkranze das „Allsehende Auge" erhebt. Von dem Baldachin fällt ein aus Goldstoff auf Hermelin-Unterlage bestehender Vorhang herab, in welchen die Reichswappen gewirkt sind. Ein Unteroffizier der Palast-Grenadiere hält Tag und Nacht neben dem Throne Wache.

Diese Säle, deren Fußböden aus den seltensten Hölzern mosaikartig zusammengesetzt sind, werden bei den Krönungsfestlichkeiten benützt.

In die übrigen glänzend ausgestatteten Zimmer, in welche den Reisenden der Zutritt gestattet wird und die man als Parade-Wohngemächer bezeichnen kann, die Leser mitzunehmen, würde diese ermüden; wohl aber dürfte ihnen ein flüchtiger Besuch in der Rüst- oder Schatzkammer des Kreml, der Orusheinaja Palata, willkommen sein. Was da an Kostbarkeiten von theils eigenem, theils historischem Werthe zusammengehäuft ist, übertrifft alle anderen ähnlichen Sammlungen, auch die im Dresdener Grünen Gewölbe, bei Weitem. Auch hier läßt sich von der Fülle nur naschen. Da ist z. B. die Krone des heil. Wladimir von 988; der Elfenbeinthron des letzten Kaisers von Byzanz; der mit 9000 Edelsteinen besetzte Thron Iwan des Schrecklichen; die Krone des letzten Czaren von Kasan; der mit 2200 Edelsteinen und Perlen besetzte Thron der Czaren Bodis Godunow; die Astrachan'sche Krone des Czaren Michael Feodorowitsch, der bei den Krönungen von den Czarinnen benutzte Thron, mit 876 Diamanten und 1223 anderen Edelsteinen besetzt, ein Geschenk armenischer Kaufleute in Ispahan; die Diamantenkrone von Iwan und Peter I.; die taurische Krone Peter des Großen mit 825 Diamanten; Krone und Krönungsgewänder Katharina II.; und die Kronen und Krönungsgewänder und Throne aller anderen Czaren und Czarinnen seitdem, darunter die von Alexander III. benutzte Krone mit 2500 Edelsteinen, und einem Diamantkreuze über einem mächtigen Rubin, der 1676 in Peking für 60,000 Rubel gekauft wurde; das Reichsschwert und Reichsschild, persische Arbeit, mit Nephrit und Edelsteinen reich besetzt; und die Reichsfahne, die für jede Krönung neu gemacht wird, und auf der alle Wappen des kaiserlichen Titels angebracht und die Hauptepochen der russischen Geschichte angegeben sind. Was an Trinkschalen, Bechern, Krügen aus Gold und Silber hier zusammengetragen ist, ist geradezu erstaunlich. Und doch ist dies nur ein Theil der früheren Schatzkammer der Czaren, von der im Jahre 1737 ein großer Theil verbrannte.

Auch der Kreml-Kaserne muß ein flüchtiger Besuch abgestattet werden und zwar der davor lagernden Riesen-Geschütze halber, der reich verzierten Czarenkanone, die schon im Jahre 1586 gegossen wurde und die 88,000 Pfund schwer ist, eine Seelenöffnung von über 3 Fuß hat und ein Geschoß von 4400 Pfund werfen soll, und das Einhorn, gegossen 1670, ein Sechzigpfünder und 28,650 Pfund schwer, an welche sich noch einige andere kleinere Ungethüme reihen.

Verlassen wir diese Städte kaiserlichen und priesterlichen Glanzes und mischen wir uns wieder unter das Volk. Doch suchen wir dasselbe zunächst noch einmal in den Kirchen auf. Es war gerade Pfingsten, als wir in Moskau waren, und schon des Feiertags wegen besuchten wir die Kirchen, in der sicheren Erwartung, hochinteressanten Ceremonien und dem Ansammeln von riesigen Schaaren festlich gekleideter Andächtiger beiwohnen zu können. Zu unserer großen Enttäuschung fanden wir das halbe Dutzend Kirchen, die wir aufsuchten, darunter eine armenische und eine griechische, leer. In der armenischen befanden sich außer unserer Gesellschaft nur zwei Andächtige, während vor dem Altar drei Geistliche und ein halbes Dutzend Ministranten die Messe celebrirten, so daß also die Zahl der Geistlichen größer war, als die der Kirchenbesucher. In der griechischen langten wir gerade an, als der Gottesdienst vorüber war. Aus der Kirche heraus sahen wir Niemanden kommen, wohl aber zu unserem Erstaunen die Bettler, die bis dahin sich vor der Thüre gehalten, etwa 25 an der Zahl, auf den den Altar verlassenden Geistlichen zueilen und ihn um ein Almosen anflehen. Und siehe, er gab Jedem ein kleines Geschenk, in merkwürdigem Gegensatz zu dem abendländischen Gebrauch, wo gewöhnlich nach der Kirche der Prediger Gegenstand einer Beschenkung ist.

Nur in der deutschen römisch-katholischen Kirche fanden wir das Gotteshaus nahezu halb voll, und ich fand hier wieder eine Erfahrung bestätigt, die ich auf meiner Reise bis dahin überall gemacht, und die ich auch in deren weiterem Laufe immer wieder machte, daß nämlich in Europa der Kirchenbesuch ein sehr geringer ist, denn obwohl wir an jedem Sonntag Kirchen besucht haben, fanden wir auch nicht eine auch nur halb gefüllt. In Deutschland standen die Kirchen, ob katholisch oder protestantisch, gewöhnlich leer; in Wien trafen wir selbst im großen Stephansdom, wo zu gleicher Zeit drei Messen gelesen wurden, außer den Geistlichen und deren Gehülfen, keine fünfzig Menschen an. In Moskau und St. Petersburg waren die Kirchen leer; ja selbst im als fromm bekannten Schweden machten wir dieselbe Erfahrung, und als wir in Tromsö in Norwegen, dem nördlichsten Bischofssitz der Welt, am Sonntag die Kirche besuchten, da standen vor dem Altar zwar der Bischof, sein General-Vicar und zwei Messediener, aber die bußfertige Gemeinde fehlte; außer unserer aus vier Personen bestehenden Reisegesellschaft war Niemand zu sehen. Späterhin in Kopenhagen, in Holland, in Frankreich fanden wir die Kirchen leer. In der Notre Dame und der Madeleine in Paris waren die einzelnen Besucher, gleich uns, Reisende mit dem Bädecker in der Hand. — Wenn man hiermit den eifrigen Kirchenbesuch vergleicht, welcher in Amerika herrscht, so sieht man sich zu der Schlußfolgerung gezwungen, daß die hier herrschende absolute Trennung von Kirche und Staat weit entfernt, ersterer zu schaden, im Gegentheil ihr genützt hat, und daß ihr ferneres Gedeihen wesentlich von ihrer Nichteinmischung in die Politik abhängen wird.

In entschiedenem Widerspruche mit dem schlechten Kirchenbesuch in Rußland steht die Thatsache der allgemeinen Verehrung, welche die Russen irgend welchen religiösen Abzeichen und Sinnbildern entgegen bringen. Der gewöhnliche Russe bekreuzt sich öfter des Tages, als er gewisse Thiere an seinem Leibe herumträgt. Aber diese Verehrung ist eine rein angelernte und angeerbte und nicht in das sittliche Gefühl des Volkes übergegangen. Denn wäre sie das, wie könnte es möglich sein, daß es in Moskau eine besondere Diebskapelle giebt und geduldet wird, die in einer der belebtesten Straßen, gegenüber der vorerwähnten griechischen Kapelle, liegt, und in welcher die Diebe, welche einen glücklichen Fang gemacht haben, dem sie beschützenden Heiligen — ich weiß nicht welchem — ihren Dank abstatten und ihn um seinen weiteren Schutz anflehen, damit sie nicht ertappt werden. So erzählte man uns, daß kurz vor unserer Ankunft ein Dieb, der eine halbe Million Rubel gestohlen, dort gebetet, den anwesenden Mönchen Tribut gezahlt und (mit ihrer Hülfe?) der Polizei entkommen sei. Und Derartiges soll ebenso oft geschehen, wie in Amerika das Einfangen von Dieben selten ist, wenn dafür nicht eine besondere große Belohnung ausgesetzt ist.

Wohl das beste Bild der eigenartigen aus allen den verschiedenen zahlreichen Volksstämmen des riesigen Rußlands zusammengesetzten Bevölkerung Moskau's erhält man auf den zahlreichen Märkten. Von diesen ist keiner interessanter, als der Trödelmarkt am Sonntag. Wie der Name schon andeutet, werden hier alle möglichen Sachen billig verkauft — und was für Sachen. Alte abgerissene Kleider, Schuhe, die keine Sohlen mehr haben, alte Möbel und Haushaltungsgegenstände. Nichts ist heil. Es ist der richtige "second-hand"-Markt und Tausende strömen dazu herbei und feilschen um die wenig begehrenswerthen und wenig werthvollen Gegenstände. Auch Eßwaaren giebt es auf diesem Markte. In einem riesigen Topfe läßt ein unternehmender Russe Abfälle aus den Schlachthäusern kochen, und verkauft diese heiß; nicht etwa pfundweise, sondern gestattet Jedem gegen Entrichtung einer ganz geringen Summe, einen Griff in die brodelnde Masse zu thun, und was er mit diesem Griff davon packen und herausziehen kann, das ist sein, — das darf er verzehren. Zu gleicher Zeit werden hier altes, verdorbenes, gesundheitsgefährliches Fleisch, saure Milch, ranzige Butter, verfaultes Obst und dergleichen massenhaft feilgeboten und — finden Käufer.

Dazwischen herum laufen die Schuh= und die Kleiderflicker. Es ist nichts Ungewöhnliches, daß ein Schuhflicker einem flickbedürftigen Kunden auf der Straße den Schuh auszieht, und ihn flickt, während der Besitzer dabeisteht. Freilich, über ein solches Flicken würden unsere Schuster lachen. Denn es besteht einfach in der Aufnagelung eines Stückchen Leders mit vier oder fünf Stiften und dafür erhält der Schuhflicker etwa 15 Cents. Ebenso macht's der Kleiderflicker. Alle Augenblicke sahen wir Jemand in Hemdsärmeln vor einem auf der Straße hockenden Schneider stehen, auf die Ausbesserung seines Rockes wartend, ja, über des Schneiders Knieen liegend, während dieser einen Riß an einer, höflicher Weise zu verschweigenden Stelle, in der niederwärtsigen Kleidung des Kunden zusammennäht.

Auch der Hunde= und Vogelmarkt bietet viel Interessantes, denn man findet dort Hunde= und Vogelarten, die man anderswo nicht zu sehen bekommt. Wir waren die riesigen Haufen Ameiseneier besonders interessant, die hier in großen Mengen als Nachtigallenfutter verkauft werden, wobei ich leider bestätigt hörte, was man mir schon in Deutschland mittheilte, daß nämlich in Rußland die Nachtigallen, und in Deutschland die Nachtigallen und die Störche in den letzten Jahren in einer ganz auffallenden Weise abgenommen hätten. Aus welchem Grunde hat man bisher nicht noch ermitteln können.

Wenn es dem Amerikaner schon in Deutschland auffällt, einen so großen Prozentsatz der Bevölkerung in Uniform zu sehen, — wie muß er sich erst in Rußland wundern, wo er fast drei Viertel der männlichen Bevölkerung in solcher sieht. Denn von frühester Jugend an sieht man schon die Knaben in Uniform. Die Schüler, die Studenten, die Beamten ohne jede Ausnahme haben ihre bestimmte, militärisch zugestutzte Kleidung; und selbst die Schaffner auf den Eisenbahnen tragen Säbel und Sporen. Alle Russen tragen Stulpstiefel. Sogar die Messendiener vor dem Altar und der Laufjunge in dem Hotel.

Was die Bildung der Bevölkerung in Moskau anbetrifft, so steht sie auf einer weit niedrigeren Stufe, als irgendwo im nördlichen Rußland. Trotzdem es in Moskau, wie schon erwähnt, 400 Schulen giebt, soll doch mehr als die Hälfte der Bewohner weder lesen noch schreiben können, und auf dem Lande soll im mittleren Rußland die Sache noch schlimmer stehen, denn ein Schulzwang besteht nicht, Ehrgeiz ist nicht vorhanden und schon in früher Jugend werden die Kinder zur Stadt geschickt, um zu betteln oder dem Laster überliefert zu werden. Jährlich werden mehrere Tausende solcher Bettler, die man bei uns als „Tramps" bezeichnen würde, nach Sibirien geschickt.

Sehr auffallend sind die vielen pockennarbigen Gesichter, die man hier zu sehen bekommt, die Folge des Schmutzes und Elends, in welchem ein großer Theil der Bevölkerung aufwächst, und der Abwesenheit des Impfzwanges. Ebenso auffallend ist, daß so viele junge Mädchen und Frauen ganz kurz geschnittenes Haar haben. Das rührt davon her, daß die Russinnen, welche meist sehr schönes und langes Haar haben, ihren Kopfschmuck verkaufen, um ein Paar Cent für die Aussteuer zu erlangen.

Das sociale Uebel ist von der russischen Polizei, soweit es öffentlich, in sehr enge Grenzen gebannt, nämlich in eine, etwa eine halbe Meile lange Straße. In dieser aber sind alle Rangstufen desselben, von der niedrigsten Branntweinschenke bis zum allerelegantesten, äußerlich durch nichts seine Bestimmung verrathenden Hotel, in welchem die Elite der männlichen Gesellschaft zwanglos verkehrt, vertreten.

Ein prachtvolles Vergnügungslokal besitzt Rußland in seiner Eremitage. Es besteht, wie das Kroll'sche Etablissement in Berlin, aus einem großen Garten von 10 Morgen Umfang, der Nachts prächtig erleuchtet wird und der ein Sommertheater und eine Conzerthalle enthält. Im ersteren gab, als wir dort waren, gerade der bekannte Zauberkünstler Herrmann seine Vorstellungen, und es gelang mir dazu, den Vielgewandten in Verlegenheit zu setzen. (Er wandelte mit der bekannten Alles enthaltenden Flasche unter den Zuschauern umher und erbot sich auszuschenken, was immer Jemand verlangen möge: Benedictiner, Karthäuser ꝛc. Als er zu mir kam, bat ich um einen „Sour Mash". Den aber, mußte er bekennen, hatte er nicht. Im Conzertsaal gab zu gleicher Zeit eine Oper Vorstellungen, und der Chor dieser Oper wandelte schon vor der Vorstellung und während der Pausen in ihrem Bühnen= Costüm im Garten auf und ab, — eine echt russische Weise, Besucher anzulocken. Diese Eremitage soll nicht nur zuweilen, sondern häufig der Schauplatz höchst aus= gelassener Orgien sein, wird aber trotzdem auch von dem gesittetsten Theil der Be= völkerung während des Sommers fast täglich besucht.

VII.

St. Petersburg.

Die Fahrt von Moskau nach Petersburg, welche fünfzehn Stunden währt, ist so außerordentlich uninteressant, daß sogar die Reisehandbücher rathen, die Strecke Nachts zurückzulegen — einen Rath, den wir natürlich befolgten. Die Bahn zwischen Moskau und Petersburg ist die erste Bahn, die in Rußland gebaut wurde, — be= kanntlich durch den Baltimorer Unternehmer Thos. Winans, der dabei seine unge= zählten Millionen verdient hat, — und sie verbindet die beiden Hauptstädte in einer nahezu schnurgeraden Linie — dem Befehle des Czaren Alexander II. gemäß, der, als er gefragt wurde, wie er die Bahn gebaut haben wollte, die Karte und ein Lineal nahm und mit der Feder zwischen den beiden Punkten eine gerade Linie zog.

Der erste Eindruck, den wir bei unserer Ankunft von Petersburg erhielten, war ein außerordentlich großartiger — deßhalb großartig, weil wir gleich auf den Newski= Prospect, die Hauptstraße Petersburgs und eine der schönsten und breitesten Straßen der Welt, kamen, und ihr entlang nach unserem Hotel fuhren, wobei uns der gewal= tige Unterschied zwischen dem asiatischen Moskau und dem durchaus abendländischen Petersburg sofort in die Augen fallen mußte. Ueber Nacht fanden wir uns wie durch Zauberschlag aus dem Orient in den Occident zurückversetzt.

Eben weil St. Petersburg eine durchaus abendländische Stadt ist, erweckt es bei Weitem nicht den tiefen Eindruck bei dem Reisenden wie Moskau. Aber es im= ponirt trotzdem durch den großartigen Zuschnitt, in welchem Alles angelegt ist, durch seinen 40 englische Quadratmeilen betragenden Flächeninhalt, durch seine breiten Straßen, durch seine großen freien Plätze, auf einigen derer bis 100,000 Menschen Platz haben, durch die großen öffentlichen und privaten Gebäude und durch die breite Newa, welche ihr mächtiges Gewässer in mehreren Armen mitten durch die Stadt und um sie herumwälzt. Es imponirt durch den Gedanken, eine solche Stadt mit einer nahezu eine Million betragenden Einwohnerzahl unter dem 60. Breitengrade zu finden, d. h. also 18 Breitengrade nördlich von Chicago oder unter demselben Breitengrade wie das südliche Alaska und das Nordende der Halbinsel Labrador und Kamtschatka.

Wie sich bei dieser hochnordischen Lage von selbst versteht, ist das Klima gerade kein tropisches. Auf den eigentlichen Winter rechnet man zwar nur 151 Tage — vom 28. Oktober bis zum 28. März; aber noch bis in die Mitte Mai hinein liegt gewöhnlich Schnee, und erst in der zweiten Hälfte dieses Monats regt sich wieder das Grün. Juni und Juli bieten angenehme Sommertage, namentlich der Juni, in welchem das Thermometer auch Nachts selten unter 65 Grad Fahrenheit fällt, und die Sonne kaum untergeht, das Tageslicht wenigstens kaum schwindet. Diese kurze Sommerzeit, die spätestens Mitte August endet, wird denn auch von den Petersburgern stark ausgenützt. Die Gartenlokale sind bis nach Mitternacht geöffnet, und un= zählige Fuhrwerke und Dampfer sind dorthin und von dorther die ganze Nacht hin= durch unterwegs.

Es ist bekannt, daß Petersburg seine Entstehung Peter dem Großen verdankt, der hier die Grundlage für eine Seemacht Rußland's legen wollte und in der Anlage einer Stadt nach abendländischem Muster eines der Mittel erblickte, sein Volk aus dem barbarischen Zustand in den der abendländischen Civilisation zu leiten. Erst am 1. Mai 1703 hatte er die kleine Festung Nyenschanz an der Mündung der Newa den Schweden entrissen, und schon am 16. Mai legte er den Grundstein zu der jetzigen Peter Pauls Festung, der Citadelle der Stadt. Vierzig tausend Menschen arbeiteten hier unter seiner persönlichen Leitung jahrelang, um den sumpfigen Boden auszufüllen, Kanäle herzustellen, die Newa und ihre Arme in ein festes Beet zu zwängen, Hafenanlagen zu machen 2c. Schon im Jahre 1712 konnte die Erhebung St. Petersburg's zur Residenzstadt erfolgen, und so sehr auch die moskowitischen Großen sich dagegen sträubten, mußten sie diese neue Stadt vergrößern und verschönern helfen, denn der Czar befahl ihnen einfach, dort Paläste zu errichten und zwar von einer Größe, die zu dem Umfang ihrer Besitzungen und der Zahl ihrer Leibeigenen in einem bestimmten Verhältniß stand. Ihnen verdankt auch Petersburg die weitläufige, großstädtische Anlage mit den breiten Straßen und großen Plätzen, so daß dort nicht wie in Berlin und Chicago kostspielige Straßen-Erweiterungen und Durchbrüche nothwendig sind, um dem Verkehr Genüge zu leisten. Die Straßen sind nie weniger als fünfzig und meist hundert Fuß breit, und sind meist mit Granit, wenn auch nicht schön gepflastert. Nur in einigen der Hauptstraßen liegt bis jetzt Holz- und Asphalt-Pflaster. Längs der Häuser ziehen sich schöne breite und ein wenig erhöhte Seitenwege hin, die noch durch kleine eiserne Pfosten begrenzt sind.

Ueber die Newa, ihre Arme und die 21 Kanäle vermitteln 150 Brücken den Verkehr. Aber nur die über die Kanäle führenden und zwei der Newa-Brücken — die Nicolaus und die Alexander-Brücke — sind feste Brücken, die anderen sind Schiffbrücken, welche im Winter abgenommen werden. Auch wären sie dann völlig überflüssig, da sich die Newa sehr schnell nach dem Eintritt des Winters mit einer sehr dicken Eisrinde bedeckt, so daß auch die schwersten Lasten über sie hinweg befördert werden können, und sie so die bequemste Verbindung zwischen den verschiedenen Stadttheilen bietet. Auch bleibt das Eis noch lange nach Eintritt milderen Wetters sicher. Erst wenn es anfängt, das durch die Sonne gebildete Oberwasser durchzulassen, ist Gefahr im baldigen Aufbruch zu erwarten.

Petersburg ist die zweitgrößte Hafenstadt des russischen Reiches und nach Moskau auch die größte Fabrikstadt, die jährlich für mehr als hundert Millionen Rubel Waaren einführt und erzeugt.

Der für den Reisenden wichtigste Theil von Petersburg, welches in 13 Stadttheile und 38 Polizeibezirke zerfällt, ist der am linken Newa-Ufer belegene. Denn hier findet man die breitesten und verkehrsreichsten Straßen, die glänzendsten Läden, die kaiserlichen Paläste, Theater, die Ministerial-Gebäude, die Eremitage 2c.

Die interessanteste Straße ist der bereits erwähnte Newsky Prospect, der in einer Breite von 115 Fuß und einer Länge von mehr als drei englischen Meilen die Stadt von Ost nach West durchschneidet und alle Hauptadern des Verkehrs berührt, — nicht allein wegen der glänzenden Läden, die sie enthält, sondern hauptsächlich wegen des auf ihr sich entwickelnden außerordentlich lebhaften und mannigfaltigen Straßenlebens.

Alle Arten von Wagen, von den eleganten Equipagen der kaiserlichen Familie (kenntlich an dem Diener in hellrother Livree) und der Vornehmen und Reichen bis herab zu den verschiedenen Sorten der Lohnfuhrwerke drängen sich mit den Pferdebahnwagen und Omnibus auf den Fahrwegen in raschester Bewegung durch einander, dazwischen zahlreiche Reiter der sehr bunt und glänzend uniformirten St. Petersburger Garnison. Auf den Trottoirs tummelt sich, besonders an Feiertagen, eine aus Vertretern aller Rassen und Völkerschaften zusammengesetzte, in den verschiedensten Nationaltrachten und Uniformen (denn auch hier trägt ein Zehntel der männlichen Bevölkerung bis zu den Subalternbeamten und Schülern herab Uniform) einherstolzirende Menge. Unter den charakteristischen Figuren fallen zuerst die Hausirer auf, die zwar in allen russischen Städten, besonders zahlreich aber in St. Petersburg vertreten sind. Zu ihnen gesellen sich im Winter die Straßenverkäufer, Verkäufer von Thee oder Sabiten (warmes Getränk aus Meth mit Ingwer oder spanischem Pfeffer), die an allen Straßenecken ihre Tische mit dem großen kupfernen Ssamowar aufgestellt haben oder die Getränke in handtuchumwickelten Glaskrügen umhertragen und mit dem Rufe „Kipjät! Kipjät!" (er kocht) ihren Thee und mit „Prikuska" einen kleinen Imbiß anpreisen. Im Sommer werden sie abgelöst durch die Verkäufer von Eis und Kwaß (ein aus Welkmalz gebrautes und gegohrenes, alkoholisches, angenehm kühlendes und durstlöschendes Getränk), die, ihre schönen Glaskrüge auf dem Kopfe tragend, mit gellender Stimme ihr „Honigtwas" oder „Himbeerkwas" anpreisen und massenhaft absetzen. Ferner machen sich die wandernden Garköche bemerklich, deren „Piroggen" oder Pasteten, mit gehacktem Kohl, Rüben, Fleisch und Fisch gefüllt, so wenig zu verachten sind, wie ihre verschiedenen Purées, namentlich Erbsen- und Himmbeerpurée, und mit zahllosen Pfannkuchenverkäufer. Mit Gorätshija! Gorätshija!" (warme, warme) bieten die Einen „Gröschnewiti", kleine, cylinderförmige Kuchen, mit „Wjäsemsky pranniki" (Wjäsemskische Pfefferkuchen), Andere die besonders berühmten Honigkuchen von Wjasma, an. Andere oft zu hörende Straßenrufe sind: „Gowjadina! Gowjad!" (Rindfleisch, Fleisch), „Kapusta, Shinderi, Petruschka!" (Kohl, Sellerie, Petersilie), „Zwjäti zwjätotschki!" (Blumen, Blümchen), „Ssapogi Kasanskija!" (Stiefeln aus Kasan), „Chalati Bucharstiji!" (bucharische Schlafröcke), „Kortini Mostowsktje!" (Bilderbogen aus Moskau), „Stekli wstawatj!" (Fenster einsetzen), „Igruschti djätskija!" (Kinderspielzeug), „Moloko, swäsheie moloko!" (frische Milch) u. s. w.

Besonders auffallend für den Amerikaner ist, daß an den Straßenecken hier und an anderen Straßen die Stelle unseres Peanuthändlers von dem des Sonnenblumensamenhändlers eingenommen wird, wie denn auch der Sonnenblumensame, geröstet und ungeröstet, in ganz Rußland die Stelle der Peanuts vertritt. In den Pferdebahnwagen, im Theater, in den Concertsälen — überall sieht man davon naschen. Auch überrascht das Ausbieten von kleinen, grünen Gurken, ähnlich den Berliner Salzgurken, davon man zwei für eine Kopeke erhält, und uns wurde nicht nur gesagt, sondern wir haben es mehrfach gesehen, daß aus diesen zwei Gurken und einem Schnaps, wozu in einigen Fällen noch ein Stück trockenes schwarzes Brod kommt, das Mittagessen einer großen Menge von Russen besteht — ein Beweis wieder von der großen Armuth, die auch in Petersburg herrscht, denn schon für zwanzig Kopeken — 10 Cents — kann man in der „Bürgerküche" eine aus Suppe, Fleisch und Brod bestehende reichliche und gut zubereitete Mahlzeit erhalten. Aber zu einer Ausgabe von zwanzig Kopeken können sich höchstens kleine Beamte und Studenten aufschwingen. Das niedere Volk speist bei den Straßenhändlern und stillt seinen Durst in den gemeinen Schnapskneipen (Kabaken).

Unter dem weiblichen Geschlecht sind auffallend die Ammen in ihren bunten und reichen Nationalkostümen; die Hauptfarben sind hellroth (für Jungen) oder blau (für Mädchen); darüber gewöhnlich ein mit silbernen Troddeln reich verzierter Ueberwurf; die kleidsame Haube in derselben Farbe, wie ein Diadem mit vielen Perlen und Silber verziert, sitzt ganz auf dem Hinterkopfe und sieht allerliebst aus. Nachts fallen die vielen Hausknechte (Dwornits) auf, welche, in ihren Halbpelz gehüllt, an den Hausthüren auf dem Steinpflaster oder auf hölzernen Pritschen liegen. Die Aufsicht über das Straßenpublikum führen die Gorodowois (Polizisten, früher Butschnicks genannt, weil sie in kleinen Buden oder Butken auf den Straßen campirten).

Interessant ist das **Fuhrwesen in Petersburg**. Es giebt dort nicht weniger als **fünfundzwanzigtausend öffentliche Fuhrwerke**, und auch in den entlegensten Gegenden der Stadt findet man an den Straßenecken einen Zwoschtschick halten — welche Bezeichnung sowohl für den Kutscher, wie das Fuhrwerk gilt. Dieser Reichthum an Fahrgelegenheit erklärt sich aus der weitläufigen Bauart der Stadt und dem daraus nöthigen großen Entfernungen, die das Benutzen von Fuhrwerken zur Nothwendigkeit machen, sowie daraus, daß aus der Nothwendigkeit im Laufe der Zeit eine Gewohnheit geworden ist. Denn in Petersburg fährt Alles, und mit Ausnahme des Hofes und einiger weniger Großen des Reichs, braucht Alles öffentliche Fuhrwerke. Man fährt zu Hofe ebensowohl in einer Droschke wie zur Kirche, zur Taufe, zur Hochzeit, zum Laden und zum Friedhof. Nicht nur die Damen machen ihre Küchen-Einkäufe im Wagen oder Schlitten, sondern auch die Küchenfee. Selbst der Handwerker fährt mit seinem Handwerkszeug in einer Droschke zur Arbeit, oder benutzt sie zur Ablieferung eines Stückes Möbel. Das Vergnügen ist billig, denn die gewöhnliche Fahrt kostet für den Einheimischen 8 Cents — der Fremde muß natürlich gewöhnlich mehr bluten. Denn eine Fahrtaxe giebt es merkwürdiger Weise nicht.

Die Mehrzahl dieser öffentlichen Fuhrwerke sind Droschken und Troikas. Von den ersteren, die die Gestalt eines Trapezoids haben und die knapp zwei Personen Sitz gewähren, giebt es solche erster und zweiter Güte. Die erster Güte sind leichter gebaut, laufen auf Gummirädern, und sind eigentlich nur für einen Passagier bestimmt. Bespannt sind sie mit guten Pferden, die nach dortigen Begriffen Schnellläufer sind, d. h. die Meile in 3½ bis 4 Minuten zurücklegen können. Auch sind sie viel eleganter ausgestattet und sauberer, wie die andern, und die Pferde davor gehören zu den schönsten Exemplaren, die man vor öffentlichen Fuhrwerken in Europa sieht. Ueberhaupt sind die russischen Pferde — das sogenannte Orloff-Pferd — vortrefflich für den Dienst vor Kutschen und leichten Fahrzeugen geeignet, und scheinen größere Ausdauer zu besitzen, als andere europäische Pferde. Jedenfalls giebt es keine schöneren Kutsch-Pferde. Eine Merkwürdigkeit ist, daß alle Pferde, die man sieht, Hengste und daß 80 Prozent dieser Pferde rabenschwarz sind. Sie sind durchweg schlank gebaut, selten über 16½ Hand groß, haben eine lange Mähne und einen langen Schweif, und sind unseren Kentucky-Pferden nicht unähnlich. Zwar sind sie bei Weitem nicht so rasch, wie unsere amerikanischen Pferde, aber ausdauernd, und deshalb für eine lange Fahrt ebenso brauchbar wie diese — ja sie mögen auch wohl größere Entfernungen in derselben Zeit zurücklegen.

So trefflich die Pferde, so schlecht sind deren Lenker. Es scheint ein Glück zu sein, daß man hier zum Einspannen den Bügel oder Krummbogen benutzt, sonst würden die Pferde in den meisten Fällen mehr stürzen, als laufen. Denn der russische Kutscher fährt stets mit sehr losem Zügel, achtet selten auf das Pferd, und läßt sich von ihm führen, statt es zu leiten. Namentlich wenn man hinter einem Zwei- oder Dreigespann sitzt, merkt man, wie unbeholfen der Kutscher ist. Merkwürdigerweise fährt man in Rußland noch mit besonderen unverbundenen Zügeln für jedes Pferd, und dabei wird rascher und waghalsiger gefahren, als irgendwo auf der Welt. Und dennoch scheint nirgends ein Unglück zu passiren. Gefährlich nämlich sieht das Fahren in der Troika (Dreigespann) aus, bei welchem das in der Gabel und dem Bügel laufende, gewöhnlich besonders kräftige Mittelpferd stets im schärfsten Trabe läuft, während rechts und links lose angespannte Pferde galoppiren.

Mit Pferdebahnen ist St. Petersburg reichlich versehen. Das Fahrgeld ist nicht, wie bei uns, ein einheitliches, sondern wird nach Strecken berechnet, und beträgt 2—6 Cents.

Zu den vielen Eigenthümlichkeiten von St. Petersburg gehören auch die zahlreichen Waschhäuser und Fischhäuser, welche in den verschiedenen Stadttheilen an der Newa und ihren Armen errichtet sind. Da in St. Petersburg nicht wie bei uns Wasser in jedem Hause ist, so hat die Regierung in geringer Entfernung von einander Waschhäuser errichtet, die aus einer Menge sehr kleiner Räumlichkeiten bestehen, von denen man sich eine für die Stunde oder den Tag miethen kann, um seine Wäsche zu besorgen. Das geschieht sehr häufig nicht nur durch Frauen, sondern auch durch Männer. Ebenso hat die Regierung Fischhäuser errichtet mit Wasserbehältern, in welchen die Seefische aufbewahrt werden, damit sie lebendig auf den Markt gelangen.

Noch einer anderen Eigenthümlichkeit sei hier Erwähnung gethan, die freilich nicht für Petersburg allein, sondern für ganz Rußland gilt. Die ist, daß man in Rußland nicht, wie bei uns, im Kopf und mit Ziffern, sondern wie in China, oder bei uns höchstens die kleinsten Kinder in Kindergärten, mit Rechenklötzchen rechnet, wobei man aber zugestehen muß, daß das sehr flink geht. Ich frug einmal eine deutsche Verkäuferin, von der ich für 10 Rubel etwas gekauft und der ich einen Hundert-Rubelschein gegeben hatte, und die auch, statt mir die 90 Rubel gleich herauszugeben, vorher noch nach ihrem Rechengeräth griff, ob es ihr denn nicht bequemer sei, im Kopf zu rechnen. Aber sie verneinte dies lebhaft. Allerdings war sie in Rußland erzogen worden.

Daß man in Rußland noch nach dem Julianischen, statt nach dem Gregorianischen Kalender rechnet, und deshalb jetzt um 12 Tage in der Zeitrechnung zurück ist, wird ja jedem Menschen bekannt sein. Für den Fremden ist es in hohem Grade störend, denn er ist gezwungen, um mit der übrigen Welt Schritt zu halten, bei jeder Datums-Nennung eine Kopfrechnung vorzunehmen.

Zu den besonderen Sehenswürdigkeiten Petersburg's übergehend, ist zunächst das im Centrum der Stadt am linken Newa-Ufer belegene, nach der Stadt zu mit prachtvollen Parkanlagen umgebene Admiralitäts-Gebäude zu erwähnen. Es macht trotz seiner riesigen Masse, — es bildet ein ungeheures Viereck von 1400 Fuß Länge und 600 Fuß Tiefe — einen sehr gefälligen Eindruck. Die hellgelbe Façade ist durch weiße Säulen getheilt. Das Gesims zieren Basreliefs, Statuen und Gruppen, darunter eine, welche Peter den Großen darstellt, wie er von Neptun den Dreizack empfängt. Ueber dem Eingangsthor, das von Kariatieden getragen und von Meer- und Flußgöttern bewacht wird, erhebt sich der 250 Fuß hohe Admiralitätsthurm, von dessen verschiedenen Gallerien man eine vortreffliche Aussicht über die Stadt und Umgegend genießt. In dem mächtigen Gebäude sind das Flottenministerium, die Kadettenschule, eine bedeutende Bibliothek und das Marineministerium untergebracht, welch' letzteres eine werthvolle Sammlung von Schiffsmodellen, Karten und Maschinen, und interessante historische Andenken enthält.

Westlich von dem Admiralitätsgebäude befindet sich gleichfalls nahe dem Newa-Ufer die berühmte Reiterstatue Peter's des Großen, die ihn darstellt, wie er lorbeergekrönt einen Felsen hinaufsprengt, und von der sicher schon die meisten Leser eine Abbildung gesehen haben.

An die Erlöserkirche in Moskau erinnert durch ihre Pracht die Isaacs-Kathedrale, die größte der Petersburger Kirchen, zu der auch schon Peter der Große gewissermaßen den Grund gelegt hat — wenigstens hatte er an jener Stelle schon eine hölzerne Kirche gebaut. Wie sie jetzt ist, wurde ihr Bau am 26. Juni 1819 begonnen, und erst 1858 war sie vollendet. Ganze Wälder sollen in den Grund gerammt worden sein, um ein genügendes Fundament für das riesige Bauwerk zu schaffen, das eine Länge von 350 und eine Breite von 300 Fuß und bis zur Kreuzspitze auf der stark vergoldeten Kuppel eine Höhe von 340 Fuß hat. Bis auf letztere, die aus Guß- und Schmiedeeisen mit Kupferüberdachung ausgeführt ist, besteht das ganze Gebäude aus Granit und Marmor und noch edlerem Gestein. Breite Granittreppen führen zu den vier Eingängen, von denen die beiden an den breiteren Seiten prächtige dem Portikus des Pantheon in Rom nachgebildete Peristyle bilden, mit je sechzehn gewaltigen 50 Fuß hohen und 8 Fuß dicken Monolith-Säulen aus geschliffenem finnländischem rothem Granit und bronzenen Basen und Kapitälen.

Sieben riesige Bronzethüren mit reichem Skulpturenschmuck führen in das durch zwölf Fenster in der Kuppel mattbeleuchtete Innere, welches in seiner Anordnung etwas an die St. Peterskirche in Rom erinnert, ohne jedoch die gleiche geheimnißvolle Wirkung auf den Beschauer auszuüben. Die Veranda und der Fußboden sind mit den prachtvollsten geschliffenen Marmorarten in geschmackvoller Zusammenstellung bekleidet und belegt, und die Wände sind außerdem noch durch fast 200 Gemälde russischer Künstler geschmückt. Zwischen den Fenstern der Kuppel befinden sich riesige vergoldete Engelsfiguren.

Der Ikonostas — die hohe Wand, welche in russisch-griechischen Kirchen den Hochaltar vom Schiff trennt — ist 180 Fuß breit, aus Marmor mit reicher Vergoldung ausgeführt und mit 33 großen Heiligenbildern geziert. Neben der in's Allerheiligste führenden Kreuzthür aus herrlichem Bronzeguß stehen zwei kleine Säulen aus Lapislazuli und acht größere aus Malachit, mit reichvergoldeten Basen und Kapitälen. Der Hochaltar ist gleichfalls aus weißem Marmor, darüber befindet sich ein farbenprächtiges, in München gefertigtes Glasgemälde der Auferstehung Christi. Das Tabernakel ist eine Nachbildung der Kathedrale in Silber.

Das Kirchengeräth besteht mit Ausnahme der sieben kolossalen bronzenen Kronleuchter durchweg aus Gold und Silber und wurde meist von Mitgliedern der kaiserlichen Familie geschenkt. Ihrem ungeheueren Geldwerthe, der hier sicher ebenso in die Millionen geht, wie in der Erlöserkirche in Moskau, entspricht ihr großer Kunstwerth, denn die Arbeit ist vorzüglich. Unter der Menge kostbarer Gegenstände seien die 15 gewaltigen, ganz aus Silber gefertigten Kandelaber, ein Evangelienbuch, auf dessen Einband 45 Pfund Gold verwendet worden sind, und ein aus Silber gefertigtes vielfach vergoldetes Grab Christi erwähnt.

Die Reise zu der Kuppel hinauf, zu welcher 530 Stufen führen, ist zwar etwas beschwerlich, aber die Aussicht von oben belohnt reichlich die Mühe. — Ob die Kapelle, die zum Andenken an den Czaren Alexander II. auf der Stelle, wo das Attentat stattfand, errichtet wird, noch prächtiger werden wird, läßt sich noch nicht sagen, da sie bis jetzt nur wenig über den Boden heraus ist.

Nicht weit vom Admiralitätsgebäude, jenseits des mit der bemerkenswerthen Alexander-Säule — ihr über 80 Fuß hoher Schaft ist ein einziger Stein von rothem finnländischen Granit — geschmückten Palast-Platzes liegt der Winter-Palast, der während des Winters für gewöhnlich die Residenz des kaiserlichen Hofes ist. Es ist ein im Verhältniß zu seiner riesigen Ausdehnung 450 Fuß lang und 350 Fuß breit — viel zu niedriges und deßhalb äußerlich ziemlich unansehnliches Gebäude, in schwülstigem Barockstyl aufgeführt und mit Statuen und anderem Schmuck allzusehr überladen. Prachtvoll ist daran die zu den kaiserlichen Staatsgemächern hinaufführende Botschafter- oder Parade-Treppe aus carrarischem Marmor. In seinem Innern enthält er eine Reihe von Sehenswürdigkeiten, zunächst den Alexander-Saal, welcher, wie sieben daranstoßende Säle eine Gallerie von Schlachtgemälden, sämmtlich aus der russischen Geschichte, bildet; dann der prachtvolle Weiße Saal, der Speisesaal mit schönen Marmorstatuen und großen goldenen Schüsseln, in welchen dem verstorbenen Czaren bei irgend einer Gelegenheit Salz und Brod dargereicht wurden; der goldene Saal, in byzantinischem Styl, mit einem herrlichen Mosaik-Wandgemälde über dem Kamin; dann verschiedene prachtvoll ausgestattete Wohn- und Empfangszimmer, in welchen man nur auf sehr gewichtige Empfehlung Zutritt erhält, daneben das sehr einfach eingerichtete Sterbezimmer des Kaisers Nikolaus, dessen Uniform, Degen und Helm noch auf dem harten Feldbett liegen.

Den Glanzpunkt des Winterpalastes bildet die in einem Saale des zweiten Stockwerkes gelegene Schatzkammer. Der Zutritt dazu ist äußerst schwierig. Sie ist ein riesiger „Safe", vor dessen eiserner Thür zwei Unteroffiziere der Garde beständig Wache halten. Innen im Saale sind neue eiserne Schränke, in eine Menge kleinere, jedesmal mit zwei verschiedenen Schlössern verschlossene Fächer getheilt, zu denen die Schlüssel in den Händen verschiedener Personen sind. In diesen Fächern liegen in versiegelten Etuis und Chatullen Edelsteine und Schmucksachen ohne Zahl und von unermeßlichem Werthe. Nur einige, noch dazu der werthvollsten Sachen befinden sich in einem Glaskasten in der Mitte des Saales, nämlich ein Theil der Kroninsignien, darunter das Scepter mit dem berühmten Diamanten Orlow, welchen der Graf Orlow für 450,000 Rubel, eine jährliche Leibrente von 2000 Rubel und Verleihung des Adels von einem Amsterdamer Händler kaufte, und der früher das eine Auge des goldenen Löwen am Thron des Großmoguls von Delhi gewesen sein soll — also der Zwillingsstein des im englischen Kronschatz befindlichen Kohinur. Er wiegt 185 Karat und ist der größte Diamant in Europa; ferner die Krönungskrone von Katharina II., deren Werth auf \$550,000 geschätzt wird, und die auf der Spitze ein Kreuz aus fünf prachtvollen Diamanten trägt, das auf einem ungewöhnlich großen ungeschliffenen Rubin ruht, und von einem goldenen, mit elf großen Diamanten besetzten Reif getragen wird. Halbbogen, aus je 38 großen Perlen gebildet, geben dem Diadem die Gestalt einer Mythra als Symbol des russischen Hohepriesterthums. — Auch die Krone der jetzigen Kaiserin ist äußerst kostbar und mit den werthvollsten Steinen und Perlen besät. Den Knauf des Reichsapfels schmückt ein großes Diamantkreuz auf einem herrlichen blaugrünen Saphir. Ferner seien erwähnt ein blaßrother Rubin von unschätzbarem Werthe, ein Andreas-

Orden mit fünf Rosendiamanten und mit zwei sibirischen Beryllen und die diamantenen Ordensketten, welche Czar und Czarina am Krönungstage trugen.

Das große Kunstmuseum von Petersburg ist die E r e m i t a g e, welche — ein Gebäude von 520 Fuß Länge und 375 Fuß Tiefe — mit dem Winterpalast durch die kleine Eremitage der Kaiserin Katharina verbunden ist, und zwei große Höfe enthält. Sie hat zwei Hauptfaçaden, die eine nach der Newa, die andere und schönste nach der Millionär's-Straße — der „Millionnaja", mit vorspringendem, von acht Pilastern getragenem Vestibül aus dunkelgranem Granit, in dessen Nischen sich Zinkguß-Statuen berühmter Künstler befinden. Die Vorhalle an dieser Seite wird von 16 Säulen aus braunem finnländischen Granit mit Marmorkapitälen getragen, und sie enthält vier wunderschöne Kandelaber aus Manganit, und zwei aus dunkelviolettem Jaspis, sowie eine Vase aus einem sehr seltenen Granit — grün mit rosa Flecken. Sehr schön ist auch das aus kostbarem Gestein hergestellte und mit Marmorstatuen und kostbaren Vasen geschmückte T r e p p e n h a u s.

Die in diesem Riesengebäude angehäuften Kunstschätze auch nur annähernd aufzuzählen, würde viele Zeitungsspalten beanspruchen. Und was hat schließlich der Leser von einer Aufzählung von Dingen, die sich in ihrer Eigenthümlichkeit nicht beschreiben lassen und die man sehen muß, um sie würdigen zu können. Alle russischen Herrscher seit Peter dem Großen haben daran zusammengetragen, und sie sind auch ein Beweis des ungeheuren Reichthums der Czaren. Vieles findet sich hier, namentlich an klassischen und vorklassischen Sculpturen im Original, was z. B. die Berliner Museen nur in der Nachbildung enthalten. Die nahezu 1700 Bilder enthaltende G e m ä l d e - G a l l e r i e darf unbedingt einen der ersten Plätze beanspruchen, wenn auch weder der Zahl ihrer Bilder, noch ihrer Vollständigkeit halber, sondern weil sie aus der Blüthezeit der verschiedenen Schulen eine so außerordentliche Zahl von Meisterwerken besitzt, daß z. B. für spanische Meister nur die Madrider, für französische nur die Gemäldesammlung des Louvre ihr voransteht, und daß sie von niederländischen Gemälden und namentlich von Rembrandt's unbestritten die beste Sammlung ist. So enthält sie 62 Gemälde, die den Namen Rubens tragen, und von denen fünfzig als unzweifelhaft anerkannt werden.

Viel Interesse gewährt dem Reisenden das M u s e u m d e r k a i s e r l i c h e n W a g e n. Denn die russischen Hofwagen sind noch viel schöner und großartiger und kostbarer, als die des Habsburger Hofes. Auch sie geben ein Bild der riesigen Verschwendung, welche das russische Czarenthum bei jeder Gelegenheit an den Tag legt. Auch hier ist es ganz unmöglich, auf eine Beschreibung näher einzugehen. Genüge es zu sagen, daß sich hier, und nicht etwa vereinzelt, Wagen vorfinden, die von oben bis unten mit dem feinsten Dukatengolde schwer vergoldet und deren Radnaben selbst mit kostbaren Edelsteinen besetzt sind; deren Fenster das feinste französische Spiegelglas bildet, und die innen mit den kostbarsten persischen und indischen Teppichen ausgeschlagen sind.

In diesem Museum befindet sich auch der Wagen, in welchem der unglückliche Alexander II. fuhr, als er ermordet wurde. An ihm sieht man so recht die zerstörende Kraft des Dynamits. Denn trotzdem der Czar sich nicht mehr in dem Wagen befand, als ihn die kleine Handbombe traf, ist doch das Hintertheil des Wagens in tausend Splitter gerissen.

An den übrigen Petersburger Schlössern soll nicht viel daran sein — jedenfalls haben wir sie nicht besucht. Den C z a r e n haben wir auch nicht zu sehen bekommen. Er läßt sich nur höchst selten in der Oeffentlichkeit sehen, und dann nur in einem mit Stahl beschlagenen Wagen, aus welchem er nie auf die offene Straße tritt. Mit welchen Vorsichtsmaßregeln er umgeben wird, beweiset folgende Thatsachen. Er war zwei Tage vor unserer Ankunft von seinem Frühjahrsaufenthalt in Livadia in der Krim zurückgekehrt, und zwar in ununterbrochener Fahrt, und man erzählte uns, daß nicht nur, was bekannt ist, die ganze 1200 oder mehr englische Meilen lange Eisenbahn-Strecke während der Fahrzeit von Soldaten streng bewacht wurde, was 44,000 Mann in Anspruch genommen haben soll, sondern auch, daß a c h t z i g u n g l ü c k - l i c h e L e u t e, die aus Unkenntniß oder vielleicht in Folge dringlicher Geschäfte dem Geleise nahten, während dieser Tage von den Wachen e r s c h o s s e n w o r d e n sind. Das kaiserliche Sommerschloß Gatschina, welches ungefähr 25 englische Meilen von Petersburg entfernt liegt, ist eine von einer 15 Fuß hohen Mauer umgebene, von der Straße eine Meile seitwärts liegende Festung, in welche nur zwei Thore hineinführen, und um welche herum innen und außen fortwährend Wachen patrouilliren. Das Schloß selbst liegt noch weitab von der Mauer und wird von einer starken Hauswache noch extra gehütet. In dieses hinein kommen nur die allervertrautesten Personen, und die sind beständig von Geheimpolizisten bewacht. Da ist wohl die Frage erlaubt, ob nicht ein wohlhabender Privatmann in Chicago ein viel glücklicheres Leben führt, als der Czar von Rußland.

Diese Vorsichtsmaßregeln sollen überdies, wenigstens jetzt, gänzlich überflüssig sein, denn Leute, die es wissen können, behaupten, daß der Nihilismus so gut wie ausgerottet ist, und Nachrichten von den Verbannten in Sibirien, die jede Hoffnung auf eine neue Erhebung und auf Aenderung und Verbesserung ihrer Lage aufgegeben haben sollen, scheinen diese Ansicht zu bestätigen.

Die Vorsicht der Regierung erstreckt sich übrigens nicht blos auf die Person des Herrschers, sondern auf alle Dinge, so ja hauptsächlich auch darauf, daß das russische Volk nichts der Regierung nicht in den Kram Passendes zu lesen bekommt. Nicht nur wird über die in Rußland erscheinenden Zeitungen eine strenge Censur geübt, auch alle nach Rußland gesandten ausländischen werden derselben unterworfen, und fast keine gelangt in die Hand der Abonnenten, ohne daß der eine oder der andere der Artikel überschwärzt ist. Auch die mir nachgesandten Nummern der „Illinois Staatszeitung" theilten fast durchweg dieses Schicksal, und alle waren aufgemacht und mit dem Stempel des Censors versehen. Auch alle vom Ausland eintreffenden und jedenfalls auch die inländischen Briefe gehen durch die Hände des Censors und werden geöffnet, wenn man irgend welchen Verdacht gegen den Adressaten hegt. Ja sogar die amtlichen Correspondenzen der fremden Consuln läßt man nicht ungeschoren, und der unsrige hat mehrfach Beschwerde zu führen gehabt, weil man die seine geöffnet, gelesen und erst mehrere Tage nach Ankunft abgeliefert hat.

Ein an sich zwar sehr unbedeutendes, aber mir höchst interessantes Erlebniß in Petersburg möge hier noch Platz finden. Ich saß im Lesezimmer unseres Absteigequartiers, des Hotel de l'Europe, als ich in verschiedenen Richtungen von mir einen Herrn deutsch, einen andern französisch, einen dritten russisch sprechen hörte. Ich machte mich mit den Herren bekannt, wir kamen in eine längere Unterhaltung und nach und nach gesellten sich uns noch drei andere Herren zu, so daß wir schließlich unserer sieben waren, und sämmtlich verschiedener Nationalität und Landessprache, ein Deutscher, ein Russe, ein Italiener, ein Franzose, ein Schwede, ein Japanese und ich, der ich als Amerikaner die englische Sprache vertrat. Jeder war außer seiner Landessprache noch zweier anderen Sprachen mächtig, und jeder konnte sich mit dem andern in einer dritten Sprache unterhalten. Der Franzose natürlich sprach kein Deutsch, und er und ich waren, wie ich bekennen muß, die einzigen, welche außer in ihrer Landessprache nur in zwei anderen Sprachen sich verständlich machen konnten; der Russe sprach vier Sprachen, der Italiener drei, der Schwede drei außer der Muttersprache, und der Japanese, der Vertreter des jüngsten Kulturvolks, konnte einen Jeden in seiner Muttersprache anreden. Er war ein Mitglied der japanesischen Gesandtschaft, und wir hatten das Vergnügen, seine liebenswürdige Bekanntschaft auf der Reise nach Stockholm fortzusetzen.

Wenn Obiges ein Beweis davon ist, daß man wenigstens in den sogenannten Brennpunkten der Civilisation stets Leute trifft, mit denen man sich, sei es nun in der eigenen, oder einer angeeigneten Sprache, unterhalten kann, und daß man dort so ziemlich alle Nationalitäten trifft, so habe ich doch auch die weitere Wahrnehmung gemacht, daß, während vor fünfzehn Jahren man in Europa mit der französischen Sprache überall durchkam, dies heute nicht mehr der Fall, sondern daß die deutsche an ihre Stelle getreten ist und man mit ihr am weitesten kommt. In allen Städten, die wir besuchten, fanden wir deutsche Geschäfte, oder wenigstens deutsche Angestellte oder Bedienstete in den Geschäften, Hotels und auf den Bahnhöfen, obgleich man nicht gerade behaupten kann, daß der Teutsche zu den Reisenden ein großes Contingent stellt. Er geht im Allgemeinen selten, es sei denn für wissenschaftliche Zwecke, über das deutsche Sprachgebiet hinaus. Auch die englische Sprache findet man viel mehr als früher vertreten, und wer nur der englischen Sprache mächtig ist, kann schon damit durchkommen, wird aber lange nicht so angenehm reisen, als Der, welcher auch deutsch sprechen kann.

Die Umgegend von St. Petersburg, namentlich am Südufer des finnischen Meerbusens und der ihre äußerste Spitze bildenden Bai von Kronstadt entlang ist sehr hübsch, und wir haben zu ihrer Besichtigung mehrere Tage verwendet. Die Seefestung Kronstadt, auf Kosten erbaut, liegt etwa 20 englische Meilen von der Mündung der Newa entfernt, gerade in der Mitte zwischen dem finnischen und dem ingermannländischen Ufer, und ihre scheinbar auf dem Wasser schwimmenden Batterien beherrschen das Fahrwasser nach beiden Seiten hin. Uebrigens ist für größere Fahrzeuge von einem Fahrwasser nur auf der südlichen Seite die Rede, und dieses ist so eng, daß alle größeren Schiffe sehr dicht unter den Kanonen vorbei passiren müssen. Außer den Befestigungen und großen Geschützen ist dort nicht viel zu sehen. Da im Winter die ganze Bai so fest zufriert, daß man über das Eis wie über die Landstraße fährt, so ist Petersburg die Hälfte des Jahres gegen jeden Angriff von der Seeseite her gesichert.

Kronstadt ungefähr gegenüber am südlichen Ufer liegt das Städtchen und das Schloß Oranienbaum, an dem selbst nicht viel zu sehen ist, von dessen Park aus man aber sehr häufig wunderschöne Ausblicke auf das Meer und Kronstadt genießen kann. Eine höchst lohnende Fahrt ist, auf dem Wege nach Petersburg zurück, die von Oranienbaum nach Peterhof, da man links beständig die See, rechts einen hübschen Höhenzug hat, der von einer ununterbrochenen Reihe geschmackvoller Landhäuser geschmückt ist.

Peterhof ist eine anmuthig gelegene kleine Stadt von achttausend Einwohnern, und in seiner Nähe liegt das gleichnamige kaiserliche Lustschloß — das Versailles der Czaren, dem es auch im Styl und der gesammten Anlage nachgeahmt ist. Das eigentliche Schloß — ein dreistöckiges Gebäude, das durch Gallerien mit den Pavillons verbunden ist, macht einen sehr gefälligen Eindruck. Es liegt auf einer vierzig Fuß hohen Terrasse, von welcher man einen herrlichen Ausblick auf die Kronstädter Bucht und im ferneren Hintergrunde auf die finnische Küste genießt. Die Wasserkunst, mit ihren von Gold strotzenden Bassins, Fontainen und Figuren übertrifft an Pracht und an Wirkung noch ihr Vorbild, die Versailler, bedeutend, und gewährt, wie die ganze Terrasse mit ihren breiten, mit vergoldeten Statuen und Vasen in großer Zahl und herrlichen Blumenbeeten geschmückten Treppen im Purpurschein der untergehenden Sonne einen geradezu märchenhaften Anblick. Der vielleicht eine halbe englische Meile breite Platz zwischen der Terrasse und der Bucht ist von parkartigen Gartenanlagen ausgefüllt, mit vielen Fontainen und Gartenhäusern, Orangerien, Landhäusern, dem im holländischen Geschmack von Peter dem Großen in der Nähe des Landungsplatzes erbauten Schlößchen Montplaisir, einem Marly benannten zweistöckigen Häuschen, in welchem Peter zeitweilig wohnte, dem für die vorige Kaiserin erbauten Lustschloß Alexandria und anderen mehr. Seitwärts liegen die einen sehr großen Raum einnehmenden, im Tudorstyl erbauten Marställe, die mich sehr enttäuscht haben. Denn, obwohl sie siebenhundert Pferde enthalten, — der Wiener zählt nur 300, der Berliner nur 200, der Stockholmer nur 80 — so sind darunter auch nicht entfernt so schöne und ausgezeichnete Thiere zu finden, wie im Marstalle des österreichischen Kaisers, und gerade hier hatte ich erwartet, ganz Außerordentliches in Pferdefleisch zu finden.

Hinter dem Schlosse dehnt sich weit in das Hügelland der Duderhof'schen Berge hinein der waldartige obere Park mit zahlreichen Seen und Inseln und Lustschlößchen auf den Inseln aus. Unter letzteren ist das interessanteste das von Kaiser Nicolaus für seine Gemahlin erbaute Gartenschloß Babygon, das auf einem weite Aussicht gewährenden Hügel liegt und in klassischem Style erbaut ist. Auf einem Fundament von behauenen Granitquadern erheben sich zwei Stockwerke, jedes umgeben von einer Säulenhalle, unten korinthischer, oben dorischer Ordnung. Die Säulen sind aus schwarzem Granit und aus einem Stück, die Kapitale aus weißem Marmor. Seitwärts der prächtigen, mit

Marmorstatuen geschmückten Freitreppe sieht man die berühmten Pferdebändiger des Baron Klodt. — In den Parkanlagen vor dem Schlosse ist während des Sommers jeden Tag Conzert.

Noch schöner und prachtvoller als Petersburg ist Zarskoje-Selo, das etwa dreizehn englische Meilen gerade südlich von Petersburg liegt — die Lieblingsresidenz des kaiserlichen Hofes. Es ist eine Stadt von etwa 15,000 Einwohnern, mit breiten, geraden Straßen, und mehreren großen Kasernen und Wohlthätigkeitsanstalten. Schon Peter der Große besaß hier ein Haus, nebst Orangerie und Thiergarten. Die Kaiserinnen Katharina I. und Elizabeth vergrößerten und verschönerten die Besitzung, die Vollendung und einen großen Theil ihrer jetzigen Pracht verdankt sie Katharina II. Von ihr rührt das große kaiserliche Schloß her, ein Prachtbau, das der Lieblingsaufenthalt ihres Günstlings, des Grafen Orlow, war. Der Eingang zum Schloßplatz von der Petersburger Seite her führt durch zwei aus Moostuffsteinen in Form von Ruinen aufgeführte Portale. Das Schloß ist im Rococco-Styl aufgeführt, und hat eine Facade von über 800 Fuß Länge, außerdem nach der Gartenseite hin noch zwei große Flügel. Die Grundfarbe des Baues ist weiß und gelb, während die überreichen Stuckarbeiten dunkelgrün gemalt sind. Als Katharina den Bau vollendet hatte, waren mit einem Aufwand von drei Millionen Dukaten alle Vasen, Statuen und Piedestale und Kapitäle der Säulen mit Blattgold überzogen, doch ist die Vergoldung längst der Witterung zum Opfer gefallen, und heute sind nur noch die Kuppeln der Schloßkirche vergoldet. Im Innern des Schlosses herrscht nicht nur blendende Pracht, sondern auch viel Geschmack. Am prunkvollsten sind die einst von der Erbauerin selbst bewohnten Zimmer, und ganz besonders geschmackvoll ihr Schlafgemach, dessen Wände und Decken von weißem Porzellan, dessen Säulen aus dunkelblauem Glase und dessen Fußboden aus Perlmutter-Mosaik besteht. Endlos scheint die Flucht der Paradesäle, durch die man blickt und geht. Sehr anziehend ist der Bernsteinsaal, der ganz mit Bernstein ausgetäfelt ist und in welchem auf Tischen eine Sammlung der herrlichsten Bernstein-Arbeiten — ein Geschenk Friedrich des Großen — ausgestellt ist. Der silberne Saal ist ganz mit Silber belegt, der 140 Fuß lange und 52 Fuß breite Ballsaal besteht ganz aus Spiegelglas und Gold; der Lapislazulisaal ist ganz mit Lasurstein gedeckt und der Fußboden besteht aus Ebenholz mit großen Perlmutterblumen. Auch viele Säle mit herrlichen Gemälden, namentlich aus der niederländischen Schule, finden sich hier. Wunderschön ist die 270 Fuß lange, mit zahlreichen Bronzebüsten berühmter Männer des Alterthums ausgestattete Marmor-Gallerie, welche bei schlechtem Wetter als Promenade dient und von der man eine prächtige Aussicht über die Anlagen des weitläufigen Parks hat.

Dieser, im englischen Styl angelegt und musterhaft gehalten, birgt eine Unzahl von Glorietten, Triumphbögen, Brücken in allen möglichen, geschmackvollen und bizarren Formen, Orangerien und Treibhäuser, künstliche Ruinen, Pyramiden, Grotten u. s. w., ja sogar ein chinesisches Dorf. Eine der schönsten Partien ist der große See, über den an einer engen Stelle eine Brücke aus blauem, sibirischen Marmor führt, während an seinen schönbewaldeten Ufern sich eine 100 Fuß hohe, mit dem vergoldeten russischen Doppeladler gekrönte und mit vergoldeten bronzenen Schiffsschnäbeln geschmückte gelbe Marmorsäule erhebt, welche dem siegreichen Fürsten Orlow-Tschesmenski hier gesetzt wurde, desgleichen ein marmorner Obelisk zur Erinnerung an den Sieg bei Kagul.

Sieht man alle diese Schlösser, und sie sind hier noch lange nicht sämmtlich aufgezählt, so wundert man sich nicht mehr über die enorme Höhe der Civilliste des russischen Kaisers. Denn er besitzt davon in Petersburg allein fünf, in der Umgebung von Petersburg mindestens ein Dutzend, und dazu kommen Livadia in der Krim, der Kreml in Moskau, das große Schloß in Warschau und ungezählte andere in anderen Orten und Städten, und sie alle wollen in Stand gehalten und zwar so in Stand gehalten sein, daß, wenn es dem Kaiser einfällt, in einem derselben Wohnung nehmen zu wollen, auch bei einem plötzlichen Eintreffen Alles für ihn bereit steht. Ja, es erscheint dabei als große Sparsamkeit, wenn die Civilliste des jetzigen Czaren nur 20 Millionen Rubel beträgt, während sein Vater 40, und dessen

Vorgänger Nicolaus gar 75 Millionen jährlich aus den Landeseinkünften verbrauchte, — ohne die ungeheuren Einkünfte des kaiserlichen Privatbesitzes.

Die herrlichen langen Sommertage, oder vielmehr hellen Sommernächte zur Zeit unserer Anwesenheit, erleichterten die längeren Ausflüge in die Umgegend ungemein. Denn wie schon früher bemerkt, wird es in den Monaten Juni und Juli in St. Petersburg kaum dunkel. Im Einklang mit dieser Natureinrichtung richtet der Petersburger auch seine Vergnügungen ein. Die Pferderennen z. B. begannen zur Zeit unserer Anwesenheit erst um 6 Uhr Abends, die Garten-Concerte um 8 Uhr, und sie währen oft bis nach Mitternacht. Die fashionable Zeit, auf den Boulevards spazieren zu fahren, ist von 8 bis 10½ Uhr, überhaupt das eigentliche Leben im Freien beginnt in Petersburg im Sommer erst, wenn bei uns längst die Gaslaternen angezündet sind. Es macht einen gar nicht zu beschreibenden Eindruck, wenn unser Einer, der gewohnt ist, die Sonne um spätestens 7 Uhr zur Rüste gehen zu sehen, um 11 Minuten nach 9 Uhr, wie ich es mir der Curiosität halber genau vermerkte, auf den Decksitzen der Straßenbahnwagen Passagiere den Schirm aufspannen sieht, um das brennende Sonnenlicht abzuwehren. So kurz an Tagen der Sommer in Petersburg ist, an Stunden ist er reichlich so lang wie der Chicagoer und dabei viel gleichmäßiger und schöner.

VIII.

Finnland.

Nach einem angenehmen fünftägigen Aufenthalte in St. Petersburg, fuhren wir mit der Bahn nach Wiborg, dem ersten bedeutenderen Orte von Finnland. Es ist eine bedeutende Hafenstadt und Flottenstation und liegt sehr hübsch an der Spitze einer tief einschneidenden und mit vielen schön bewaldeten Inseln besäeten Bucht des finnischen Meerbusens. Auch ist es eine alte Stadt, schon im 13. Jahrhundert von Schweden gegründet, und hat eine berühmte Vergangenheit, da es schon zu Zeiten der Hansa als Handelsort und später bei den Kämpfen zwischen Rußland und Schweden um den Besitz Finnlands als Festung eine bedeutende Rolle spielte. Sie enthält manche Sehenswürdigkeiten und alterthümliche Bauten. Außer Schweden und Russen, welche die Mehrzahl der Bevölkerung bilden, sollen dort auch sehr viel Deutsche wohnen. Die sehr hübsche Umgegend giebt Gelegenheit zu mancherlei lohnenden Ausflügen, von denen der schönste und interessanteste der auf dem Saima-Canal, nach dem Saima-See ist — dem See der tausend Inseln. Der See liegt 280 Fuß über der Ostsee und dieser Unterschied der Höhenlage wird auf der nur 37 engl. Meilen langen Kanalstrecke durch 28 Schleusen überwunden. Die Fahrt bis zum See und durch diese vielen Schleusen währt sechs Stunden, ist aber durch die prächtigen landschaftlichen Anblicke, die man dabei genießt, recht unterhaltend. Der Saima-See erinnert lebhaft an die Tausend-Insel-Strecke des St. Lorenzo-Stromes. Er umfaßt eine ganze Anzahl durch schmale Wasserstraßen und Ströme mit einander verbundener Seen und Orte; und die Fahrt zwischen den schön bewaldeten Inseln und Ufern hindurch gewährt einen höchst idyllischen Eindruck.

Ein anderer höchst lohnender Ausflug ist der nach dem sogenannten Imatra-Fällen, die eigentlich nur Stromschnellen, aber nichts desto weniger hochinteressant sind. Der Saima-See fließt nach dem Ladoga-See ab, und zwar durch den Wuoksen, und da der Höhenunterschied zwischen beiden Seen 265 Fuß beträgt und der Lauf des Wuoksen nur etwa 65 englische Meilen beträgt, so sind Wasserfälle und Stromschnellen eine natürliche Folge. Von letzteren die bedeutendste ist der Imatra. Der Wuoksen, der kurz vorher eine Breite von über 1300 Fuß hat, wälzt hier seine ungeheuren

Wassermengen mit furchtbarem Toben durch eine enge, nur 150 Fuß breite Oeffnung, die er sich durch die Granitfelsen des Salzaussalka gerissen hat, und stürzt zugleich auf einer Strecke von nur 1000 Fuß ungefähr 65 oder 70 Fuß abwärts. Wenn man bedenkt, daß durch dieses Felsenthor in der Stunde 25 Millionen Kubikfuß mehr Wasser stürzt, als sich über die Niagara-Fälle ergießt, wird man sich einen annähernden Begriff von diesem Riesenstrudel machen können.

Wir hatten mit seiner Besichtigung ein ganz besonderes Glück. Denn als wir uns gerade anschickten, von dem bei den Schnellen errichteten hübschen, von schönen Parkanlagen umgebenen Hotel, zu diesen selbst hinabzugehen, merkten wir an der im Hotel herrschenden Bewegung, dem Erscheinen der Kellner in Gala, dem Aufziehen von Flaggen, daß etwas Außergewöhnliches los sei. Nicht lange und wir sahen eilig mehrere elegante Wagen heranfahren, welche, wie wir bald erfuhren, den Großfürsten Wladimir, den Bruder des Kaisers und Oberbefehlshaber der Garde, mit seiner Gemahlin, seinen drei Kindern und seinem Adjutanten und Kammerherrn enthielten. Man kann ein guter Republikaner sein, und doch es als eine besondere Gunst des Schicksals betrachten, sich einige Stunden lang mit so hochgestellten Persönlichkeiten gewissermaßen in Gesellschaft zu befinden. Denn wenn wir und die sonst dort anwesenden Reisenden ihnen auch nicht vorgestellt wurden, so schlossen sie sich in keiner Weise ab, und gingen mit dem großen Haufen oder dieser mit ihnen, und es war erfreulich zu beobachten, ein wie herzlicher Ton in dieser Familie herrschte. Und jedenfalls war ihre Anwesenheit die Ursache, daß wir eine sehr viel bessere Anschauung von der ungeheuren Kraft und Wildheit dieses Strudels erhielten, als den meisten Besichtigern beschieden sein dürfte. Denn ihnen zu Ehren wurden zu diesem Zweck einige besondere Veranstaltungen getroffen.

So ließ man, nachdem unsere Gesellschaft auf einem etwa in der Mitte der Schnellen gelegenen und von Gischt fast überströmten vorspringenden Hügel gelangt war, von dem sich die beste Aussicht über den Strudel hinauf und hinunter bietet, ein Faß hinuntertreiben. Fast mit Gedankenschnelle wurde es von dem reißenden Gewässer an uns vorbeigetragen, um gleich darauf zu verschwinden, und erst weit hinten, im großen Bassin des Mellonselka wieder aufzutauchen. Dann kam eine Jolle, besetzt von vier Matrosen der kaiserlich russischen Marine. Mit angehaltenem Athem sahen wir das Boot in die enge Oeffnung schießen, nur Sekunden, die doch Ewigkeiten schienen, und es war an uns vorbei; und gleich darauf ein Krach, in tausend Stücke und Splitter und Fetzen gingen das Boot und die Matrosen — welch' letztere glücklicher Weise nur Strohpuppen gewesen waren. Ich habe eine ähnliche Zerstörung noch nie gesehen, und glaube nicht, daß selbst Dynamit eine größere hervorbringen könnte. — Die ganzen Schnellen sind von hübschen Anlagen umgeben, und man kann auch ungefähr in der Mitte vermittelst eines an einem Drahtseil aufgehängten Tragkorbes, in welchem zwei Personen Platz haben, von einem Ufer zum anderen gelangen, und so den großartigen Anblick der Schnellen von verschiedenen Seiten genießen.

Nach diesem angenehmen Besuche setzten wir uns auf einen echten finnländischen Wagen, aus zwei Rädern und einem Brett bestehend; der Kutscher stand hinter uns auf einem Fußbrett, und die Zügel des Pferdes gingen zwischen uns hindurch und wurden fortwährend an unseren Gesichtern gerieben. Nach mühseliger Fahrt auf diesem Marterwerkzeug durch eine uninteressante Gegend — Fichten und Sand, wie in der Sandbüchse des heutigen römischen Reiches, — langten wir an dem Landungsplatze des Dampfers an, der uns nach der kleinen alterthümlichen Stadt Willmannsstrand am Südufer des Lappvesi, einem der südlichsten Ausläufer des Saima-Sees, bringen sollte, und nach einer vierstündigen reizenden Fahrt zwischen Inseln und durch enge Wasserstraßen hindurch dort auch glücklich absetzte. Auf jener Wagenfahrt lernten wir ein Stück des eigentlichen finnischen Lebens kennen.

Finnland ist bekanntlich die südlich vom finnischen, westlich vom bottnischen Meerbusen der Ostsee begrenzte, ehemals zu Schweden gehörige Provinz Rußlands, mit einer Einwohnerzahl von zwei Millionen, meist Schweden und Finnen, die durchweg der evangelisch-lutherischen Confession angehören. Es bildet ein besonderes Großfürstenthum, mit einer besonderen, der schwedischen ähnlichen Verfassung.

Seine größte Merkwürdigkeit ist sein Wasserreichthum; es besteht fast mehr aus Seen, als aus Land, und es heißt nicht mit Unrecht das Land der tausend Seen.

Die Mehrzahl der Bevölkerung besteht natürlich aus Finnen, wenn auch an der Küste die Schweden ihnen an vielen Orten an Zahl gleichkommen oder sie übertreffen mögen. Sie unterscheiden sich in ihren Lebensgewohnheiten in so auffallender Weise von den übrigen Bewohnern des russischen Reiches, daß wohl nirgends in der Welt der Uebergang von einem Lande in's andere ein gleich schroffer ist, als der von Rußland nach Finnland. Schon zwei Stunden hinter Petersburg hört man kein Wort russisch mehr, die Erscheinung der Leute, der Gesichtsschnitt, die Sprache ist eine völlig andere; das schöne große russische Pferd, der Krummbogen und die Droschke sind verschwunden und an ihre Stelle getreten sind ein kleines dickes kurzes Pferdchen und der zweirädrige Karren. Das eigentliche finnische Bauernhaus gleicht dem amerikanischen Blockhaus. Wände und Dach sind aus mächtigen, mit Moos kalfaterten Fichten- oder Tannenstämmen gebildet; Fenster giebt es darin nicht, sondern nur Luken, der Rauch zieht durch ein Loch im Dach ab, und gastlich und verträglich theilen sich in den einzigen Raum der Besitzer, seine Familie, sein Vieh und seine Vorräthe. In den Küstengegenden giebt es allerdings in den Bauernhäusern meist schon eine besondere Wohnstube, manchmal sogar mehrere Stuben und Nebengebäude, und an der südlichen Küste haben sie in ihrer Bauart — namentlich auf den vielen kleinen Inseln — Schären genannt — mit welchen die Küste bestreut ist — viel Aehnlichkeit mit den Schweizer-Häuschen. Aber alle machen auf den Fremden einen unfreundlichen Eindruck ihres gräulichen braunrothen Anstriches halber.

Die Lebensweise der Finnen ist dem geringen Wohlstande des Landes angemessen eine sehr einfache. Kartoffeln, Milch, Roggen- und Haferbrod, in das in schlechten Jahren wohl auch Baumrinde gebacken wird, und Fische bilden die Hauptkost. — Die alte Nationaltracht, die bei den Männern zum Theil schon der russischen angepaßt ist, wird von den Frauen unentwegt aufrecht erhalten; sie ist bunt und glänzend. Der Rock besteht gewöhnlich aus dunkelblauem Wollenstoff mit rothen Tuchleisten oder ist grellroth gestreift. Den Oberkörper deckt der „Taukki", eine Weste ohne Aermel, darüber eine weiße, leinene Jacke (Kostuli), welche die Brust unbedeckt läßt, und eine große silberne Schnalle zeigt. Ueber diese Jacke zieht die Finnländerin im Sommer einen Tuchmantel, im Winter einen Schafpelz und einen weißwollenen Ueberzieher. Nicht eingesegnete Mädchen tragen das Haar in Zöpfen oder aufgelöst, nur von einem Stirnband zusammengehalten, die eingesegneten durchflechten das Haar mit Weidenruthen und rothen Bändern.

Die Sittlichkeit steht in Finnland auf einer viel höheren Stufe als in Rußland, und Zucht und Sitte im Verkehr zwischen den Geschlechtern wird sehr strenge gehandhabt. Die Sprache, die dem ural-altai'schen Sprachstamm angehört, hört sich sehr gut an; denn sie ist reich an Vokalen, weich und wohlklingend. — Ein schöner Menschenschlag sind die Finnen gerade nicht; dazu ist die Schädelbildung zu eckig, das Gesicht zu glatt, die Backenknochen zu hervortretend, und die Gesichtsfarbe bei hellblondem Haar zu fahl und in's Gelbliche spielend. Aber sie sind ein kräftiger Menschenschlag, dem man Biederkeit, Gastfreundschaft, Treue, Tapferkeit, Arbeitsamkeit und Ausdauer nachrühmt, freilich auch starren Eigensinn, Jähzorn, Nachsucht und bei stark ausgesprochener Religiösität Neigung zum Aberglauben vorwirft.

An Willmannstrand, einem Oertchen von nur 1300 Einwohnern, war außer seiner malerischen Lage nichts bemerkenswerthes; wohl aber verdienen unsere dortigen Erlebnisse Erwähnung. Wir mußten nämlich dort von 3 Uhr Nachmittags bis Mitternacht auf den Bahnzug warten, der uns nach Helsingfors bringen sollte, und das war eine schwierige Aufgabe, denn im ganzen Städtchen gab es Niemanden, der einer unserer Sprachen mächtig war. Mit dem Kutscher, der uns in der Stadt und Umgegend umherfuhr, konnte ich nur durch Zeichen fertig werden, und als diese Umfahrt beendet war, konnte ich ihn nur mit der größten Mühe veranlassen, uns statt wieder nach dem Landungsplatz des Dampfers, nach dem Bahnhof zu bringen, indem ich mit den Armen eine schnelle Räderbewegung machte und zugleich ein Puffen und Zischen ausstieß. Auf dem Bahnhof konnte ich mich mit der Frau am Billetschalter ebenso wenig verständigen, und ich mußte in Deutsch nach St. Petersburg telegraphiren, daß uns dort Plätze im Schlafwagen belegt würden. Dann begaben wir uns nach dem nahebelegenen, mit einer Restauration und einem Garten verbundenen Badehaus, und saßen dort die noch übrigen sieben Stunden ab, für den inneren Menschen dadurch sorgend, daß wir einfach auf die auf dem Büffet stehenden Eßwaaren deuteten, und im Uebrigen uns anstaunen lassend, denn im Laufe des Nachmittags füllte sich das Lokal mit den Honoratioren des Oertchens, darunter auch die Bahnhofs=Verwalterin. Die saßen bei ihrem Kaffee, zu dem sie mitgebrachte Semmeln oder Kuchen aßen, unter fröhlichem Geplauder und offenbar seelenvergnügt, trotz der geringen leiblichen Genüsse, die sie erschwingen konnten, bis tief in den Abend hinein — wieder ein Beweis für mich, wie sehr man sich des Lebens freuen kann, ohne dafür viel Geld ausgeben zu müssen — d. h. natürlich, wenn man es versteht und in Bedürfnißlosigkeit aufgewachsen ist.

Endlich schlug die Erlösung aus unserer langweiligen Lage, und um Mitternacht dampften wir nach Helsingfors ab, das wir nach achtstündiger Fahrt erreichten. Dieses, nahe dem Ausgang des finnischen Busens gelegen, ist sowohl die größte, wie die Hauptstadt Finnlands, der Sitz des General= und Civil=Gouverneurs, des Senats und der sonstigen Regierungsämter und enthält zwischen 40,000 und 50,000 Einwohner. Es liegt auf einer Landzunge und ist von zahlreichen Schären umgeben, von denen mehrere zur Seefestung Sveaborg vereinigt sind. Nur wenig wirklich Interessantes ist hier zu sehen — auch das kaiserliche Palais ist nur ein sehr einfaches und gewöhnliches dreistöckiges Gebäude.

Von hier schifften wir uns nach Stockholm ein. Ehe wir dies thun konnten, mußten wir aber unsere Pässe revidiren lassen, denn es ist der Dampfschiff=Gesellschaft verboten, irgend Jemanden zu befördern, welcher nicht seinen regelrecht ausgestellten Paß besitzt; so daß, wie man sieht, es ebenso schwer ist aus Rußland heraus, wie nach Rußland hinein zu gelangen.

Die Fahrt von Helsingfors nach Stockholm war eine sehr angenehme. Das Dampfschiff war zwar nur sehr klein, — größere lassen sich nicht verwenden, da die Fahrt fortwährend zwischen Schären hindurch und über meist nur flaches Fahrwasser geht — aber sehr hübsch eingerichtet. Der Tisch, nach schwedischer Küche geführt, war vortrefflich; er enthielt eine Menge schmackhafter uns zum Theil neuer Gerichte, und dabei herrschte die Eigenthümlichkeit, daß während Alles frei zum Zulangen dastand, man nur für das zu bezahlen brauchte, was man — der eigenen Angabe zufolge — verzehrt hatte. Die Mannschaft war sehr zuvorkommend, und besonders angenehm war es, daß der erste Offizier mehrere Sprachen sprach, so daß man über Alles leicht die beste Auskunft erhalten konnte.

Von Helsingfors fährt der Dampfer zuerst nach Hangö oder Hangö=Udd, einer erst im Entstehen begriffenen Stadt am südöstlichen Punkte Finnlands, wo wir mehrere Stunden anhielten, und setzte dann seinen Weg nach Åbo fort, der früheren Hauptstadt und ältesten Stadt Finnlands, sowie auch dessen bedeutendste Handelsstadt, obwohl sie in Bezug auf Bevölkerung kaum halb so groß ist wie Helsingfors. In Folge des 1827 fast die ganze Stadt zerstörenden furchtbaren Brandes hat sie einen ziemlich modernen Anstrich, gerade und breite Straßen und steinerne, wenn auch niedrige Häuser. Ihre Geschichte reicht zurück zu der Zeit, wo die Schweden im Lande Fuß faßten, also bis zur Mitte des zwölften Jahrhunderts. Schon im Jahre 1157 erbaute der schwedische Eroberer Erich der Heilige das heute noch stehende Åbohus, ein umfangreicher, schwerfälliger Bau, der die Stadt und die Hafeneinfahrt überragt. Die eigentliche Blüthe der Stadt datirt aus dem 13. Jahrhundert, doch hat sie viele Schicksale durchgemacht. Im Jahre 1318 wurde sie von den Russen, im Jahre 1509 von den Dänen niedergebrannt, zum dritten Male brannte sie 1614 ab, gerade als Gustav II. Adolf zum Besuch dort war, und wie schon erwähnt zum vierten Male im Jahre 1827. Seit 1809 gehört es Rußland und hat durch die in Folge davon erfolgte Verlegung des Sitzes der obersten Regierungsbehörden und der Universität nach Helsingfors viel eingebüßt. Nur der Sitz des lutherischen Erzbischofs ist dort verblieben.

Von Åbo fährt der Dampfer in südwestlicher Richtung durch die gefährlichen Åboer Schären über den schmalen Stiftet=Sund und zwischen den von Schweden bewohnten, aber zu Rußland gehörigen Alands=Inseln hindurch, deren Zahl über 300 beträgt, von denen indessen nur 80 bewohnt sind, Stockholm zu und legt auf dieser Strecke nur zweimal an, in Mariahamn, an der Südküste der Hauptinsel, des sogenannten Festlandes Aland, und in Degerby, wo das Zollamt ist. Die Fahrt, bei der man fast immer Land, malerische Felsgruppen und waldgekrönte Höhen in Sicht hat, ist eine außerordentlich hübsche.

Nach nur 17 Stunden von Abo ist die hübsche Einfahrt in den Stockholmer Hafen erreicht — doch darüber das nächste Mal.

IX.

Schweden und Norwegen.

Nichts war mir interessanter und hat mir größere Freude gemacht, als das Land besuchen zu dürfen, welchem so viele und so tüchtige Bewohner Chicago's und unseres Nordwestens entstammen, und aus eigener Anschauung mich mit ihren heimathlichen Sitten und Gebräuchen bekannt zu machen und die vielgerühmten wechselreichen Schönheiten dieses hochnordischen Landes in Augenschein zu nehmen. Und wenn die in den nachfolgenden Zeilen enthaltenen Beobachtungen auch nur das Ergebniß eines gezwungener Weise flüchtigen Schauens sind, und aus der strotzenden Fülle, welche der Charakter, die anders geartete Lebensweise der Schweden und Norweger und die wunderbare Anmuth und Großartigkeit ihrer Heimath bietet, nur Weniges herausgegriffen werden kann, so hoffe ich doch, daß auch dieses Wenige den Lesern wenigstens etwas von dem Interesse abgewinnen wird, das in mir selbst dadurch erweckt wurde.

Die skandinavische Halbinsel ist jedenfalls ein merkwürdiges Land. Es ist das nördlichste Land, welches von Culturvölkern bewohnt wird, und zwar von Völkern allerhöchster Cultur. Liegen auch seine großen Städte mit wenigen Ausnahmen nicht nördlicher, wie St. Petersburg, und seine landwirthschaftlich ergiebigsten Provinzen südlich davon, — es erstreckt sich nördlich bis in den Polarkreis hinein, und noch weit über die anderswo von civilisirten Menschen und kaum von Eskimos bewohnten Gegenden hinaus erheben sich namentlich an der Ostküste die Wohnstätten und Niederlassungen der Cultur und herrscht das rege Getriebe einer fleißigen, handel- und gewerbtreibenden Bevölkerung. Denn das Nord=Cap und Hammerfest, die nördlichste Stadt der Welt, liegen ebenso weit nördlich wie die Eismeerküste Alaska's und Kamtschatka's. Daß sie trotzdem Schiffen zugänglich und nicht von Eis umlagert sind, verdanken sie, wie die ganze nördliche Westküste der skandinavischen Halbinsel, dem Golfstrome, welcher die Küste bespült, und so wärmeerhöhend wirkt, daß in den Fjorden (Meerbusen) des mittleren Norwegens selbst im Winter, außer wenn sie sehr tief und schmal in's Land einschneiden, das Fahrwasser nicht gefriert, während die am Skagerat und Kattegat, am Sunde und an der Ostsee belegenen Häfen, namentlich aber die an der Ostküste, im Winter durchweg unzugänglich sind.

Bedenkt man, daß die skandinavische Halbinsel, in gerader Linie gemessen, eine Küste von über 2000 englischen Meilen, in Wirklichkeit in Folge der tief einschneidenden Buchten Norwegens das Vierfache dieser Küste besitzt, so ist es nicht zu verwundern, daß namentlich die Norweger ein seefahrendes Volk sind, und daß ihre Handelsflotte den drittgrößten Rang in der Welt einnimmt. Und aus der dadurch geschaffenen häufigen Berührung mit anderen Völkern, welche seit etwa zehn Jahren noch dadurch vermehrt worden ist, daß Norwegen und Schweden für das zum Vergnügen reisende Publikum gewissermaßen das Hauptziel bilden, könnte man wohl den

Schluß ziehen, daß auch hier schon die Einfachheit der Landessitten und die Geradheit des Volkscharakters darunter gelitten habe. Und man ist um so angenehmer überrascht, wenn man das Gegentheil findet.

Denn die Schweden und Norweger, namentlich die Letzteren, sind noch die reinen Naturmenschen, unschuldig, aufrichtig, selbst grundehrlich und deshalb vertrauend und jedem Argwohn fremd. Wo immer man hinkömmt, findet man dieselbe freundliche und herzliche Aufnahme, denselben ungeheuchelten warmen Empfang. Geradezu überraschend wirkt auf Den, der soeben durch das continentale Europa mit seiner trinkgeld-lüsternen Bevölkerung kommt, die absolute Uneigennützigkeit der Leute. Bietet man hier für irgend eine kleine Gefälligkeit ein Trinkgeld an — so wird das fast als eine Beleidigung angesehen — namentlich auf dem Lande, und es passirte mir, daß, als ich in Drontheim dem Kofferträger des Hotels ein Trinkgeld in die Hand steckte, er mir dasselbe mit einer Verbeugung und ablehnendem Kopfschütteln zurückgab. Einen überzeugenden Beweis von der Vertrauensseligkeit der Bevölkerung liefert das selbst in den Bahnhofsrestaurationen herrschende System, daß der Reisende einfach von den auf den Büffets fertig stehenden Speisen ißt, was ihm schmeckt, und wenn er fertig ist, der Kassirerin — überall ist die Bedienung weiblich — angiebt, was er gegessen hat. Ist man der Sprache nicht mächtig, so nimmt man das Mädchen bei der Hand, zeigt, was man gehabt, hält ein Geldstück hin, und erhält dann seinen Wechsel bis zum Drittel Cent berechnet heraus. Wie würden wohl amerikanische Bahnhofsrestaurationen bei einem solchen System bestehen?

Ueberhaupt scheinen in ganz Norwegen und Schweden Restaurationen und Wirthshäuser — die größeren Hotels in den größeren Städten ausgenommen — nicht Selbstzweck zu sein, sondern machen den Eindruck, sowohl durch die Billigkeit ihrer Preise, wie das Gebahren ihrer Wirthe, als seien sie nur aus Gefälligkeit gegen die Reisenden eingerichtet, und sollten Leser dieser Zeilen je dazu kommen, dieses herrliche Land zu bereisen, so werden sie gut thun, dies im Auge zu behalten. Es geht dort nicht an, daß man sich in einem Hotel sozusagen als Herrn des Hauses betrachtet, der nur zu befehlen hat. Selbst außerordentlich höflich — auch der Hochgestellteste grüßt den Geringsten durch Hutabnehmen — verlangt auch der Wirth von seinen Gästen Höflichkeit und freundliches Benehmen; ein Unterlassen „guten Tag" oder „guten Abend" zu sagen, wird als Beleidigung empfunden; wer barsch und befehlend auftritt, muß erwarten, daß er nur diejenigen seiner Wünsche erfüllt sieht, welche ein Wirth seiner Concession zufolge vorschriftsmäßig leisten muß, und während sonst gar oft der Wirth seine Pferde, trotzdem er sie dringend bei der Ernte braucht, hergiebt, um einem freundlichen Reisenden weiter zu helfen, wird er sie einem unhöflich und befehlend Auftretenden verweigern, auch wenn er sie entbehren könnte. Auch lieben die Wirthe nicht, wenn die Gäste viel trinken und Lärm machen, und ich hörte sich thatsächlich darüber beschweren, daß eine Gesellschaft von sechs deutschen Herren in einer Stunde ein Dutzend Flaschen Bier bei ihm vertilgt hatten. Wahrlich, ein treffliches Zeichen des Volkscharakters. Welcher Wirth einer anderen Nation würde sich wohl über die zu große Zeche seiner Gäste beschweren?

Wie weit die Freundlichkeit und das Entgegenkommen dem Fremden gegenüber geht, lernten wir in Tromsö kennen. Wir fragten auf unserer Besichtigungstour einen in der Thür seines Ladens stehenden Kaufmann nach dem dortigen Museum, und statt aller anderen Antwort zog er seinen Rock an, schloß seinen Laden und begleitete uns, trotz strömenden Regens, bis an die Thür des Museums, wo er unter höflicher Verbeugung und uns einen angenehmen Besuch wünschend, Abschied nahm.

Derartiger Züge freundlichen und uneigennützigen Entgegenkommens könnte ich noch eine Menge anführen, wäre der Raum nicht so beschränkt. Hier sei nur noch ein kleines heiteres Erlebniß eingefügt, das uns ein Naturkind von einem norwegischen Schiffsjungen und zwei lahme Passagiere verschafften. Auf einem der Dampfer, die wir auf unserer Reise benutzten, und auf welchem außer dem Capitän keiner der Mannschaft einer anderen als der norwegischen Sprache mächtig war, befanden sich auch ein österreichischer Graf und ein französischer Kaufmann, welche Beide einen zu kurzen Fuß hatten, und zwar zufälliger Weise der Eine den rechten, der Andere den linken. Selbstverständlich hatten Beide die fehlende Länge des Beines an der Stiefelsohle ersetzt. Am nächsten Morgen nach der Einschiffung hörte man sowohl von der Cajüte des Grafen, wie des Kaufmannes her ein heftiges Gezeter; der Schiffsjunge wurde gerufen, man wies ihm die Stiefel, — er verstand nichts; der Steuermann kam, auch er konnte sich nicht zusammenreimen, was verlangt werde; endlich erschien der Capitän, und er fand denn schnell heraus, daß der unglückliche Stiefelwichser, der sich nicht zusammenreimen konnte, daß Menschen ungleich gesohlte Stiefel tragen, dem Grafen beide dickbesohlten und dem Kaufmann beide dünnbesohlten Stiefel hingestellt hatte.

Aeußerlich macht Alles, was man in Norwegen und Schweden zu sehen bekommt, einen außerordentlich wohlhabenden Eindruck. Die Häuser sehen alle freundlich und einladend aus und befinden sich in vortrefflichem Zustande, das Volk ist sehr reinlich und sehr arbeitsam, und dieser Anschein der Wohlhabenheit mag hauptsächlich dem großen Fleiße der Bevölkerung zuzuschreiben sein. Leider macht sich augenblicklich in Norwegen und Schweden ein großer Mangel an Arbeitskräften empfindlich fühlbar, eine Folge der starken Auswanderung, namentlich nach Amerika, welche in den letzten Jahren so groß gewesen ist, daß in vielen Orten im letzten Jahre die Felder nicht haben bestellt werden können. Und wenn man in Christiania und Stockholm die unzähligen Agenturen der Dampfschiffsgesellschaften sieht, und hört, wie dem Volke mit allen möglichen Mitteln und Anpreisungen zugesetzt und wie leicht es ihm gemacht worden ist, auszuwandern, so wundert man sich freilich nicht mehr über diese Völkerwanderung, die für Amerika eine hochwillkommene Gabe, für Schweden und Norwegen aber ein sehr empfindlicher Schaden ist. Denn dieses hat an Uebervölkerung noch nicht zu leiden gehabt. Wie überall ist es vornehmlich die jugendliche männliche Bevölkerung, welche auswandert, und man sieht in Folge davon fast überall die Felder von Frauen und Mädchen bestellt. Und doch gäbe es für die jungen Männer auch in der Heimath guten und ausreichenden Verdienst; denn man sagte mir in Christiania, daß dort seit Jahren auch nicht ein arbeitswilliges Individuum auch nur einen Tag aus Mangel an Arbeit zu feiern genöthigt gewesen sei.

Worin sich Norwegen und Schweden am meisten modernisirt haben, ist die Tracht. Nur in der Umgegend von Stockholm fanden wir auf unserer Tour wenigstens noch die hübsche, kleidsame, den blonden Schwedinnen so gut stehende Nationaltracht, und wie bald wird auch die vor der überall sonst herrschenden Pariser Mode verschwunden sein.

Wie die Menschen, so sind auch die Hausthiere in Schweden von viel größerer Liebenswürdigkeit als anderswo. Mit den Pferden kann man, namentlich wenn man sie freundlich anspricht, Alles anfangen, und nirgends trafen wir einen Hund, der uns angeknurrt oder die Zähne gezeigt hätte — ein Beweis, daß die Thiere von den Menschen gut behandelt werden.

Wie das Volk einfach und zuvorkommend ist, ist auch das Königshaus dem Volke gegenüber freundlich und steht mit ihm im besten Einvernehmen. So erzählt man mir, daß der König sich im Winter häufig unter die Schlittschuhläufer in der Nähe seines Palastes mischt, und sich mitten unter ihnen wie ein gewöhnlicher Mensch umhertummelt. Wir hatten das Glück im Grand Hotel in Stockholm, welches nebenbei bemerkt, meiner Meinung nach das beste Hotel in Europa ist, gleichzeitig mit dem Kronprinzen von Japan zu wohnen, der ja später auch Chicago besuchte, und dadurch die Gelegenheit zu beobachten, wie echt amerikanisch und demokratisch das schwedische Königshaus auftritt. So kam der Kronprinz (dessen Frau bekanntlich eine Tochter des Großherzogs von Baden und eine Enkelin des deutschen Kaisers, und die wegen ihrer in Stillen geübten Wohlthätigkeit — sie begiebt sich einfach gekleidet persönlich zu den Armen und Kranken, um ihre Noth zu lindern — sehr beliebt ist), als er dem Kronprinzen von Japan einen Besuch machte, ganz ohne Aufwand, ohne Begleiter, einfach wie wenn ein Gentleman einen andern aufsucht, und als am nächsten Tage der Japaner dem schwedischen König und den Prinzen ein Gala-Diner im Hotel gab, erschien wieder jeder derselben ohne großen Pomp oder Begleiter, einfach wie andere

Besucher des Hotels, setzten sich zum Essen ganz wie andere Sterbliche und amüsirten sich in der zwanglosesten Weise.

Die Landwirthschaft oder wenigstens die Meierei scheint in Schweden und Norwegen auf einer sehr hohen Stufe zu stehen. Wie man in Rußland keine Glucose zu schmecken bekommt, denn dort findet man überall den feinsten Rübenzucker, so in Schweden und Norwegen keine Kunstbutter, denn merkwürdigerweise ist Butter und Milch hier schmackhafter und schöner, als selbst in Holland, Holstein und der Schweiz, wo doch der allgemeinen Annahme zufolge die beste Butter und Milch zu Hause ist. Das ist um so auffallender, als doch die Weide, namentlich in den gebirgigen Gegenden, nicht besonders nahrhaft sein kann.

In Schweden lebt, ißt und trinkt man überhaupt gut. Die schwedische Küche ist kräftig und mannigfaltig und überall giebt es dort das „Smörgåsbordet", das wir schon auf dem Dampfer kennen lernten, — den aus Brod, Butter, Käse, Sardellen, Anchovis, Fleischanschnitten, Caviar ꝛc. bestehenden appetitreizenden, mit einem Schnäpschen hintergespülten Lunch eben vor'm Mittagessen, bei welch' letzterem die Eigenthümlichkeit herrscht, daß die Suppe erst als zweiter oder dritter Gang, und wenn es nur zwei Gerichte giebt, stets zuletzt erscheint.

Dagegen kann man nicht gerade behaupten, daß — wenigstens für einen an eine gute deutsche, englische oder französische Küche gewöhnten Gaumen und Magen — die norwegische Küche, besonders im hohen Norden, ebenso schmackhaft und anheimelnd sei. Auf den Dampfern und in den größeren Hotels ist eine reichhaltige und auch verwöhnten Ansprüchen genügende Tafel zu finden. Aber wo die eigentliche Landeskost vorherrscht, in den Wirthshäusern in den kleinen Städten und auf dem Lande, ist man sich an geräucherten Fischen und geräucherter Rennthierzunge bald satt. Rindfleisch und Hammelfleisch giebt es nur selten, und ersteres ist durch allzureichliche Garnirung mit Zwiebeln gewöhnlich unkenntlich gemacht, letzteres leidet meist an starkem Geschmack; Gemüse, außer Kartoffeln, giebt es so gut wie gar nicht, es sei denn in Büchsen importirt. Als Ersatz dienen die herrlichen Walderdbeeren und andere Wald- und Haidebeeren, namentlich auch die gelblich-weißen Himbeeren, die einen sehr feinen, zarten Geschmack, und nur leider ähnlich unseren „Blackberries" allzuviel Körner haben. Von Getränken herrschen Kümmel und Portwein vor, welch' letzterer von den norwegischen Schiffen, welche Spanien mit getrockneten und geräucherten Fischen versorgen, als Rückfracht importirt wird; daneben der berühmte stets kalt genossene schwedische Punsch, über dessen Zusammensetzung mir nichts bekannt ist. Uebrigens haben viele Wirthshäuser keine Schankgerechtigkeit, und in ihnen kann man nur auf Einladung des Wirthes — ohne Bezahlung — ein geistiges Getränk erhalten.

Eine Hauptnahrung der Norweger scheint Käse (Ost) zu sein, der in unzähligen Arten auf der Tafel erscheint. Am beliebtesten scheint der aus Ziegenmilch bereitete Mysost, eine weiche, bräunliche, süßlich und mir höchst widerlich schmeckende Masse, die aber von den Landesbewohnern in großer Menge vertilgt wird. Er findet sich auf jedem Tische und wird mit den Händen abgebrochen und mit den Fingern auf's Brod geschmiert. Auch ißt man sehr viel stark in Zersetzung übergegangenen Käse, der aber seines durchdringenden Geruchs halber stets unter einer Glasglocke aufgetragen wird.

Das Brod — sowohl das frische Weißbrod, wie die auf Vorrath gebackenen, in der Mitte mit einem Loche versehenen Brodkuchen aus Roggenmehl — in den Bauernhäusern werden dieselben an der Zimmerdecke auf Stangen aufgereiht — ist in Schweden wie Norwegen sehr schmackhaft. Man hat ein feineres, „Knäckebröd", und ein gewöhnlicheres und dickeres, „Spisbröd" (in Norwegen „Fladbröd"). Namentlich Leuten mit guten Zähnen ist es sehr zu empfehlen. Es kann auch Jahre lang aufbewahrt werden, ohne an Schmackhaftigkeit einzubüßen. Im südlichen Schweden giebt es noch ein mit Süßigkeiten, Rosinen, Gewürzen gemengtes weiches Brod — Kryddlimpa genannt. Im nördlichen Schweden muß, wie in Finnland, bei Mißernten die Bevölkerung zuweilen zur Mischung des Brodes mit gemahlener Baumrinde Zuflucht nehmen, — eine Nahrung, welche natürlich dem Ausländer völlig ungenießbar ist. Im nördlichen Theile Norwegens tritt an die Stelle der Baumrinde vielfach Sauerampfer (Oxyria remiformis), der dort bis zur Schneegrenze hinauf wächst, indem er ohne Zusatz von Wasser zu einem dicken Brei eingekocht und entweder als solcher in gefrorenem Zustande aufbewahrt und dann mit Milch genossen, oder aber mit Roggenmehl durchknetet in gleicher Weise wie das Fladbrød trocken aufbewahrt wird.

Interessant ist es, die Eingangs erwähnte merkwürdige klimatische Verschiedenheit in dem Baumwuchs zu beobachten. Während die weniger empfindliche, aber eine größere mittlere Wärme fordernde Eiche in Schweden bis über den 60. Breitengrad hinausgeht, reicht sie im Norden bis Drontheim, und während die Buche im Osten nur bis zum 56. oder 57., reicht sie im Westen bis über den 60. Gr. hinaus. Große Rothbuchenwälder, die in Preußen nicht nördlich vom 55. Grade vorkommen, findet man in Norwegen zwischen dem 59. und 60. Grade. Der Apfelbaum reicht an der Westküste bis zum 65., die Pflaume zum 64., der Kirschbaum zum 66. Grade. Johannisbeeren, Stachelbeeren, Himbeeren gedeihen bis zum Nordkap.

Weizen wird gebaut bis zum 64½ Grad, Roggen bis zum 69., Gerste und Hafer bis zum 70. Grade, und es ist eine merkwürdige und von den Gelehrten noch nicht völlig aufgeklärte Thatsache, daß selbst in dieser hohen Breite z. B. Gerste zum Reifen nicht mehr Zeit gebraucht, als nicht nur im südlichen Norwegen, sondern im südlichen Deutschland und am Nil, nämlich 90 Tage. Die Einen behaupten, es sei die längere Lichteinwirkung, die Anderen, die länger anhaltende Wärmeeinwirkung davon die Ursache. Als ein für unsere Farmer besonders interessanter Umstand ist zu erwähnen, daß in diesen hohen Graden nur solches Getreide zur Reife gelangt, das sich langsam akklimatisirt hat; ein selbst bei Christiania gezogener Hafer würde nahe dem Nordkap nicht zur Reife gelangen; er muß nach und nach nördlich geschoben werden.

Auffallend ist, daß im hohen Norden die Bäume und Sträucher nicht nur ein viel frischeres Grün zeigen, als im Süden, sondern auch viel größere Blätter tragen. Auch haben Früchte und Blumen ein viel stärkeres, oft bis zur Widerlichkeit sich steigerndes Aroma.

Die Thierwelt Schwedens und Norwegens ist im südlichen Theile so ziemlich dieselbe, wie die des nördlichen europäischen Continents; nur im Norden giebt es ja allbekannter Weise das Renuthier, das den Lappen als Zug-, Milch-, und Schlachtthier dient, und ohne das sie nicht existiren könnten. Das skandinavische Pferd ist, wie das finnische, zwar klein, kurz und dick, aber sehr zäh und dauerhaft und ein guter Traber. Seine Dauerhaftigkeit zeigt sich am besten dadurch, daß es bei Beginn einer Fahrt sehr langsam geht, aber je länger dieselbe währt, desto frischer wird, und die letzte Strecke gewöhnlich am schnellsten zurücklegt.

Das Fuhrwesen in Schweden und Norwegen ist einer besonderen Erwähnung werth. In Schweden hat man freilich wenig Veranlassung, im Wagen zu reisen, da man fast alle sehenswerthen Punkte mit der Bahn erreichen kann. In Norwegen aber ist man auf weiten Strecken ganz auf Fuhrgelegenheit angewiesen. In beiden Staaten liegt es den einzelnen Gemeinden ob, die Reisenden zu einem bestimmten und verhältnißmäßig niedrigen Preise zu befördern, eine Verpflichtung, welche gerade zur Zeit, wo am meisten gereist wird, eine sehr drückende ist, denn gerade dann werden auf dem Lande die Pferde auf den Aeckern gebraucht. Diese Einrichtung heißt in Norwegen Skyds, in Schweden Skjuts, was übrigens in beiden Fällen „Schüß" oder „Shüss" ausgesprochen wird. Die Wagen, welche man, namentlich in den mehr entlegenen Theilen des Landes, erhält, sind, wie in Finnland, noch sehr ursprünglicher Natur und bestehen aus einem zweirädigen, auf der Achse befestigten hölzernen Kasten, auf dem ein hölzernes Sitzbrett befestigt wird. Der Kutscher („Gut" oder „Kjerven") steht hinten drauf. In den meisten Fällen muß man übrigens selbst kutschiren, da man nur ein Kind mitbekommt, um das Fuhrwerk von der nächsten Station zurückzubringen. Uebrigens hat sich stellenweise diese sogenannte Stuhlkarre (Stolkjærre) bereits so vervollkommnet, daß der Kasten in Federn hängt, und dann kein gar so übles Fuhrwerk ist. Jedenfalls ist sie dem „Kariol" vorzuziehen, in welchem nur eine Person reisen kann, und das nur aus einem Sitz über der Achse besteht. Die Füße ruhen in festen Steigbügeln, unter den Beinen wird das Kleingepäck weggestaut, und hinten der Koffer aufgeschnallt, auf welchem der Kutscher sitzt. Auf den großen Reiserouten giebt es jetzt auch schon ordentliche Reisewagen für größere Gesellschaften. Auffallend ist, daß wie in Rußland noch mit vier Zügeln, man so in Schweden und Norwegen noch mit drei Deichseln fährt, wenn man zwei Pferde vor'm Wagen hat.

In Folge ihrer ausgedehnten Küsten spielt in Schweden und Norwegen, namentlich in Norwegen, der F i s ch f a n g eine große Rolle, der noch dadurch begünstigt wird, daß westlich von den Lofoten=Inseln eine große Bank im Meere liegt, über welcher das Wasser nur eine Tiefe von 150 bis 1000 Fuß hat, und welche den Laichplatz des D o r s ch e s (Kabeljau) bildet. Zum Fange dieses Fisches versammeln sich alljährlich an 6000 Schiffe mit einer Bemannung von 25,000 Mann, und der Ertrag dieser Fischerei, der als Stockfisch, Klippfisch und Laberdan in den Handel kommt, beläuft sich mit den Abfällen (Leberthran, Fischguano, Rogen) auf sechs bis sieben Millionen Dollars im Jahre. Der Dorsch ernährt fast ein Zwanzigstel der Bevölkerung Norwegens. Auch ist der H ä r i n g s f a n g eine bedeutende Erwerbsquelle, und ist in Bezug hierauf eine merkwürdige Thatsache der Erwähnung werth. Von dem eben nördlich vom 62. Breitengrad gelegenen Vorgebirge Statt bis zum Meerbusen von Drontheim wechseln seit mehr als einem Jahrhundert Dorsch und Häring mit einander ab. Ein wenig nördlich von Stavanger waren ehemals sehr reiche Häringsgründe. Seit Mitte vorigen Jahrhunderts stellte sich dort der Dorsch ein, und vertrieb nach und nach den Häring gänzlich, so daß er von 1784 bis 1808 gänzlich fehlte. Dann begann der Häring sich das Gebiet zurückzuerobern, und der Dorsch verschwand bis 1869, seit welcher Zeit er wieder der Alleinherrscher geworden. Auch der Walfischfang, Hummerfang, Lachsfang und Robbenfang ist bedeutend.

Natürlich wird dieser Fang auf hoher See nach den Regeln der Wissenschaft und Erfahrung betrieben. Im Innern wird der Fischfang oft noch, wie es auch in Finnland der Fall, nach höchst ergötzlicher Methode betrieben. So pflegt man stellenweise Gänse, an deren Füße Angelschnüre gebunden sind, in's Wasser zu jagen, die dann nach einiger Zeit, wenn sie ihre Waschungen vollendet haben, mit den Fischen, die angebissen haben, an's Land wandern; sicher eine bequeme Art von Fischfang. Aehnlich wird auch zuweilen die Entenjagd betrieben. Die vielen Schären an den Küsten wimmeln von Enten. Dort wirft man große Kürbisse in's Wasser, für welche die Enten große Liebhaberei zeigen. Später geht dann ein Mann, mit einem großen Kürbiß über den Kopf gestülpt, in's Wasser, und packt die zu dem Köter heranschwimmenden Enten einfach bei den Beinen.

Von den mancherlei Eigenthümlichkeiten, die mir in Schweden und Norwegen aufgestoßen sind, und deren es ja in jedem Lande giebt, seien hier besonders zwei erwähnt. Wo immer ich hinkam, fand ich, daß der Barbier zugleich Schuhmacher sei, und es ist mir bis jetzt noch nicht gelungen, eine Erklärung für die Verwandtschaft dieser beiden Gewerke zu finden. Und zweitens herrscht überall die merkwürdige Sitte, daß ein Mann, einerlei ob in einem Wirthshaus, einer Restauration oder auf einem Dampfschiff, für eine Mahlzeit mehr bezahlen muß, wie eine Frau. Kostet sie (Ersterem z. B. eine Krone, so hat die Frau höchstens ¾ zu zahlen. Und Frauen haben doch oft einen recht gesegneten Appetit.

Auffallend war mir in den größeren Orten an den Schildern der Kaufläden so viele deutsche Namen zu sehen. Auch hörte ich, daß die Werkführer und Direktoren in den größeren technischen Fabriken, Glasbläsereien, Bergwerken rc. fast durchweg Deutsche seien, — für mich ein Beweis, daß, wo gediegene wissenschaftliche Bildung zur Ausübung eines Geschäftszweiges nothwendig ist, doch keine Nation so hoch steht, wie die deutsche.

Ich habe diese allgemeinen Eindrücke hier vorangeschickt, um mich im nächsten Briefe ungehindert der Beschreibung der herrlichen landschaftlichen Schönheiten und der sonstigen Sehenswürdigkeiten der skandinavischen Halbinsel widmen zu können. Denn gerade die landschaftlichen Schönheiten derselben erwecken ja in neuerer Zeit und verdienen so sehr das Interesse der Touristenwelt. Und in der That giebt es auch schwerlich Länder, die sich in dieser Hinsicht mit S ch w e d e n vergleichen können, mit seinen freundlichen Birken= und dunklen Tannenwaldungen, seinen blauen Seen, eilenden Flüssen, brausenden Wasserfällen und hellen Sommernächten, und Norwegen mit seinen schroff in's Meer hinausragenden, mit ewigem Schnee bedeckten Klippen, seinen stimmungsvollen Fjorden, seinen waldbewachsenen Fjelden und seinem sich aus der kalten Umarmung des Eismeers hünengleich erhebenden, vom fahlen Licht der Mitternachtssonne beleuchteten Nordkap.

X.

Von Stockholm nach Drontheim.

Mit der Feder ein Bild von der eigenthümlichen Schönheit von Schwedens Hauptstadt — Stockholm — zu geben, ist schwer. Man hat es mit Venedig, mit Genf, mit Constantinopel verglichen, und soweit die beiden erstgenannten Städte in Betracht kommen — die dritte habe ich noch nicht kennen gelernt — mit vielem Recht. Denn mit Venedig hat es den lebhaften Wasserverkehr gemein, nur daß dieser hier statt durch Gondeln, durch kleine flinke Schraubendampfer vermittelt wird, mit Genf die stattlichen steinernen Kais und Brücken, und das an die dortige Rousseau-Insel erinnernde Strömparterren. Jedenfalls hat es eine wunderschöne Lage. Theils auf Inseln, theils auf dem Festlande und auf hohen Felsen da erbaut, wo der inselreiche Mälarsee sein klares, süßes Wasser mit den salzigen Gewässern der Ostsee mischt, blickt man selbst mitten in der Stadt auf weite herrliche Wasserpartien mit angenehm abwechselnden Ufern, und wenn man die Stadt verläßt, so wechseln in der nächsten Umgebung Felsen und Urgestein, bald kahl, bald mit Laub und Nadelwald bewachsen, mit üppigen Feldern, fruchtbaren Aeckern, saftigen Wiesen, murmelnden Bächen, klaren Landseen und grünen Wäldern in schönster und anmuthigster Weise miteinander ab. Die Einfahrt von der Ostsee her, entlang den malerischen Küste und zwischen unzähligen Inseln hindurch, giebt bereits einen Vorgeschmack der landschaftlichen Herrlichkeiten, welche den Reisenden in Stockholm und seiner näheren Umgebung erwarten.

Stockholm — im Jahre 1255 durch Birger Jarl angelegt, der dadurch den häufigen verheerenden Einfällen fremder Völker in den Mälarsee ein Ziel setzen wollte, und darin auch erfolgreich war, zählt heute über 200,000 Einwohner. Es war nicht immer so groß, sondern hat erst in neuerer Zeit einen mächtigen Anlauf genommen. Ueberschritt es doch erst in der zweiten Hälfte der fünfziger Jahre das erste Hunderttausend, das zu erlangen es sechs Jahrhunderte gebraucht hatte. Es zerfällt in die eigentliche und ursprüngliche Stadt, auf einer in Mittelpunkte des Ganzen belegenen größeren und zwei mit ihr durch Brücken verbundenen kleineren Inseln, Riddarholm und Helgeandsholm, die nördlichen Vorstädte Norrmalm, Ostermalm und Kungsholm, und die südliche Vorstadt Södermalm mit den beiden Mälar-Inseln Langholm und Reimersholm. („Holm" bedeutet Insel). Diese verschiedenen Stadttheile sind durch Brücken miteinander verbunden; doch geht der Hauptverkehr durch die eigentliche Stadt und über die Schleusenbrücke und die Norrbro und die im Jahre 1878 dem Verkehr übergebene neue Wasa-Brücke.

Die Norrbro (Nordbrücke) — eine 380 Fuß lange, 63 Fuß breite, auf sieben Bogen ruhende Granitbrücke — ist der Platz, wo der Fremde den vollsten Eindruck von Stockholm's wunderbarer Lage und seinem Verkehrsleben zu Wasser und zu Lande erlangt. Sie verbindet die Altstadt und die Nordstadt und bezeichnet die Stelle, an welcher sich die Fluthen des Mälarsees mit denen der Ostsee mischen. Sie führt über den Helgeandsholm fort und ist auf diesem an ihrer Westseite mit Läden besetzt, während sich an der Ostseite des Strömparterren ein herrlicher Kai mit Kaffeegarten und Restauration befindet, zu welchem zwei schöne Treppen hinabführen.

Von dieser Brücke aus genießt man nicht nur den vollen Anblick der ringsum sich erhebenden Stadt, sondern auch herrliche Durchblicke in den Mälarsee und die Ostsee-Einfahrt hinein. Gerade südlich von ihr erhebt sich auf einer Felskuppe das im italienischen Renaissance-Styl erbaute königliche Schloß, ein mächtiger Bau von ungefähr 400 Fuß im Quadrat, zu dem von der Brücke aus eine stattliche, nach den beiden darauf befindlichen Löwen aus Bronze „Lejonbacken" genannte Rampe hinaufführt, und welches in seinem Innern außer den königlichen Privatgemächern, die wir wegen Anwesenheit der königlichen Familie nicht zu sehen bekamen, einige sehr schöne Säle enthält, so die früher von Karl XIV. Johann bewohnten Prachtsäle, den waffengeschmückten Leibtrabantensaal, den Concertsaal, das Audienzzimmer, den rothen Salon und die 160 Fuß lange große Gallerie.

Nördlich mündet die Norrbro auf das 1796 aufgestellte Reiterstandbild Gustav Adolfs, dessen Sockel mit den Bronze-Medaillons der großen schwedischen Feldherren Torstenson, Wrangel, Banér und Königsmarck geschmückt ist.

Obgleich das heutige Stockholm zu drei Viertel das Werk dieses Jahrhunderts, und zur Hälfte das der letzten dreißig Jahre ist, enthält es neben seiner herrlichen Lage, welche freilich die Hauptsache bleibt, doch manche Sehenswürdigkeiten. Dahin gehört die Riddarholms-Kyrka (Ritter-Insel-Kirche), weil sie, ehemals eine Franciskanerkirche, seit vielen Jahrhunderten den schwedischen Herrschern und hervorragenden Männern als Grabstätte dient. Dort befindet sich die Gruft Gustav Adolfs, seinem eigenen Auftrage gemäß erbaut; seine Gebeine ruhen in einem Sarkophag aus grünem italienischen Marmor, umgeben von deutschen, russischen und anderen von ihm erbeuteten Standarten. Dort befinden sich auch die Grabgewölbe aller seitdem verstorbenen schwedischen Könige, Königinnen und Prinzen, und die der um Schweden hochverdienten Familien Lewenhaupt, Wachtmeister, von Fersen, Wasaborg, Banér. Auch äußerlich ist die Kirche, deren alter gothischer Bau durch Ueberladung mit Renaissance-Zuthaten etwas an Eindruck eingebüßt hat, ein Merkmal Stockholm's durch ihren weithin sichtbaren 300 Fuß hohen durchbrochenen gußeisernen Thurm.

Sehr sehenswerth ist auch das erst 1873 gegründete Nordische Museum, welches eine sehr reichhaltige Sammlung von schwedischen und norwegischen Trachten, von Haus- und Feldgeräth, Waffen ꝛc. aus den verschiedenen Landestheilen und aus verschiedenen Zeitaltern enthält, und einen höchst belehrenden Einblick in das Leben der beiden Länder und Finnlands gewährt. Es stellt sich der Deschkow'schen ethnographischen Sammlung in Moskau würdig zur Seite. Auch das auf der Südspitze von Blasiholmen errichtete National-Museum, in dessen Vorhalle die auf dem Gebiete der Wissenschaft und Künste berühmtesten Schweden, die Bildhauer Vogelberg und Sergel, der Maler Ehrenstrahl, der Botaniker Linné, die Dichter Tegnér und Wallin, der Chemiker Berzelius und der Baumeister Tessin — in Medaillon-Porträts oder Standbildern verewigt sind, und das eine äußerst reichhaltige Sammlung von auf schwedischem Boden gefundenen Alterthümern aller Art — von Waffen, Schmuckgegenständen, Geräthen ꝛc. aus der Steinzeit, Bronzezeit, Eisenzeit durch das Mittelalter hindurch bis zur neuesten Zeit, und daneben kostbare Sammlungen von irdenen Gefäßen, Majoliken und Porzellan, von kunstvollen und herrlich geschnitzten Möbeln, von Schmuck- und Kunstgegenständen aus Gold, Silber, Bronze und Messing und von Gemälden enthält — muß jedem einigermaßen gebildeten Reisenden ein hohes Interesse abgewinnen. Namentlich in Bezug auf den ersten Theil können sich wenige Museen an Vollständigkeit und vorzüglicher Anordnung mit ihm messen.

Auf einem kleinen Platze vor diesem Museum zieht eine Bronzegruppe, zwei Messerkämpfer darstellend, die Aufmerksamkeit auf sich. Ein altnordischer Zweikampf auf Leben und Tod ist darin abgebildet, bei dem der Sitte gemäß die Kämpfenden sich mittelst eines Gürtels zusammenschnallen ließen, und sich durch kurze Messer zu verwunden suchen, bis einer von ihnen oder sie beide genug hatten. In epischer Weise schildern am Sockel vier Reliefs mit der Edda entnommenen Runen-Inschriften, den Anlaß und Ausgang des Streites. In der Uebersetzung lauten sie:
1. Der Trunk: Nicht so gut ist, wie gut sie sagen, Bier für der Menschen Söhne;

denn immer weniger weiß, je mehr er trinkt, in seinem Sinne der Mann. 2. Die Eifersucht: Thoren aus Klugen macht sie der Menschen Söhne, die mächtige Liebe. 3. Des Kampfes Anfang: Zogen sie aus der Scheide das Scheideeisen, des Schwertes Schärfe, zum Behagen für die bösen Geister. 4. Die Klage der Wittwe: Einsam bin ich worden, wie die Espe im Hain, ledig von Verwandten, wie die Föhre von Zweigen.

Nicht minder interessant, wie das National-Museum, ist auch für den Nicht-Fachmann im Gebäude der königlichen Akademie der Wissenschaften das Naturhistorische Museum, das anerkanntermaßen eine der vorzüglichsten Sammlungen ausgestopfter Thiere mit selbstverständlich besonderer Berücksichtigung der im Norden vorkommenden Arten enthält.

Nicht weit von dem National-Museum gelangt man über eine eiserne Brücke nach der Skeppsinsel, auf der eine hübsche Artilleriekaserne, und an der sich eine Station der schwedischen Kriegsflotte befindet, dessen Hauptarsenale indessen nicht hier, sondern in Karlskrona sind.

Vor allen europäischen Städten, welche ich kennen gelernt, voraus hat Stockholm einen Elevator, dort „Hissen" genannt, als öffentliches Verkehrsmittel. Die malerische Südstadt Södermalm erhebt sich nämlich hinter einem schmalen Vorlande steil zu einer sehr bedeutenden Höhe, wenn ich nicht irre, 300 Fuß, und es war keinem Menschen zuzumuthen, sich da oben anzusiedeln, so lange er diese Höhe zu Fuß erklimmen mußte. Denn der Fahrweg hinauf ist natürlich weit und Fuhrwerk kostet auch in Schweden viel Geld. Jetzt fährt man mit dem Hissen für 2 Cents nach oben und für wenig mehr als 1 Cent nach unten, und seit der Errichtung dieses Aufzuges erst ist die Södermalm ein nennenswerther Stadttheil geworden mit schönen Straßen, Villen, Theatern und Vergnügungsgärten. Unter letzteren der hervorragendste ist die Mosebacke, mit Variete-Theater und einer Terasse, von der aus man die herrliche Aussicht über Stockholm und Umgegend genießt. Eine hier oben zugebrachte schwedische Sommernacht gehört zu den Erlebnissen, welche unauslöschlich sind.

Wohl weil der Sommer in Stockholm nothwendiger Weise kurz ist, wird er von der Bevölkerung in bestmöglicher Weise ausgenützt. Auch hier gehen die reichen und vornehmen Leute, obwohl es nirgends schöner sein kann, auf's Land und der verbleibende Theil der Bevölkerung geht in's Freie. Und selbst in Petersburg habe ich nicht, namentlich Abends, ein so reges Leben auf den Straßen und auf dem Wasser, und so viele und volle Vergnügungslokale gesehen, wie hier. Auch hält man draußen bei einer Temperatur aus, die uns für den Aufenthalt im Freien schier unmöglich dünken würde. Allerdings wissen sich die Stockholmer gegen die Kälte zu schützen. Als wir das „Tivoli" besuchten, wurde es am Abend so kalt, daß nicht nur alle anwesenden Herren den Ueberzieher und die Damen die Pelzjacken anzogen, sondern ich sah auch, wie sie sich in große grobe Decken hüllten, die mit Pferdedecken große Aehnlichkeit hatten. Als ich mich beim Kellner danach erkundigte, was das bedeute, sagte er mir, solche Decken halte solches Sommerlokal für kalte Abende zum Vermiethen vorräthig, und es währte nicht lang, so saßen meine Frau und ich auch in solche Decken gehüllt da. Ein Fingerzeig für die Herren De Berge, Fischer und sonstige Besitzer von Chicagoer Sommerlokalen.

Das „Tivoli", ein schöner Vergnügungsgarten mit Theater und Abend-Concerten, liegt nebst dem vornehmsten Vergnügungslokal, dem „Hasselbacken," auf dem Djurgården (Thiergarten), einer westlich von der Hauptinsel liegenden, zwei englische Meilen langen Insel, deren größter Theil von einem herrlichen Park mit prächtigen Eichen, frischen Wiesen und grotesken Felspartien eingenommen wird, der Central-Park Stockholm's. In demselben steht eine Bronzebüste des volksthümlichsten der Dichter Schwedens, Karl Michael Bellmann. Von einem in der Nähe des Hasselbacken befindlichen über 100 Fuß hohen Thurm, dessen Plattform 250 Fuß über dem Meeresspiegel liegt, erhält man eine wundervolle Aussicht über ganz Stockholm und Umgebung.

Zu den mancherlei dem Fremden sich aufdrängenden Eigenthümlichkeiten Stockholm's sind die außerordentlich zahlreichen und eleganten Badehäuser zu zählen, und nicht genug wundern kann man sich, daß in einem Lande, in welchem im Hochsommer das Thermometer selten bei Tage über 70 Grad Fahrenheit steigt, während es Abends oft bis zu 40 Grad fällt, ein solches Bade-Bedürfniß herrscht. Allerdings findet man hier nicht, wie in Amerika, in allen Privathäusern und Hotels Badestuben und als Ersatz dafür dienen die Badehäuser, deren es unzählige, bis zu vier und fünf Stockwerken hohe, aus Granit oder anderem Stein erbaute und mit wahrhaft orientalischer Pracht eingerichtete giebt. Man kann darin auf russische, türkische oder gewöhnliche Weise baden und einige enthalten Schwimmbassins bis zu 70 Fuß Länge und 30 Fuß Breite, und Sprungbretter von 40 Fuß Höhe. Mit jedem der Badehäuser sind eine treffliche Restauration, Lesezimmer und Spielzimmer verbunden, und — die Leserin erschrecke nicht — die Badedienerschaft in allen ist weiblich. Mädchen oder Frauen reiben und kneten auch die Männer im Bade ab. Das geschieht indessen mit einem solchen Anstand, mit einer solchen Selbstverständlichkeit, daß der Sittlichkeit dadurch auch nicht um ein Haar Abbruch gethan wird — ist Stockholm überhaupt ja wohl von allen europäischen Residenzstädten die, deren sittlicher Ruf am höchsten steht.

Als einen interessanten Zwischenfall möchte ich erwähnen, daß unser Führer in Stockholm ein früherer Chicagoer, der zurückgewanderte ehemalige Briefträger Jahn war.

Was die Gondeln für Venedig, das sind für Stockholm die kleinen Schraubendampfer, von denen man oft nur für ½ Cent übergesetzt werden oder auf denen man weitere Touren zu Wasser machen kann. Früher lag auch das Fährgeschäft ganz in den Händen von Frauen, meist Dalekarlierinnen, aber der Dampf hat sie verdrängt.

Noch einer großen Eigenthümlichkeit Stockholm's ist zu erwähnen, und das ist sein natürlicher großer Barometer. Wie schon gesagt, liegt Stockholm an dem Austritt des Mälarsee's in die Ostsee, und seine Schönheit wird durch diesen prächtigen See mit seinen wunderherrlichen Umgebungen in hohem Grade bedingt. Aber es verdankt ihm auch noch eine wunderbare Naturerscheinung.

Bei heiterem, klarem, trockenem Wetter strömt nämlich das Wasser des See's in die Ostsee ab. Steht aber ein Umschlag der Witterung bevor, naht Wind und Regen, so strömt umgekehrt die Wassermasse mit mehr oder minder großem Ungestüm, je nach dem Grade des zu erwartenden Unwetters, in den See hinein. Diese Erscheinung ist ganz regelmäßig und dient der Umgebung als vollkommen sicher gehender Barometer. Sie hängt weder mit Ebbe und Fluth noch mit der Windrichtung zusammen. Die Ebbe und Fluth ist hier kaum merklich und je heftiger z. B. der Westwind bläst, je stärker strömt das Meer vom Osten nach Westen in den See hinein. Diese merkwürdige Erscheinung beruht auf die Verschiedenheit des Luftdrucks. Bei ruhigem schönem Wetter drückt die Luft das Meeresniveau herab, das Wasser des Mälarsee's muß also in das tiefer stehende Meer strömen, nicht nur wegen des ungleichen Meeresspiegels, sondern auch, weil das Wasser des See's nicht anders entweichen kann, als durch den engen Kanal. Bei stürmischem Wetter hört der hohe Luftdruck auf, das Meer steigt und giebt nun wieder Wasser durch den Kanal an den Mälarsee ab. Diese Erscheinung nennt man in Stockholm den einzig richtigen Barometer, und zwar den Großen.

Unsere Zeit gestattete uns leider nicht, das nördliche Schweden kennen zu lernen, welches ja bekanntermaßen auch große Naturschönheiten und Sehenswürdigkeiten enthält. Da wir uns vorgenommen, die nördlichste Spitze Europa's zu besuchen, und das sich — außer mit Darangabe aller Bequemlichkeiten und der Zeit von Monaten — nur auf dem Wasserwege der Westküste entlang bewerkstelligen läßt, so fuhren wir nach einem höchst genußreichen 2½tägigen Aufenthalt in Stockholm und Umgegend nach Nyköping und von dort nach dem am östlichen Ausgange des berühmten Göta-Kanals belegenen Söderköping, um auf diesem Kanal Schweden zu durchqueren, und dann über Christiania und Drontheim unser Ziel zu erreichen.

Der Göta-Kanal verbindet bekanntlich die Ost- und Westküste Schwedens mit einander, und zwar vermittelst der beiden großen südschwedischen Seen, dem Wener- und dem Wetter- und dem kleineren Roren-See. Er ist hauptsächlich das Werk eines Deutschen, des Freiherrn Balthasar Bogislaus von Platen, und wurde im Jahre 1832 vollendet. Die Fahrt ist namentlich, wo sie durch die Seen hindurchgeht, von großer Schönheit, und stellenweise, wo große Terrainschwierigkeiten zu überwinden waren, höchst interessant; und für den Rest der 2¼tägigen Reise sorgte die große außerordentliche Liebenswürdigkeit unseres Capitäns, der mehrerer Sprachen mächtig war, und eine sehr angenehme, höchst cosmopolitische Reise-Gesellschaft dafür, daß uns diese Tage zu den schönsten Erinnerungen unserer neunzig Tage in Europa gehören. Da der Canal schmal und nicht tief ist, so sind auch die Dampfer nur klein. Aber trotzdem ist auf ihnen jede Bequemlichkeit zu finden, die Schlafkajüten sind bequem und groß genug, und die Verpflegung war vortrefflich.

Der eigentliche Canal hat an vielen Stellen Aehnlichkeit mit den holländischen Canälen. Das Land herum ist niedrig und gut bestellt; nur fehlen die fetten Marschwiesen und malerischen Windmühlen, die man am Nord-Canal in Holland sieht. Eine der schönsten und interessantesten Strecken ist die von Berg am Roxen nach Motala am Wettersee, namentlich die letzte Strecke von Borensfluß bis Motala, denn dort steigt der Canal auf einer in einer Stunde zu Fuß bequem zurückzulegenden Strecke und mittelst fünf Schleusen 90 Fuß, und die Stadt Motala selbst ist interessant als das Taunton von Schweden, denn dort befinden sich die größten Locomotiv- und Eisenfabriken des Landes. Im Ganzen hat der Canal von Mem am östlichen Ende bis zu einem Höhepunkt, dem kleinen, mitten zwischen dem Wetter- und dem Wenernsee gelegenen See Wiken eine Steigung von 310 Fuß zu überwinden, was durch 38 Schleusen bewerkstelligt wird, während er auf der andern Seite durch 19 Schleusen nach dem Skagerak abfällt.

Sehr schön ist auch die Fahrt über den wunderbaren Wettersee, dem man noch bei 100 Fuß Tiefe deutlich bis auf den Grund sehen kann, und der zum größten Theile von 600 bis 700 Fuß hohen Bergen eingeschlossen ist. Freilich soll er wegen der plötzlich sich auf ihm erhebenden Stürme ein zu Zeiten sehr gefährliches Fahrwasser sein.

Der Wenern-See ist der Michigan-See Skandinaviens. Denn er ist umgeben von den waldreichsten Bezirken des Landes, und eine Menge Ströme führen ihm weit aus den Gebirgen her Holz zu, das über ihn hinweg zu großen Flößen vereinigt, oder gesägt und in Schiffe verladen auf dem Götaelf Göteborg und dem Meere zu schwimmt.

In Trollhättan stiegen wir aus, um dasselbe mit seiner großen Wasserkraft zu besuchen. Denn dort stürzt der Götaelf — das Wasser des Wenernsees — sich auf einer Strecke von nahezu einer englischen Meile etwa 110 Fuß hinab. Die Trollhättan-Fälle haben, da kein einzelner hoch ist oder über eine senkrechte Felswand stürzt, große Aehnlichkeit mit den Imatra-Fällen, nur daß letztere doch einen noch viel gewaltigeren Eindruck hervorrufen. Indessen ist auch die den Trollhättan hinabschießende Wassermenge bedeutend. Sie wird auf 225,000 Pferdekraft geschätzt, von denen ein Theil zum Betrieb gewaltiger Sägemühlen und anderer gewerblicher Etablissements benützt wird. Von den vielen kleineren Fällen, in welche die Schnellen zerfallen, ist der höchste und schönste der 40 Fuß hohe Toppöfall. Der Ort Trollhättan bietet nichts Bemerkenswerthes. Es ist ein kleines Städtchen von nur 3000 Einwohnern. Interessant sind die zur Umgebung der Fälle angelegten Schleusen und Canäle, welche den Schiffen den ungehinderten Verkehr mit dem Wenernsee gestatten.

In Trollhättan bestiegen wir die Bahn nach Christiania. Sie führt bis Mellerud an der Westseite des Wenernsee's entlang, beugt sich dann westlich, berührt die 10,000 Einwohner zählende Stadt Frederikshald, das den Mittelpunkt für den Holzhandel des östlichen Norwegens und der angrenzenden Theile Schwedens bildet, und von der 370 Fuß hoch liegenden Festung Frederiksten überragt wird —, erreicht das Meer bei Frederikstad, mit seinen vielen "sash and door"-Fabriken ein norwegisches Saginaw, am Ausfluß des Glommen in die Bucht von Christiania gelegen, und geht dann dem Ostufer dieser tief einschneidenden und höchst malerischen Bucht entlang, bis Norwegens Hauptstadt erreicht ist. Die sieben Stunden während Fahrt gewährt fortwährend die herrlichsten Aussichten, und sie erinnerte mich lebhaft an die schöne Gegend von Eau Claire in Wisconsin, denn dort wie hier sieht man neben schöner Gegend, wo man hinblickt, mächtige Flöße und zahlreiche Sägemühlen, welche das Holz verarbeiten. Auch sieht man auf dieser Strecke vielfach die sogenannten Lachstreppen, — über die zahlreichen Fälle gelegte Hölzer, um den Lachsen das Ueberspringen der Fälle zu erleichtern.

Die Einfahrt in Christiania ist eine wundervolle und für uns war sie doppelt interessant, denn wir genossen hier — es war am ersten Juni — zum ersten Mal eine nordische Nacht so recht aus dem Vollen. Es war nach 10 Uhr, als der Zug die letzte Strecke, dicht dem herrlichen Ufer der Bucht entlang, zurücklegte, und noch stand die Sonne hoch genug, um den Fjord mit seinen zahllosen Schiffen, Böten und Segeln, die Stadt mit ihren Thürmen und Fenstern und die Spitzen der umliegenden Berge in einen röthlich=goldenen Schimmer zu tauchen, der an erhabener Schönheit keinem Alpenglühen weicht. Wie eine Fahrt von Neapel nach Sorrento muthete es mich an, so klar war der Himmel, so blau und von unvergleichlichem Schimmer verklärt die Meeresfluth.

Außer seiner herrlichen Lage enthält Christiania für den Reisenden im Ganzen wenig Bemerkenswerthes. Diese aber bieten vollen Ersatz für alles Andere. Den prächtigen Ausblick, den man von der Höhe St. Hanshaugen und seinem Thurme auf die Stadt und Umgebung genießt, läßt sich wenig anderen an die Seite stellen, und landschaftlich entzückende Ausflüge lassen sich nach allen Richtungen hin, so nach den Inseln Ormö und Malmö, nach Bygdö mit dem königlichen Lustschloß Oscarshall, nach Snarö, Ostö, Näsö und anderen Oe's machen, und namentlich befriedigend ist ein Ausflug zum hochgelegenen Frognersäter hinauf, von dem aus ein umfassender Ueberblick über die ganze Gegend sich darbietet — über den Fjord mit seinen grünen, villenbesäeten Ufern, über die Stadt und die sie umgebenden Gärten, das Ganze von waldigen Bergen wie mit einem dunkeln Rahmen umschlossen. Dieses Bild, umflossen vom Zauberscheine der nordischen Abendsonne genossen, muß einem Jeden ein unvergeßlicher Anblick bleiben. Um Mitternacht kehrten wir von diesem Ausfluge in der hellen Nacht zurück, und konnten, im Hotel angelangt, noch ohne Licht die für uns eingetroffenen Briefe lesen.

Indessen ganz ohne Sehenswürdigkeiten ist auch Christiania nicht, welches — nebenbei bemerkt — das schnelle Wachsthum Stockholm's theilt, und es von 32,000 Einwohnern im Jahre 1855 auf 124,000 nach der neuesten Zählung gebracht, seine Bevölkerung in dreißig Jahren also fast vervierfacht hat, und das gleichfalls, nebenbei bemerkt, älter ist, als Stockholm, denn schon 1050 wurde an derselben Stelle die Stadt Oslo gegründet. Die Hauptsehenswürdigkeit Christiania's ist seine Volksküche, die „Dampfjökken", welche ähnlich wie die Berliner Volksküchen geleitet wird, nur daß sie nicht in Händen von Privatverbänden ist, sondern der Stadt gehört. Sie versorgt durchschnittlich täglich 2000 Personen mit Essen, welche dasselbe entweder abholen, oder an Ort und Stelle an großen, mit Marmorplatten bedeckten Tischen, verzehren. Die Mahlzeit kostet 9 oder 13 Cts., besteht aus Brod, Fleisch, Kartoffeln und einem Gemüse und ist vortrefflich zubereitet, wie mich eigenes Kosten überzeugte. Und die Stadt soll trotz des niedrigen Preises Geld dabei verdienen.

Natürlich statteten wir den hervorragenden Gebäuden Christiania's einen Besuch ab, dem Storthings=Bygning (Reichstags=Gebäude), der Universität mit ihrer großen, 250,000 Bände enthaltenden Bibliothek und zahlreichen wissenschaftlichen Sammlungen, und den hinter der Universität in einem Holzbau untergebrachten, angeblich aus dem 9. Jahrhundert stammenden Wikinger=Schiffen. Das eine derselben wurde erst vor sechs Jahren bei Gogstad am Sandefjord ausgegraben. Es ist 76 Fuß lang und 16 Fuß breit und hat das Steuer an der Seite. Erwähnung verdient das Schankwirthschaftswesen Christiania's. Hier muß ein Jeder, der eine Schankwirthschaft betreiben will, sich das Recht dazu mit einer einmaligen Zahlung von $1500 erkaufen. Außerdem hat er eine Verkaufssteuer zu entrichten, die sich bei den 17 Branntweinhandlungen der Stadt auf durchschnittlich $200, bei den etwa 200 Wein= und Bierschänken auf $60 jährlich stellt. Am Sonntag darf hier keine Schankwirthschaft vor 5 Uhr Nachmittags ihre Thüren öffnen, und zu keiner Stunde des Sonntags darf ein Umzug stattfinden oder Musik gemacht werden. Ueberhaupt habe ich auf meinen Reisen außerhalb Amerika's nirgends bemerkt, daß die Schänken schon am Sonntag Morgen offen sind, oder daß während der Gottesdienst=Zeit eine Störung auf der Straße oder im Hause geduldet wurde, und es frägt sich, ob es nicht auch für Chicago angebracht wäre, wenn wenigstens während des Sonntag-Vormittag, die Leute, welche in Ruhe dem Gottesdienst beiwohnen wollen, daran nicht durch lärmende Straßen-Umzüge verhindert würden.

Noch eine Merkwürdigkeit sei erwähnt. Christiania ist zweifelsohne die einzige Stadt der Welt, in welcher der Gottesdienst in der einzigen dort befindlichen katholischen Kirche nicht in der Landessprache gehalten wird. Bekanntlich bekennen sich die Bewohner von Christiania, wie die von ganz Norwegen nahezu ausschließlich zur lutherischen Kirche; aber es giebt eine katholische Kirche in Christiania, doch der Gottesdienst darin ist deutsch, und die in Christiania wohnenden irischen, französischen ꝛc. Katholiken müssen, wenn sie überhaupt die Kirche besuchen wollen, diesem Gottesdienst in einer ihnen völlig fremden Sprache beiwohnen.

Kein Reisender verläßt Christiania, ohne die Bemerkung zu machen, daß er nirgends so ausgezeichnete Meereskost genossen hat, als hier. Nirgendwo anders findet man so vorzüglich schmeckende Fische, namentlich Lachsforellen, Lachse und Dorsche, so treffliche Austern, und so prachtvolle Hummern, wie hier. Von letzteren werden jährlich, in eigens dazu gebauten Schiffen, zwei Millionen Stück nach England geschickt, und merkwürdiger Weise kommen dieselben in je besserem Zustande dort an, je stürmischer die Reise war.

Von Christiania aus unternahmen wir mehrere hübsche längere Ausflüge in die Umgegend. Zu den interessantesten zählte der nach dem beim Schlosse Oscarshall gelegenen „Hovestue", einem ganz im ursprünglichen Style aufgebauten, und mit der ganzen alten Einrichtung an Möbeln, Geschirr, Waffen und Wappen versehenen Bauernhaus aus Hove in Thelemarken; und ferner ein anderer viertägiger, per Wagen, Schiff und Eisenbahn durch eine der lieblichsten Gegenden Norwegens. Zuerst per Wagen, anfangs am Fjord entlang, dann über hohe Berge und durch tiefe, waldige Thäler nach dem acht Stunden entfernten Hönefos, einem kleinen Städtchen von 1000 Einwohnern, wo wir um die helle Mitternacht eintrafen, von dort mit der Eisenbahn nach dem Randsfjord, einem sehr langgestreckten, 44 englischen Meilen langen schmalen Binnensee, ihm entlang mit dem Dampfer nach Odnæs, von dort über Land mit dem Stuß nach Gjövik am Mjösensee, an dem die große Tiefe (1500 Fuß) bemerkenswerth ist, so daß sein Boden fast 1100 Fuß unter Meeresoberfläche liegt, auf diesem per Dampfer südlich bis Eidsvold, und von dort zurück nach Christiania. Nur wenige Gegenden können sich an theils lieblicher, theils wilder Naturschönheit mit der von uns hier durchreisten messen, doch herrschen die lieblichen Gegenden vor, und namentlich stieß man überall auf die deutlichsten Beweise des Fleißes und der Thatkraft des norwegischen Bauernstandes.

Von Christiania fuhren wir, um rechtzeitig den Dampfer nach dem Nordkap zu erwischen, — von einer Reise um die ganze Westküste herum wurde uns abgerathen — direkt nach Drontheim. Die Fahrt währt 20 Stunden, und bietet dem Reisenden mit wenig Ausnahmen nichts von besonderem Interesse. Denn die schönste Gegend kann die Aufmerksamkeit nicht lange fesseln, wenn sie nicht fortwährend auffallende Abwechslung bietet. Zudem hält sich die Bahn ziemlich auf der Höhe, und das einzig Auffallende ist die Abnahme des Baumwuchses und das allmählige stärkere Hervortreten der Moose. Das ändert sich aber mit einem Schlage, wo die Bahn in der Nähe von Drontheim wieder an die Küste herantritt. Denn dort macht sich der Einfluß des Golfstromes wieder bemerkbar, und die Vegetation unterscheidet sich in Nichts von der des südlichen Norwegens.

Drontheim, eine der ältesten Städte, und die Wiege Norwegens, denn hier wurden im Mittelalter und bis in die Neuzeit hinein die Könige Norwegens gewählt und gekrönt, liegt an einem womöglich noch schöneren Fjord, wie Christiania, ist ein lebhafter Handelsplatz und macht durch seine — aus Furcht vor Feuersgefahr, wodurch es wiederholt gelitten — sehr breiten Straßen einen gefälligen, und durch das ganze Leben und Treiben seiner Bewohner einen wohlhabenden Eindruck. Trotz seiner hohen nördlichen Lage (63¼ Grad) gefriert der Fjord auch im Winter nur selten, und das Klima gleicht im Allgemeinen dem von Mitteldeutschland. Dennoch ist es natürlich einen größeren Theil des Jahres so gut wie abgeschlossen, denn Reisende wagen sich nur im Sommer hinauf. Aber die Bevölkerung scheint dadurch nichts zu entbehren, und alle Bequemlichkeiten und Annehmlichkeiten des 19. Jahrhunderts zu haben, so auch ein Theater. Von der großen Bedeutung Drontheim's in früheren Jahrhunderten zeugt die uralte Domkirche, welche ursprünglich von Olaf Kyrre erbaut, im zwölften und dreizehnten Jahrhundert bedeutend vergrößert wurde, und die großartigste Kirche in den drei skandinavischen Ländern ist, und von der einzelne Theile, namentlich das sich über den Schrein des h. Olaf wölbende, aus bläulichem Chlorit-Schiefer und Marmor ausgeführte Kuppelachteck von Meisterhand geplant und ausgeführt sind. Leider liegt das herrliche Hauptschiff jetzt größtentheils in Trümmern, es wird aber an der Wiederherstellung gearbeitet.

XI.

Die Nordkap-Reise.

Nach dem Nordkap geht diesmal die Reise, dem nördlichsten Punkte Europa's nicht nur, sondern so weit bekannt auch dem nördlichsten im Sommer stets eisfreien Punkte der Erde, das, wie schon früher bemerkt, auf einer Linie liegt mit der Nordküste Alaska's und Kamtschatka's, und unter einem Breitengrade, welcher Island weit südlich läßt, und Grönland etwa in der Mitte durchschneidet. Und ich bin überzeugt, die Leser, die mir bis hierher gefolgt sind, werden es nicht bereuen, mich auch auf dieser Tour zu begleiten, auch wenn ich ein nur sehr schwaches Abbild von den Schönheiten derselben geben kann. Denn, ebenso unerreicht und einzig, wie eine Tour durch den Yellowstone National-Park mit seinen Cannons, seinen Geysern und sonstigen vulkanischen Wundern, steht an Naturwundern anderer Art diese Nordkap-Fahrt da.

Ich will vorausschicken, daß schon in Christiania die Theilnehmer an den Nordkap-Touren sich zusammenfinden und mit einem bestimmten Zuge nach Drontheim zu fahren pflegen, um dort den Nordkap-Dampfer, deren übrigens während der sechs Wochen Sommer jede Woche mehrere abgehen, zu besteigen. So trafen auch wir schon in Christiania fast unsere gänzliche zukünftige Reisegesellschaft, darunter zweiundzwanzig Amerikaner und nicht weniger als acht Chicagoer, unter ihnen der bekannte Schuh- und Stiefelhändler Herr C. A. Fargo, und legten mit ihnen die Reise nach Drontheim zusammen zurück; und auf dem Zuge machte ich wieder die mir während dieser Reise sich schon so oft aufdrängende Beobachtung, daß nur Ausländer zu dieser Jahreszeit reisen, denn von den 81 Passagieren auf dem Zuge war nur e i n e r ein Skandinavier, und der war der Sohn Ole Bull's.

Das frühe Zusammentreffen und die gemeinschaftliche Eisenbahnfahrt hat die Annehmlichkeit, daß man schon bei der Ankunft in Drontheim mit einander bekannt geworden ist, und sich etwas miteinander eingelebt hat, und so gleich von vorne herein die Schönheiten der Dampferfahrt gemeinsam genießen kann.

Wirklich großartig ist die Fülle der interessanten Erscheinungen, welche die Fahrt bietet. Anfangs sich nicht von der südnorwegischen Küste unterscheidend, hier wie dort von unzähligen Schären umlagert, zwischen denen der Dampfer seinen Weg nimmt, verändert sich bald der Charakter der Küstenlandschaft, je näher man dem Polarkreise kommt. Die aus dem Wasser sich erhebenden Berge werden höher und schroffer und bieten die bizarrsten Formen dar. Es läßt sich ein phantastischerer Anblick gar nicht denken. Zwischen ihren hohen zerrissenen Zacken blicken mächtige Gletscher nieder, an deren Fuß man oft dicht mit dem Schiff vorbeifahren kann. Da man immer innerhalb des Schären-Gürtels fährt, genießt man oft die wunderbarsten Ausblicke auf das Meer, das man bald friedlich in der Sonne glänzen, bald vom Sturme wild

gepeitscht sieht, während man selbst auf verhältnißmäßig ruhiger Wasserbahn nord=
wärts eilt. Um Mitternacht übergießt die nie untergehende Sonne die Bergspitzen
mit einem unbeschreiblichen Schimmer von rothem Golde. Alles ist anders als
anderswo — das Wetter, die Winde, die Nebel, das Licht, die Farbe, die Klarheit
der Luft. Jede Berechnung für Entfernungen hört auf. Im Wasser ist's gedrängt
voll von Dorschen, Häringen und Rothfischen; gar häufig sieht man den Wasserstrahl
der Wale, oder diese selbst einen ausgelassenen Sprung durch die Luft machen. Dort
deutet ein langer, flimmernder Silberstreifen einen Zug Häringe an, oft verfolgt von
Seehunden und anderen Feinden. Zahlreiche Eiderenten sieht man auf und an den
Inseln; die Luft ist gefüllt von Seeschwalben, Möven und andern Vögeln und gar
oft genießt man den interessanten Anblick, wie Raubmöven, welche nicht tauchen
können, die gewöhnlichen Möven so lange verfolgen, bis diese aus Angst ihren eben
gemachten Fang fallen lassen, welchen sie dann noch in der Luft packen.

Da es nie Nacht wird, und es Einem sehr schwer wird, das Auge von dem stets
wechselnden Reiz der Landschaft abzuwenden, bleibt man gewöhnlich an den ersten
Tagen an Deck, bis man vor Müdigkeit umfällt. Nachher schläft man schon regel=
mäßig nach Mitternacht und nach dem Mittagessen einige Stunden — denn wenn
man auch dadurch hie und da etwas einbüßt, so ist man um so frischer für die übrigen
Eindrücke.

Das Erste, was dem Reisenden nach der Abfahrt von Drontheim und nachdem
der Drontheim=Fjord verlassen und die eigentliche Nordfahrt angetreten ist, besonders
auffällt, sind die zahlreichen kleinen Schiffe, die in Gestalt den Wikingerschiffen gleich,
welche wir in Christiania sahen, bis hoch über den Bord — gerade wie unsere Holz=
schiffe mit Holz — mit getrockneten Fischen beladen sind. Keiner von unserer Gesell=
schaft wollte es anfangs glauben, daß die Ladung Fische sein könnte, auch wer sein
Fernglas benutzte; weit öfter glaubte man, die Schiffe hätten Baumrinde geladen.
Aber es war Stockfisch, meist nach Bergen, der größten Handelsstadt Norwegens, be=
stimmt, von wo er weiter nach südlichen Ländern verfrachtet wird. Als Rückfracht
nehmen die „Nordlandsjægte", wie man sie nennt, oft schwarz angestrichene Särge,
mit Brod und Kringeln gefüllt, mit.

Auf mancherlei Interessantes fällt das Auge auf der Fahrt: Nachts auf die un=
gewöhnlich zahlreichen, aber wegen der zahlreichen Schären, in so großer Anzahl
nöthigen Leuchtfeuer, Tags auf mit Fischen zum Trocknen bedeckten Felsen, und auf
vielerwärts auf die Felsen gemalte schwarz und weiße Ringe, welche die Stellen
bezeichnen, wo Schiffe anlegen können, zu welchem Zwecke große eiserne Haken daran
angebracht sind; ferner auf große, dicht über dem Wasser an die Felsen getünchte
weiße Flecken, deren Anblick den Lachs, der Wasserfälle sehr liebt, täuscht und in die
darunter gespannten Netze lockt.

Interessant ist der etwa einen Grad südlich vom Polarkreise auf der Insel Torgen
gelegene 800 Fuß hohe Berg Torghatten, der das Aussehen eines Hutes hat —
(deshalb der Name Markthut), und in welchem sich ungefähr auf halber Höhe in der
Mitte und in der Richtung von Nordost nach Südwest ein 36 bis 56 Fuß breiter und
von 63 Fuß Höhe am östlichen Ende bis zu einer Höhe von 250 Fuß aufsteigender
natürlicher Tunnel befindet, durch den man im Vorbeifahren, wie durch ein riesiges
Teleskop hindurchsehen kann — ein höchst interessanter Anblick, namentlich wenn man
aussteigt und durch dieses Riesenfernrohr das Meer mit seinen unzähligen Inseln und
Schären beschaut.

Eine Stunde nördlich vom Torghatten liegt das Oertchen Brönö, wo eine Kirche
ist, ein Arzt wohnt und eine Telegraphenstation sich befindet. Der Telegraph ist
hier im Nordlande von allergrößter Bedeutung. Kommt nämlich irgendwo ein Hä=
ringszug in Sicht, so wird sofort an die nächste Telegraphenstation Meldung gemacht,
und nach allen Seiten hin nach Fässern und nach Salz telegraphirt, was dann mit
Extradampfern nach dem Fangorte gesandt wird.

Noch etwas weiter nördlich kommt man an den auf der großen Insel Alsten be=
legenen über 3000 Fuß hohen Sieben Schwestern vorbei, deren riesige Fels=
massen man schon aus großer Entfernung erblickt und von deren höchster Spitze, dem
Digertind, man eine sehr weite und höchst eigenthümliche Aussicht genießt. Die Insel

liegt nahe der Einfahrt in den Beffenfjord, dessen Ufer von wunderbarer und großartiger Schönheit und herrlich mit Wald bestanden sind, in welchen allerdings die zahlreichen Sägemühlen ebenso große Löcher zu legen beginnen, wie in die amerikanischen Wälder. In der Nähe sind die großen Fischereigründe von Aasvær, wo im Dezember und Januar durch etwa 10,000 dabei beschäftigte Fischer 200,000 bis 250,000 Tonnen (d. h. etwa 10 Millionen Stück) Häringe gefangen werden, sowie die Insel Dynnæs, auf welcher am 2. Juli jedes Jahres in Björnö Marknadsplats der größte Markt des Nordlands stattfindet. Den Dienstleuten im ganzen Nordland werden dazu contraktmäßig „Marktferien" bewilligt, um ihn besuchen zu können, und es soll darauf sehr lustig, um nicht zu sagen wild, hergehen.

Später geht die Fahrt lange Zeit am Svartisen vorbei, einem ungeheuren, ungefähr 45 englische Meilen langen, bis zu 4000 Fuß über dem Meere aufsteigenden Schneefeld, von dem überall Gletscher, wenn nicht direkt bis in's Meer hinein, so doch bis zu dessen Nähe herabsteigen. Wir hatten das Glück, es gegen Mitternacht zu passiren und es in der unbeschreiblichen Beleuchtung der Mitternachtssonne zu erblicken. Man gelangt endlich nach der ersten Hauptstation der Nordkap-Fahrt, nach Bodö, schon ein gut Stück innerhalb des Polarkreises und nördlich vom 67. Breitengrade belegen, eine aufblühende Stadt mit manchen modernen Gebäuden, daneben aber noch viel alten Hütten mit Rasendach, und einer interessanten uralten Kirche. In der Nähe befindet sich der berühmte sogenannte Saltström, noch stärker als der bekanntere Malström an den Lofoten. Zwei Inseln, die Strömö im Süden, und die Godö im Norden, liegen vor den Ausgängen der beiden großen Fjorde, Salten und Skjerstad, und gestatten der Fluth, die hier bis zu 6, oft sogar bis zu 10 Fuß ansteigt, nur durch drei enge Canäle, von denen nur die beiden größeren, 500 und 200 Fuß breit, in Betracht kommen, in die großen Bassins der Fjorde einzudringen. Viermal in 24 Stunden drängt sich bald hinein, bald hinaus durch diese schmalen Canäle in Folge dessen eine Wassermasse von mehreren tausend Millionen Cubik-Yards, und man wird daraus wohl einen Begriff von der ungeheuren Strömung in diesen Engen machen können. Kein Schiff kann ihr Widerstand leisten, außer etwa während einer Stunde zwischen Ebbe und Fluth. Das Ueberwältigende des Anblicks und des Getöses der Strömung wird noch vermehrt durch die dichten Schaaren von Wasservögeln, welche hier beim Eindringen der Fluth den Fischen nachstellen.

Auf der Weiterfahrt nach Tromsö gewährt einen großartigen Anblick die Umgebung der Insel Kjærring, mit ihren riesigen Bergen, die unten meist vom Gletscher-Eis ganz abgeschliffen sind, während sie oben scharf und zackig nach Art der Nadeln am Montblanc in den Himmel hineinragen. Eine der Bergspitzen nahe dem Meer hat ganz die Gestalt eines erloschenen Kraters, wie überhaupt die ganze Küste den Eindruck macht, als hätten vulkanische Kräfte sie gebildet, was indessen bekanntlich von den Gelehrten in Abrede gestellt wird. Schon Bodö liegt ungefähr im Eingange der großen, Vestfjorden genannten, Meeresbucht, welche vom Festlande und den Lofoten-Inseln gebildet wird, welch' letztere für den Fischfang auf der östlichen Hemisphäre ungefähr dieselbe Bedeutung haben, wie Neu-Fundland für die westliche. Die Lofoten — der Ton liegt auf der ersten Silbe — bilden einen weiten Bogen, und liegen so nahe nebeneinander, daß man nirgends durch eine Lücke zwischen ihnen hindurch zu blicken vermag. Nur die letzten, südlichsten in der Reihe lösen sich etwas mehr von den übrigen los. Es sind aus dem Wasser hervorragende riesige Felsspitzen, die selbst aus geringer Entfernung gesehen, als eine fortlaufende Felswand mit scharfen spitzigen Zacken erscheinen, und die sich in der Nähe als ein Gewirr von Höhen, Tiefen, schmalen Wasserstraßen, Felseninseln, Fischplätzen mit kleinen Fischerdörfern entpuppen. Wo sie nicht mit Schnee bedeckt sind, sind sie meist mit einem grünen Moose bekleidet, welches bei feuchtem Wetter ein eigenthümlich zauberhaftes Licht ausstrahlt. Doch fehlt es auch nicht an ganz kahlen und wüsten Felspartien. Der Baumwuchs ist nur spärlich, aber ein frisches, saftiges Grün erfreut das Auge fast überall, und sollen trotz der hohen nördlichen Lage die Winter auf den Lofoten sehr milde sein. Wenigstens von der Innenseite der Bucht gesehen, machen sich die Lofoten am schönsten am hellen Tage; weniger schön, aber eigenthümlich in der Beleuchtung der Mitternachtssonne — am schönsten aber, wenn auch wohl grausigsten sollen diese unmittelbar aus dem Wasser bis zu 4000 und 5000 Höhe aufsteigenden Felspartien während eines Sturmes anzuschauen sein. Leider oder glücklicherweise — denn solch' ein Sturm kann sehr gefährlich werden — passirten wir sie bei freundlichstem Wetter und strahlendem Himmel.

    Der Fischfang an den Lofoten findet gewöhnlich von Mitte Januar bis Mitte April statt, und zwar hauptsächlich innerhalb der Bucht, wo der zum Laichen dorthinziehende Dorsch mit Netzen und langen Leinen, an welchen Angelschnüre befestigt sind, gefangen, auch wohl direkt geangelt wird. Am Lande werden die gefangenen Dorsche aufgeschnitten oder der Länge nach durchgeschnitten und mit den zusammengebundenen Schwanzenden zum Trocknen auf Holzgestelle gehängt, wo die letzten noch bis Mitte Juni zu sehen sind. Dann werden sie nach Bergen und von dort fast ausschließlich (man sagt 90 Prozent) nach Spanien verschifft, wo sie als Fastenspeise dienen. Mindestens 30,000 Leute sind während der drei Monate bei diesem Fischfang beschäftigt. Vierundvierzigtausend Tonnen Häringe, also ein volles Fünftel des Fanges auf den Stallen bei Aasvær, werden als Köder verbraucht, und man rechnet, wahrscheinlich zu niedrig, daß die Abnutzung der natürlich hauptsächlich aus Gummi und Leder bestehenden Kleidung jährlich $66,000 beträgt. Der Fang beträgt durchschnittlich 25 Millionen Stück Dorsche, die an Ort und Stelle durchschnittlich $5.11 per 100 Stück bringen. Kleine Nebengewinne werden in neuerer Zeit dadurch erzielt, daß man die früher weggeworfenen Eingeweide und Köpfe zu Dünger verarbeitet, ja letztere werden stellenweise, mit Seetang zusammengekocht, als Viehfutter verwendet — nordische Oelkuchen!

    Der Fang soll sehr leicht sein. Denn meist kommen die Dorsche von den großen Bänken im Nordwesten, sowie von Beeren-Eiland und Spitzbergen, in so dichten Schaaren (Dorschberg) herangezogen, daß man nur die Angel mit einem verzinnten Fisch auszuwerfen hat. Der Fisch beißt sofort.

    Die einzelnen Boote, deren zwischen 5000 und 6000 sich an dem Fange betheiligen, stehen unter einem selbstgewählten Führer — Hövedsmand (Hauptmann). Die Mannschaft strömt aus dem ganzen Norden und Nordwesten Norwegens zusammen, und es ist erfreulich, berichten zu können, daß trotz der wilden Naturen, die hier ganz naturgemäß zusammengerathen, die Fangzeit fast stets sehr friedlich verläuft. Beitragen mag dazu, daß die Erlangung von Branntwein nahezu unmöglich gemacht ist.

    Wenn ein Boot 5000 bis 6000 Stück Dorsche gefangen hat, gilt der Fang als ein glücklicher. Da die Einnahme davon höchstens $250 bis $300 beträgt, die sich auf mindestens sechs Personen vertheilen, sieht man, mit wie geringem Verdienst diese Fischer bei ihrem gefährlichen Gewerbe zufrieden sind. Denn gefährlich ist es. Wenn plötzlich ein Sturm von Westen hereinbricht, und die Rückkehr zu den Inseln unmöglich macht, dann müssen die Fischer versuchen, das Ostufer der bis zu sechszehn Meilen weiten Bucht zu erreichen; oder wenn das Boot kentert, auf den Kiel zu gelangen. An diesem befinden sich häufig eigens für den Zweck, damit die Schiffbrüchigen sich daran festhalten können, angebrachte Griffe, meist aber versuchen die Verunglückten so lange als möglich an ihre in den Kiel geschlagenen Messer geklammert, dem Wogenschwalle zu trotzen. Treibt später ein solches Boot an's Land, dann kündet die Zahl der Messer darin annähernd die Zahl der Verunglückten an. Am 11. Februar 1848 kamen durch einen solchen Weststurm allein 500 Fischer um.

    Die Verpflegung der Fischer geschieht nicht auf den Booten, sondern meist am Ufer, wo große Schuppen errichtet sind, in deren Mitte ein großer Kochherd steht, und an dessen Wänden die Schlafkojen sind. Ganz wie bei den Holzschlägern im amerikanischen Hinterwald, nur daß deren Speisezettel nicht ganz so ausschließlich aus Fischen besteht. — Auch noch durch etwas Anderes wird man auf diesen Fischgründen Norwegens an Amerika erinnert. Denn wie hier, um die Weizen- und Maisernte des Westens nach dem Osten in Bewegung zu setzen, große Baarmittel von Ost nach West gesandt werden müssen, so bewegt sich dort das flüssige Kapital um die Fischfangszeit von Süd nach Nord, denn der Fang wird an Ort und Stelle baar bezahlt, und dazu ist eine für Norwegen recht bedeutende Summe nöthig.

Die Hauptstation auf den Lofoten ist Svolvær an der Südostküste der Insel Ost-Vaagen, wo sich eine der vorerwähnten Dorschkopf-Guano-Fabriken und eine Telegraphenstation befindet, deren Leiter — der Merkwürdigkeit halber sei es erwähnt — ein englisch sprechender Franzose Namens Valeur ist. In der Nähe befindet sich der 5000 Fuß hohe Berg Svolværjuret.

An der Spitze der Lofoten geht der berüchtigte Malström vorüber, der zwar weit bekannter ist, als der Saltström, sich aber mit diesem an Gewalt und schauerlicher Schönheit aus dem einfachen Grunde nicht messen kann, weil die Straße, durch welche die Wasser eindringen oder abfließen, hier viel breiter ist. Trotzdem soll er nicht nur gefährlich sein, sondern auch einen mächtigen Eindruck gewähren, wenn zur Zeit der stärksten Ebbe ein Weststurm das Ausfließen aus, oder zur Zeit der höchsten Fluth ein Nordoststurm das Einfließen in den Vestfjord verhindert.

Weiterhin bei Sortland befinden sich die „Eiderholme", riesige Brutstätten der Eidergänse, deren in den Nestern zurückgelassene Daunen einen so wichtigen Theil des Erwerbs der Nordländer bilden. Leider macht sich in Folge der Störung während der Brutzeit, des Ausnehmens der Nester und des Abschießens der Vögel in neuerer Zeit eine solche Abnahme derselben geltend, daß die norwegische Regierung sich sehr vernünftiger Weise veranlaßt gesehen hat, eine Schonzeit einzuführen.

Und immer weiter nordwärts geht die Fahrt! Wir erreichen unterm 69.38° nördl. Breite Tromsö, auf der gleichnamigen Insel, eine Stadt von fast 6000 Einwohnern, mit Gymnasium, Lehrerseminar, ja sogar einem naturwissenschaftlichen und ethnographischen Museum und mehreren Kirchen, von deren einer schon früher die Rede war; mit einem Hafen stets voller Schiffe, und demgemäß ein bedeutender Handelsplatz. Geräucherte Dorsche, eingesalzene Häringe, Felle, Pelze, Thran, Dorschrogen — dieser dient zum Fang der Anchovis und Sardinen, — bilden die Hauptausfuhrartikel, und außerdem besitzt Tromsö eine bedeutende Walfischfänger-Flotte, die ihre Thätigkeit bis nach Spitzbergen und Novaja Semblja ausdehnt.

Man muß die zum Theil trostlose Eisenbahnfahrt auf dem Hochgebirge mit dem verkrüppelten und zuletzt ganz verschwindenden Baumwuchs von Christiania nach Drontheim mitgemacht haben, um ganz und voll zu verstehen, wie anheimelnd und zugleich überraschend es wirkt, so viele Breitengrade nördlicher die herrlichsten Ebereschen, Faulbäume und Birken, letztere oft von bedeutender Größe, im hübschesten Grün prangen zu sehen, während im Hintergrunde schneebedeckte Alpenketten emporragen. Einen höchst genußreichen Ausblick erhält man von einem über der Stadt liegenden Birkenwalde, an einem kleinen See, welcher die Stadt mit Wasser speist, denn man sieht von hier über den Sund hinweg im Osten und Süden in verschiedene herrliche Thäler und Alpenketten hinein, eine Aussicht, welche namentlich bei tiefstehender Sonne von keiner schweizer oder tyroler Alpenlandschaft an Schönheit erreicht wird.

Hier in Tromsö, oder nahe dabei, machten wir die erste Bekanntschaft der Ureinwohner des skandinavischen Nordens, — der Lappen. Denn nur wenige Stunden davon, im Tromsdal, auf der anderen Seite des Tromsö-Sundes, befindet sich ein Lappenlager. Die Lappen haben in ihrer Gesichtsbildung große Aehnlichkeit mit unseren Indianern; aber sie sind bedeutend kleiner und lange nicht so intelligent, wohl aber ebenso schmutzig und ebenso große Freunde von Whiskey. Wenigstens fanden wir, wenige Stunden nachdem wir das Lager verlassen, und ein Jeder von uns Geld dagelassen hatte, um kleine Erinnerungen von dort mitzunehmen, das ganze Lager, — Männer, Weiber und Kinder — betrunken auf den Straßen Tromsö's umhertaumeln.

Es leben, wie man mir mittheilt, noch etwa 18,000 Lappen in Norwegen, von denen indessen die meisten schon fest angesiedelt sind, und weniger als zweitausend noch mit ihren Rennthieren nomadisiren. Zu neuerer Zeit sollen sie sich stark, nicht nur mit Finnen, welche ihre Verwandten sind, sondern auch mit Norwegern vermischen.

Je nach ihrer Lebensart und ihrem Aufenthaltsort unterscheidet man Seelappen oder Berglappen. Die letzteren leben von ihren Rennthierheerden und streifen als Nomaden umher, die Seelappen sind dagegen am Meere ansässig, treiben Fischfang, auch ein wenig Viehzucht und wohnen in Erdhütten, den sogenannten Gammen, oder bauen sich ein gezimmertes Haus, wenn ihr Vermögen dies gestattet. Die Seelappen sind eigentlich nur verarmte Berglappen, die sich aus Mangel an Rennthieren als solche nicht ernähren konnten und deshalb allmählig nach der Seeküste hinabzogen.

Der niedrige Wuchs, sowie der Mangel an Reinlichkeit hat unzweifelhaft dazu beigetragen, die Lappen in den Ruf der Häßlichkeit zu bringen; dazu kommt noch ihre wenig schöne, aber der Beschaffenheit des Klimas sehr angemessene Kleidung. Das wichtigste Kleidungsstück ist ein geräumiges, meist weißgräuliches Wams von „Wadmel" mit emporstehendem Kragen, zugeschnitten wie ein Mannshemd; der Langschnitt desselben ist an der Brust mit Borden gefärbten Tuches besetzt.

Unter dem Wamse tragen sie im Winter einen Schafpelz mit der Wolle nach innen, unmittelbar am Leibe. Das Ganze wird von einem breiten, ledernen Gürtel umspannt, der das Wams etwas emporhebt, so daß es oben in Falten über den Gürtel hinausfällt; an diesem hängen sodann auch die Schlüssel und das Messer, welches auch als Handart gebraucht wird. Die Beinkleider sind ebenfalls von ungefärbtem „Wadmel", unten eng und so lang, daß sie in die sogenannten „Komagen", eine Art Halbstiefel, eingebunden werden können. Diese Komagen werden für den Sommer und den Fischfang von Kuhleder, für den Winter aber von dem Kopfselle des Rennthieres genäht und mit einem selbstgewebten, langen und breiten Wollenbande so fest zusammengebunden, daß kein Wasser eindringen kann. Auch die Beinkleider werden um die Hüften mit einem Bande zusammengeschnürt. Da die Lappen keine Strümpfe gebrauchen, werden die Schuhe mit einer Art Gras gefüllt, das eigens dafür eingesammelt und präparirt wird, um es geschmeidig und weich zu machen. Auf dem Kopfe tragen sie eine Mütze mit einer Quaste und einer rothen oder gelben Tuchborde geziert. Die Mütze hat in den verschiedenen Gegenden eine andere Form, bald läuft sie spitz nach oben aus, bald ist sie mit viereckigem Hutknopfe, wie eine polnische, versehen. Um den Hals haben sie ein leinenes Tuch, dessen Enden zu einem Beutel zusammengenäht sind, in dem sie kleine Dinge aufbewahren, z. B. das Feuerzeug, den Geldbeutel ec., während größere Sachen in den Busen und in die Falten des geräumigen Wamses gesteckt werden. Zur Wintertracht und auf Reisen sind sie mit Pelzen von Rennthierhäuten versehen.

Das Lappenlager bei Tromsö bestand aus mehreren Familien schwedischer Lappen — nach einem Vertrage haben im Sommer die schwedischen Lappen das Recht, an die Meeresküste zu kommen, und umgekehrt im Winter die norwegischen Lappen nach Schweden zu ziehen. Die Wohnungen bestanden aus Gammen, — kugelförmigen Hütten aus Steinen, Rasen und Birkenrinde, mit einer runden Oeffnung oben, durch welche das Licht scheint und der Rauch hinauszieht. In der Mitte des Gemaches ist der Feuerherd, auf welchem beständig Feuer unterhalten wird, und über welchem beständig der große Kessel hängt, worin angeblich, ohne daß er je gereinigt würde, jahraus, jahrein die Speise für die Familie gekocht wird. Um das Feuer herum schlafen die Leute auf Rennthierfellen auf dem Fußboden, oft Einer mit dem Kopf auf den Beinen des Anderen. Diese Familien sollen 4—5000 Rennthiere besitzen, doch waren davon nur etwa 400 zu sehen, die in der Nähe des Lagers in einer Einzäunung zum Melken gehalten wurden. Daß man so viele Rennthiere zu diesem Zwecke braucht, erklärt sich daraus, daß die Rennthiermilch die Hauptnahrung der Lappen bildet, und daß die Rennthiere eben keine Milchkühe sind. Es lohnt sich nicht, sie mehr als zweimal in der Woche zu melken. Wer nur 200 Rennthiere hat, ist schon sehr arm. Die Milch schmeckt streng und ist sehr fett und dick, als wären Eier hineingeschlagen. Man genießt sie deshalb fast immer mit Wasser verdünnt.

Die Lappen halten allerhand interessante Dinge zum Verkauf, und machen damit bei den Reisenden gute Geschäfte. Ja auch hier im fernen Norden machten sich der Unternehmungsgeist und die Geschäfts-Concurrenz in augenfälligem Grade bemerkbar. In diesem Lager hatten nämlich zwei Photographen, ein Norweger und ein Deutscher, Ateliers aufgeschlagen, in der Hoffnung, an den Reisenden, welche gewöhnlich gerne bereit sind, sich in der fremden Umgebung und zur Erinnerung an die gemeinsame Reise mit einander, photographiren zu lassen, gute Kunden zu haben.

Schlimmer können zwei polnisch-jüdische Kleiderhändler zweiter Klasse in der Greenwich Straße in New York nicht aneinander schimpfen und sich gegenseitig schlecht machen, als es diese beiden Lichtmaler thaten. Die Folge war, daß wir uns von Beiden photographiren ließen und auf unserer Rückfahr vom Nordkap Jedem einige Bilder abnahmen, wodurch sie aber beide nicht auf ihre Rechnung kamen.

Von Tromsö geht es weiter nach Hammerfest, der nördlichsten Stadt der Welt. Auf der Fahrt dorthin passirt man einen der Glanzpunkte der ganzen Nordlandreise, den L y n g e n f j o r d , der von einer fast ununterbrochenen Kette 5000 bis 6600 Fuß hoher Schneeberge, den höchsten Erhebungen des nördlichen Norwegens, eingerahmt wird. Diese Berge fallen so steil in's Wasser ab, daß das Dampfboot oft in einer Entfernung von nur 5 Fuß an ihnen entlang fährt. Der Eindruck, den die Fahrt zwischen diesen Bergriesen auf dem schmalen dunklen Gewässer macht, ist ein überaus erhabener.

Weiterhin fährt man durch den Knevangfjord, zu dessen Seite sich das J ö t e l f j e l d (Schneefeld) befindet, von welchem ein G l e t s c h e r bis in den Fjord hinabreicht, und berührt bei A l t e i d e t eine Stelle, wo im Frühjahr alljährlich 5—7000 Rennthiere über den Fjord nach der nördlichen Halbinsel übergesetzt werden, um die dortigen Weiden abzugrasen, ferner die Insel L o p p e n , auf der sich nur ein Pfarrhaus, eine Kirche und das Wohnhaus eines Kaufmanns befindet, und auf der nur noch einige Kartoffeln wachsen.

H a m m e r f e s t ist jetzt gerade einhundert Jahre alt und hat sich von 77 Einwohnern im Jahre 1801 auf 2100 gegenwärtig emporgeschwungen. Es bildet den Hauptort für den Handel mit den russischen Niederlassungen am Eismeer und in seinem regen Hafen herrschen russische Schiffe vor. Sie liegt um eine kleine, fast kreisrunde Meeresbucht herum auf einer beträchtlichen Anhöhe; in ihrer Nähe erhebt sich die nördlichste Meridiansäule Europa's, welche den Endpunkt der großen norwegisch-schwedisch-russischen, durch Struve und Tenner ausgeführten Gradmessung bezeichnet. Die Stadt selbst macht einen reinlichen Eindruck, aber es riecht in ihr sehr nach Thran. Auch hier sieht man viele Lappen, hier Finner genannt, meist stark angesäuselt.

Von Hammerfest ist's noch eine kleine Tagereise nach dem Nordkap. Das Land hört hier auf, die Hauptsache zu sein. Wer dort wohnt, thut es nur des Meeres und seiner Erzeugnisse halber. Hier ist, wie am Ende im ganzen nördlichen Norwegen überhaupt, Fisch der König. Die Natur wird trostlos öde und starr. Ein Fleckchen Gras, das man mit einer Nummer des „Westen" bedecken könnte, gilt als Wiese. Nur in und über dem Wasser herrscht Leben.

Um 10 Uhr Abends, d. h. bei hellem Tageslicht, langten wir beim N o r d k a p an, das man schon einige Zeit vor Augen gehabt hat. Es ist ein grauschwarzer, von tiefen Rissen durchfurchter 1020 Fuß hoher Schieferfelsen, der steil nach dem Meere abstürzt und weit in dasselbe hineintritt, und der in seiner einsamen, starren Größe einen majestätischen Anblick gewährt. Kleine Boote brachten uns an den Fuß des Berges, zu dessen ziemlich beschwerlicher Erklimmung wir ungefähr 1½ Stunden gebrauchten. Nichts hat dort mein Erstaunen mehr erregt, als die wundervolle Blumenpracht, die ich an den Seiten des Weges vorfand; nicht blos Butterblumen, so groß wie Georginen, sondern die schönsten wilden Rosen, Vergißmeinnicht und Veilchen wuchsen hier von einer Pracht und Größe, wie ich sie weder in Italien und im südlichen Frankreich, noch in Treibhäusern beobachtet habe. Oben auf dem Plateau des Kaps wächst indessen nichts; es ist eine kahle Felsplatte. Auf ihrem höchsten Punkte erhebt sich zum Andenken an den Besuch Oscar II. eine Granitsäule.

Vier Anblicke aus meinem Leben haben sich mir unauslöschlich eingeprägt. Der erste ist der der St. P e t e r s k i r c h e in Rom, als ich sie zum ersten Male betrat, und vor Ueberraschung und Verwunderung, daß Menschenhände das errichtet, mir das Wort auf der Zunge erstarb. Der zweite ist der große Cannon des Y e l l o w s t o n e , dessen erhabene Schönheit und Großartigkeit mich so völlig überwältigte, daß mir unwillkürlich die Thränen aus den Augen stürzten; der dritte war der Blick auf's fremdartige, asiatische M o s k a u , vom Iwan Welity, von derselben Stelle aus, wo Napoleon stand, als er beschlossen hatte, den Rückzug anzutreten, und die letzte Heerschau über die dem Verderben geweihte große Armee abhielt, und mir dabei der Gedanke aufstieg, welche Gefühle den Mann dabei wohl bewegt haben müssen. Und endlich die Mitternachtssonne. Den Eindruck, den es macht, die Sonne bis fast auf den Horizont hinuntergehen, aber doch in einiger Entfernung davon stehen bleiben und dann nach einiger Zeit wieder aufsteigen zu sehen, vor ihr das unermeßliche, in goldigen Schein getauchte, mit dem Himmel zusammenfließende Meer, läßt sich in seiner hehren Großartigkeit mit Worten nicht beschreiben.

Es war ¼ vor 12 Uhr, als wir oben ankamen. Als wir den Booten entstiegen, stand die Sonne noch 10 oder 12 Grad über dem Horizont, gerade im Norden. Jetzt war sie bis auf ungefähr 5 Grad herabgesunken und dabei blieb sie stehen. Dabei war es so hell, und es herrschte dasselbe eigenthümliche Licht, wie an schönen Sommerabenden bei uns im Juli um 6 Uhr Abends. Die Kraft des Lichtes war so stark, daß ich mir genau um 12 Uhr, als ein Kanonenschuß vom Dampfer uns die Mitternacht anzeigte, mit einem kleinen Brennglase, das ich bei mir trug, ein Loch in den Rock brannte. Auch hier hatten wir Gelegenheit, den menschlichen Unternehmungsgeist zu bewundern, denn für die Dauer der Touristen-Ausflüge hat hier oben Jemand eine Schankwirthschaft errichtet, in der sehr weisen Annahme, daß gar Viele geneigt sein würden, die feierliche Gelegenheit zu begießen, was denn auch seitens der ganzen Gesellschaft geschah — seitens der Amerikaner speziell unter dem Sternenbanner, das mich stets auf meinen Reisen begleitet, und das ich auch hierher mitgenommen hatte, um es an der nördlichsten Spitze der Civilisation zu entfalten. Das herrlichste Wetter zeichnete die interessante Stunde aus, wie denn überhaupt unsere ganze Nordlandfahrt von außerordentlichem Glücke begünstigt war. Kein Sturm, kein Nebel, eitel heller, klarer Sonnenschein, so daß wir schon seit Tromsö die Mitternachtssonne beobachten konnten, wenn auch natürlich nicht so schön wie hier, von der weit vorspringenden Höhe, nur 150 Meilen vom ewigen Eise entfernt.

Nachdem wir ungefähr eine Stunde das herrliche Schauspiel bewundert, begann der Abstieg. Als wir wieder auf dem Schiff anlangten, — es war mittlerweile 2½ Uhr Morgens geworden — hatte der Capitän sämmtliche Angeln hervorholen lassen, und lud uns ein, zu fischen. Unter günstigeren und eigenthümlicheren Umständen kann der Angelsport wohl nicht betrieben werden. Man denke sich das Bild: Um 3 Uhr Morgens Damen in der einen Hand die Angel, in der anderen den Sonnenschirm, um die stechenden Strahlen der Sonne abzuwehren. Dabei ein Fischreichthum, daß die Angel kaum das Wasser berührt hat, wie auch schon ein Fisch daran sitzt. Die Dorsche sind dort so zahlreich, daß sie förmlich in die Angel, die aus einem verzinnten Fisch mit zwei Widerhaken besteht, hineinlaufen, und man sie nicht nur am Kopfe, sondern an der Seite, am Schwanze, irgendwo anhakt. Und tüchtige Kerle waren darunter, von 15 bis 30 Pfund schwer.

Viele von uns hätten gerne von hier aus Spitzbergen besucht, das in 1½ Tagen zu erreichen gewesen wäre und wo uns der Capitän eine Jagd auf Eisbären, Seehunde und Walrosse versprach, — aber leider mußten einige von der Gesellschaft an einem bestimmten Tage in Hamburg oder Bremen zurück sein, da sie bereits die Passage für die Rückfahrt nach Amerika belegt hatten. Wir machten deshalb nur noch einen weiteren Ausflug, nach dem Sværholdtklubben, einem 1000 Fuß hohen, fast senkrechten Thonschieferfelsen, der von Millionen von Vögeln, meist Möven, bevölkert wird, die ihn wie mit einem weißen Schleier umgeben. Feuert man, beim Näherkommen, vom Dampfer aus einige Kanonenschüsse ab, so fliegt ein Theil der erschreckten Vögel auf, und es entsteht dann durch den Flügelschlag der Vögel ein betäubender Lärm, der dem eines Dampfkessels, der ausgeblasen wird, nicht unähnlich ist. Die sitzen bleibenden Vögel umgeben den Berg wie mit weißen Perlenschnüren. Auf dem Berge wohnt ein Mann, der die Eier der Möven sammelt und damit glänzende Geschäfte macht, sowie Möven schießt und fängt, die dann später als Viehfutter verwendet werden.

Von hier aus traten wir die Rückreise an, von welcher nur noch weniges zu berichten ist. In Tromsö besuchten wir zunächst den Ort, an welchem zwei Walfische, die einige Tage zuvor hineingeschleppt worden waren, verarbeitet werden sollten. Der Gestank war aber so stark, daß alle Damen und die meisten Herren sich wieder zurückzogen. Ich aber hielt tapfer aus. Es waren zwei tüchtige Bursche, ungefähr 50 Fuß lang, 15 Fuß im Durchmesser und 20 Fuß breit. Von einem jeden wurde $1200 werth Oel und Fischbein erzielt. Das Aussieden des Thieres geschieht nach einem Prozeß, der dem in unseren Fettsiedereien gebräuchlichen ziemlich ähnlich ist. Das Fleisch der Walfische wird getrocknet und nach Spanien verschifft, wo es — da es einen dem Beefsteak ähnlichen Geschmack haben soll — eine sehr beliebte Fastenspeise ist. Denn in Spanien gilt auch der Wal als ein Fisch, sonst würde er ja nicht so heißen.

Der einzige sonst zu erwähnende Anhaltspunkt auf der Rückreise war an dem schon vorher beschriebenen Schneefeld Svartisen, wo wir den größten der Gletscher, zugleich den größten des Nordlandes wenigstens theilweise beschritten. Derselbe kommt bis auf 100 Fuß nahe und hat dort noch eine Tiefe von 50 Fuß.

Auf dieser Nordkap-Fahrt wurde mir wieder der Beweis, welch' große Fürsorge die Natur überall ausübt, und wie sie fast immer auf der anderen Seite Ersatz bietet für das, was sie auf der einen nimmt. Wenn nördlich von Tromsö weder Holz noch Kohlen zu finden sind, so giebt es dort dafür ungeheure Lager des schönsten Torfes.

Die ungefähr zehn Tage währende Reise wird eine der angenehmsten Erinnerungen meines Lebens bilden, nicht nur durch die erhebenden, fesselnden Eindrücke, die ich dabei gewonnen, sondern auch durch die angenehme Gesellschaft, welche sie mitmachte, und die große Zuvorkommenheit des Capitäns des „Sirius", — Juell heißt der brave Mann —, welcher sich die erdenklichste Mühe gab, uns zu unterhalten, und die stellenweise Einförmigkeit der Fahrt zu unterbrechen. So ließ er eines Tages — es war nach Mitternacht und wir waren gerade im Begriff, zu Bett zu gehen, — den Dampfer Jagd auf mehrere Walfische machen, die sich in der Nähe des Bootes gezeigt hatten, und verfolgte sie mehrere Stunden lang in einen kleinen Fjord hinein, so daß wir Gelegenheit hatten, sie mehrfach ganz nahebei zu sehen. Ein anderes Mal ließ er die Maschinen stoppen, um der Gesellschaft den vollen Genuß eines von Ole Bull's Sohn vorgetragenen Violinsolo's zu verschaffen.

Derartige Rücksichten zu nehmen würde nicht möglich sein, wenn die Schiffe genau an Zeit gebunden wären. Aber das ist nur bei Postschiffen, nicht bei Touristenschiffen der Fall. Deren Capitäne haben den Auftrag, sich so weit als möglich nach den Wünschen der Passagiere zu richten, und wenn diesen es recht ist, es nicht auf ein paar Tage mehr ankommen zu lassen.

Unter solchen Umständen reist es sich sehr angenehm, und ich kann diese Tour reiselustigen Lesern als eine der befriedigendsten empfehlen, welche sich überhaupt machen lassen.

XII.

Von Drontheim nach Amsterdam.

Nach eintägigem angenehmen Aufenthalte in Drontheim trennte sich unsere Gesellschaft nach verschiedenen Richtungen. Einige machten sich auf den Weg nach Stockholm und Rußland, wo wir hergekommen waren, Andere nach Bergen und nach der Gegend von Molde und dem Romsdal, welche zu den bewundertsten Partien Norwegen's gehören, die zu besuchen unsere Zeit uns leider nicht gestattete; — wir fuhren zurück nach Christiania. Und hier will ich noch bemerken, daß auf meiner ganzen bisherigen Reise, in Rußland sowohl, wie in Schweden und Norwegen, sogar in Hammerfest, ich stets einen guten Chicagoer Bekannten antraf. In allen Delikatessen-Handlungen nämlich sah ich Armour's Canned Meats im Fenster stehen, in der echten Chicagoer Verpackung, — ein Beweis, einen wie guten Ruf das Chicagoer Fleisch in der ganzen Welt genießt.

In Christiania schifften wir uns auf einem großen, wundervoll eingerichteten, durchweg mit elektrischem Licht erleuchteten Dampfer nach Kopenhagen ein, wobei wir von Neuem Gelegenheit hatten, die Schönheit des Fjords von Christiania zu bewundern. Ist man aus diesem heraus, so bietet die Fahrt, welche 28 Stunden währt, durch das Skagerak und das Kattegat erst wieder Interesse, wenn man bei Helsingör in den Sund einpassirt. — Helsingör, das bei aller Welt berühmt ist durch Shakespeare, der dort seinen Hamlet spielen läßt, und den älteren Chicagoern noch besonders bekannt ist durch Capt. Georg Schneider, welcher dort drei Wochen Consul gewesen ist. Helsingör liegt sehr schön und malerisch und die breite Terrasse des Schlosses ist vom Schiff aus deutlich erkennbar.

Die Einfahrt in Dänemark's Hauptstadt, Kopenhagen, ist eine sehr schöne und erinnert an die Stockholmer. Die nahezu 300,000 Einwohner zählende Stadt liegt zu beiden Seiten des Kalleboftrands, eines schmalen, tiefen Arms des Sundes, und ist ein sehr lebhafter Handelsplatz, in dieser Hinsicht, besonders in dem lebhaften Treiben auf den Straßen, in auffallender Weise von den beiden sehr ruhigen nordischen Hauptstädten Stockholm und Christiania abstechend. Fast glaubt man in einer Großstadt Amerika's zu sein, so schnell bewegen sich die Leute auf den Straßen, so bedeutend ist der Wagenverkehr. Auch die nach europäischen Begriffen großen Läden sind schön und elegant eingerichtet. Die Straßen sind sehr sauber gehalten, die Ordnung überhaupt in jeder Beziehung musterhaft. In dem älteren Theile — die Stadt wurde schon im zwölften Jahrhundert gegründet, — giebt es noch viele sehr enge Straßen, mit alterthümlichen Häusern und Giebeln, wie man sie in Nürnberg und andern alten Städten sieht. Dagegen sind in den neueren Theilen der Stadt die Straßen zum Theil sehr breit, mit guten Seitenwegen versehen, und mit hübschen modernen Häusern besetzt.

Dem Reisenden bietet Kopenhagen nur zwei Dinge von hervorragenderem Interesse, — das Thorwaldsen-Museum und das Tivoli. Ersteres ist ein altes aber gut erhaltenes Gebäude, im Styl altrömischer Grabbauten, welches außer einer großen Zahl von Original-Werken des genannten großen Künstlers in Marmor alle oder doch annähernd alle seine Werke in Gypsabgüssen enthält; unter ihnen erwähne ich seinen Schiller, Gutenberg, sterbender Löwe das französische Lilienbanner schützend, Predigt Johannes des Täufers, (ein Relief, dessen Original am Giebel der Frauenkirche in Kopenhagen zu sehen ist), Amor und Psyche, Winter, Sommer und Herbst, Jason mit dem goldenen Vließ, Tag und Nacht, Vulcan, die drei Grazien mit dem Pfeil Amors, und die vier Lebensalter und Jahreszeiten als besonders eindrucksvoll. Das Museum umfaßt mehrere tausend Nummern, und es ist erstaunlich, was der Mann in seinem Leben geleistet hat. Herrlich sind auch die von ihm für die sonst sehr einfache Frauenkirche, der Metropolitankirche Dänemark's, gelieferten Arbeiten, — außer der schon erwähnten Marmorgruppe: Johannes der Täufer, in der Wüste predigend, ein Relief: Christi Einzug in Jerusalem, in der Vorhalle, und ein auferstandener Christus und die zwölf Apostel, überlebensgroß, sowie ein knieender Engel von wunderbarer Schönheit, und mehrere Reliefs.

Das Tivoli ist zweifelsohne der großartigste Vergnügungsort der Welt, jedenfalls der größte, denn es umfaßt 40 Acres, und in den 5 Monaten, während welcher es offen gehalten wird, strömen hier täglich im Durchschnitt mehr Menschen zusammen, als irgendwo sonst. Das Tivoli ist nämlich nicht blos ein Sommergarten, wo Conzerte gegeben werden und etwa Theater gespielt wird, sondern ein prachtvoll ausgelegter Platz, wo man außer Concert und Theater, Restaurationen aller Arten, einen Ballsaal, einen Circus, Panoramen, Tingeltangel, Schießstände, Seiltänzer, Rutschbahn, Polichinelltheater, Menagerien, kurz den ganzen Trödel eines deutschen Jahrmarktes findet, und der manche Aehnlichkeit mit dem Prater hat, nur daß der Prater ein vom Kaiser von Oesterreich dem Volke frei überlassener Platz ist, während das Tivoli einer Aktiengesellschaft gehört, welche die Theater rc. für den Sommer vermiethet und für die Instandhaltung der Anlagen ein geringes Eintrittsgeld — 13 Cents — berechnet. Will man sich eine oder mehrere der verschiedenen Vorstellungen ansehen, so zahlt man in jeder ein besonderes, auch meist sehr mäßiges Eintrittsgeld. Wir besuchten während des Nachmittags und Abends elf solcher Vorstellungen, und

Alles zusammen gerechnet hatte uns das Vergnügen $2.50 gekostet. Einen Begriff von dem zahlreichen Besuch des Platzes erhält man, wenn man hört, daß an dem Sonntag, an welchem wir dort waren, wie ich durch Erkundigung beim Kassirer erfuhr, 26,000 Personen Eintrittskarten gelöst hatten. Als wir Abends um 11 Uhr fortgingen, waren noch mindestens 10,000 Menschen dort. Sehr häufig wird Abends noch ein großes Feuerwerk abgebrannt, wofür keine Extra-Entschädigung zu bezahlen ist. Auch hier wieder fiel es mir, wie bei früheren Gelegenheiten, auf, mit welchem Anstand man sich in germanischen Ländern zu vergnügen weiß. Nirgends wurde gegen guten Ton verstoßen, oder schlug die Lustigkeit in tobende Ausgelassenheit um. Nirgends sah man einen Betrunkenen, nirgends eine Störung und auch nirgends einen Polizisten.

Hier in Kopenhagen merkten wir zuerst wieder, daß wir dem Lande der Mitternachtssonne den Rücken gewandt hatten; denn hier zum ersten Male seit sechs Wochen mußten wir wieder Licht anzünden, als wir uns zu Bett begeben wollten, was uns zuerst recht sonderbar anmuthete, ähnlich, wie wenn man auf der Office im Sommer zuerst wieder Licht anzünden muß.

Zu den Sehenswürdigkeiten Kopenhagens gehören die in dem Schlosse Rosenborg enthaltenen Sammlungen von Kunstgegenständen mehrerer Jahrhunderte aus dem Nachlaß der verschiedenen dänischen Herrscher. Sie bestehen aus Schmucksachen aus Gold, Silber und Edelstein, kostbaren Waffen, Krönungs- und Odenstrachten, prachtvollen Kaminen, Möbeln, in verschiedenen Zimmern der Zeit nach geordnet, aus welcher sie stammen, und bilden so eine nicht unwichtige Illustration zur Kulturgeschichte. Auch das Museum nordischer Alterthümer und die ethnographischen Sammlungen im sogenannten Prinzen-Palais sind in hohem Grade sehenswerth. Ersteres zählt an 40,000 Nummern, und enthält allein drei Säle voll von Gegenständen, (Waffen, Werkzeuge, Hausgeräth, Jagdgeräth ec.), welche den Gelehrten zufolge aus der Zeit vor Moses stammen, und die meisten in den sogenannten Kjökenmödinger (Küchenabfall-Haufen) gefunden wurden, — uralten Anhäufungen von Speiseabfällen, Knochenresten, Muschelschalen ec., die sich zahlreich an den dänischen Küsten vorfanden, ferner zwei Säle voll aus der Bronzezeit, und vier Säle aus der Eisenzeit, und zwar lauter Dinge, welche fast ausschließlich aus Funden in den Mooren Dänemarks, Jütlands und Schleswig-Holsteins herrühren, und culturhistorisch einen hohen Werth schon deshalb haben, weil die vielen Sachen aus Silber, Elfenbein und Glas darunter von dem lebhaften Tauschhandel Kunde geben, welcher schon in den drei ersten Jahrhunderten unserer Zeitrechnung zwischen dem Süden und Norden Europa's herrschte. Die Gegenstände aus dem christlichen Mittelalter nehmen sechs, die aus der Neuzeit bis zum Jahre 1660 vier Säle ein. Auch das ethnographische Museum in 35 Sälen ist eine der reichhaltigsten Sammlungen dieser Art in Europa, und zwar aus der ganzen Welt und bis in die graueste Vorzeit hinein.

Von Kopenhagen aus durchquerten wir mit der Bahn die Insel Seeland, wobei es mir auffiel, daß wir nirgends auf unserer vierstündigen Fahrt einen Ort, oder eine dichte Ansiedlung, wohl aber viele vereinzelte stattliche Höfe zu sehen bekamen. In Korsör bestiegen wir einen Dampfer, der uns nach Kiel brachte — leider während der Nacht, so daß ich nicht berichten kann, ob die Fahrt durch den Großen Belt schön ist oder nicht. Der Kieler Hafen, in den wir bei dem herrlichsten Wetter einfuhren, ringt, ob seiner milden Naturschönheit selbst Dem Bewunderung ab, der eben erst die großartigen Schönheiten der nordischen Fjorde genossen hat, und die umfangreichen Werfte-Anlagen der deutschen Flotte erregen gerechte Aufmerksamkeit. Die Stadt selbst bietet ja freilich außer seiner sechs und ein halb Jahrhundert alten Nicolaikirche — und an ihr ist dich nicht das Alter das Interessanteste — und vielleicht dem Thaulow-Museum, einer vorzüglichen Sammlung von Holzschnitzereien, dem Weitgereisten nur wenig, und nach kurzem Aufenthalte dampften wir weiter nach Hamburg.

Was soll ich den Lesern des „Westen" von Hamburg erzählen? Die Meisten werden es kennen. Und wenn sie nicht persönlich den Jungfernstieg beschritten, zu Boot die herrliche Fahrt durch Alsterbassins, oder die Elbe hinab an Altona vorbei nach Blankenese gemacht haben oder zu Fuß durch die prachtvollen Anlagen geschritten sind, welche aus den früheren Wällen und Wallgräben geschaffen wurden, oder sich an dem riesigen Gewimmel des Hafens gefreut haben, in welchem Schiffe aus allen Weltgegenden verkehren und jährlich für mehr als tausend Millionen Dollars Waaren aus- und eingeführt werden, wenn sie nicht das lustige Treiben auf St. Pauli mitgemacht und den prachtvollen Villen-Vorstädten einen Besuch abgestattet, oder gar es unterlassen haben sollten, den Zoologischen Garten zu besichtigen, welcher an Schönheit der Anlage kaum hinter dem Berliner zurücksteht und ihn an Schönheit und Reichhaltigkeit der darin befindlichen Thiere weit übertrifft, der hat doch jedenfalls — aus berufenen und unberufenen Federn — soviel darüber gelesen, daß ich nur Altbekanntes austischen könnte. Auch war unser Aufenthalt verhältnißmäßig kurz bemessen. Natürlich besuchten wir die Börse, deren lebhaftes Treiben an die Chicagoer erinnerte, und nahmen die großen und schnell voranschreitenden Bauten in Augenschein, welche das Deutsche Reich und die Stadt Hamburg gemeinsam aufführen lassen, um die Freihafenstellung Hamburg's fortdauern zu lassen, die Stadt selbst aber in den Bereich des deutschen Zollbezirks zu ziehen. Obwohl es in Hamburg noch viele Stadttheile giebt, die einen geradezu baufälligen Anblick gewähren, so ist doch der Gesammteindruck der einer großartigen, rührigen, modernen Stadt, in der zu leben es einen Chicagoer keine große Ueberwindung kosten würde, vorausgesetzt, das Zeitungswesen wäre dort anders beschaffen.

Da mich nämlich am Morgen nach meiner Ankunft in Hamburg das dringende Bedürfniß überkam, eine Zeitung zu lesen, — denn wir waren in den vorhergehenden sieben Wochen in Ländern gewesen, deren Sprache ich nicht verstand, und ich wollte doch gerne wissen, wie weit sich die Welt in dieser Zeit verschoben hatte — und in meinem Hotel darnach fragte, erhielt ich vom Portier zur Antwort: „Die Zeitung ist noch nicht da; wir bekommen sie erst gegen 9 Uhr! Die Frau (in Deutschland werden die Zeitungen fast durchweg von Frauen ausgetragen) kommt nicht eher." Als ich mich dann erkundigte, ob man nicht in der Nähe eine kaufen könnte, wurde mir gesagt: Nein, ich müßte nach der Office der Zeitung schicken. Ich mußte dabei an unsere Chicago'er Abonnenten denken, von denen Manche sogar bei einem Wetter, wie es in den verflossenen Wochen mehrfach herrschte, sich noch beschweren, wenn sie die Zeitung nicht auf ihrem Frühstückstisch, um 7 Uhr, vorfinden.

Von Hamburg nahmen wir unsern Weg nach Hannover. Auf dem Wege erfreuten uns die gut bestellten, reichen Segen verheißenden Felder, die schönen aus rothen Backsteinen und gebrannten Dachziegeln ausgeführten Bauernhöfe und Herrenhäuser, und die, wie überall in Deutschland, wohlgepflegten Chausseen, in welchen das deutsche Reich einen so großen Vorzug vor den Ver. Staaten besitzt. Ueber die Stadt Hannover selbst ist erst ganz vor Kurzem ein so vorzüglicher Bericht des Herrn Ahrendt in der Illinois Staatszeitung veröffentlicht worden, daß es unnütz wäre, heute schon wieder über denselben Gegenstand zu schreiben. Aber ich möchte bemerken, daß für Den, der sein Schäfchen in's Trockene gebracht hat und mit Muße, aber mit möglichst viel Genuß sein Leben beschließen will, wohl kaum ein Ort geeigneter ist, als Hannover. Denn es wird ihm dort das beste Theater, die beste Musik, und jegliche Art von Unterhaltung geboten, und das Leben ist dort verhältnißmäßig billig, — jedenfalls sehr viel billiger, als in Berlin, nicht blos in Bezug auf Lebensmittel, sondern auch auf Alles oder Vieles, was sonst dazu gehört. So habe ich Berliner Fabrikate in Hannover billiger gekauft, als mir in Berlin selbst dafür abgefordert wurde. Auch kann ich nicht umhin, der großen Zuvorkommenheit der Bewohner Hannover's zu erwähnen, die durchweg sehr wohl erzogen erscheinen.

Von hier fuhren wir über Bremen, wo wir uns nicht aufhielten, nach Oldenburg. Dieses, wie überhaupt das ganze Oldenburger Land, hat sich in den fünfzehn Jahren meiner letzten Anwesenheit ganz bedeutend herausgemacht. Nicht nur hat es bedeutend an Einwohnern zugenommen, und ist um den alten Kern von engen und krummen Straßen ein Rahmen hübscher moderner Straßen entstanden, mit Häusern, die fast alle in Gärten liegen, es scheint überhaupt ein ganz anderer, großstädtischer Geist dort eingezogen zu sein, und die Stadt einer glänzenden Zukunft entgegen zu gehen. Allerdings für alle Culturfortschritte ist sie noch nicht der geeigucte Boden. Denn die dort angelegte Pferdebahn hat nach sechs Monaten ihren Betrieb wieder einstellen müssen. Die Oldenburger fahren nie, wenn sie es irgend vermeiden können. Deshalb wohnt dort auch wohl ein so gesunder Menschenschlag.

Von Oldenburg ging es per Wagen, meist durch trostlos öde Heide über Kloppenburg nach Vechta und Langvörden, den Heimathsorten meiner Eltern. In Vechta logirten wir in demselben Hause, in welchem mein Vater geboren wurde und seine Kindheit verlebt hat, und brachten von dort das Käppchen mit, das er bei der Taufe trug, und das bis dahin erst von seiner Mutter, dann von seiner ältesten Schwester sorgsam aufbewahrt war, wie man ja überhaupt in Deutschland dergleichen Dinge pietätvoll hütet und aufhebt. Aus dem Garten des Elternhauses meiner Mutter brach ich einige Blumen, die ich ihr — zu ihrer großen Freude — mitbrachte, und die sie sorgfältig aufhob. Wie wenig ahnte ich damals, daß wir sie ihr sobald darauf mit in den Sarg legen würden.

Unser nächstes Reiseziel, der alte Bischofssitz Osnabrück im Münsterlande, mit seiner aus dem 12. Jahrhundert stammenden Kathedrale, seiner schönen Marienkirche und dem Rathhause, in welchem der westphälische Friede nach fünfjährigen Verhandlungen zu Stande kam, bot uns auch nichts Neues; denn wir hatten die Stadt, in welcher keine Veränderung eingetreten zu sein scheint, schon früher gesehen. Wir logirten in demselben Hotel und in demselben Zimmer, welches ich vor fünfzehn Jahren mit meiner Frau, und vor fünfundzwanzig Jahren mit meiner Mutter bewohnt hatte, und da in dem Zimmer ein Kronleuchter hing, so wurde uns, wie früher, der Preis für sämmtliche Kerzen darin in Rechnung gestellt, obwohl wir höchstens zwei davon auf ein paar Minuten angezündet hatten.

Von Osnabrück ging's nach Amsterdam. Sehr bald verschwand die Heide. Saftige Wiesen, Windmühlen in Menge und Wasser-Canäle erschienen zu beiden Seiten der Bahn — wir befanden uns in den fruchtbaren Niederlanden.

XIII.

Holland.

Obwohl Holland eins der kleinsten Länder der Erde ist, bietet es doch dem Reisenden auf Schritt und Tritt sehr viel Neues und Interesse Erregendes, nicht sowohl an alterthümlichen Schätzen in Museen und Bildergallerien, obwohl auch davon in Amsterdam, im Haag und anderswo Vorzügliches zu sehen ist, als vielmehr in Bezug auf Land und Leute, Sitten und Eigenthümlichkeiten. Denn keines der Länder, die ich besucht habe, hat so durchweg einen alten, fast mittelalterlichen Anstrich und hat wenigstens äußerlich, der Neuzeit anscheinend so geringe Zugeständnisse gemacht, wie Holland. Fast scheint es, als hätte es, seitdem es die Herrschaft zur See an England abtreten mußte, stille gestanden und sei nur auf Erhaltung des damals Bestehenden bedacht gewesen.

Namentlich gilt dies von dem Aussehen der Häuser und Städte, die ganz so aussehen, wie nach den Abbildungen New York (Neu Amsterdam) vor 200 Jahren. Die schmalen, bis zu sechs Stockwerke hohen aus schwarz-rothen Ziegeln erbauten Häuser, mit den ausgezackten oder verschnörkelten Giebeln, weißen Fugen, hellangestrichenen Fensterrahmen, und riesigen Fallfenstern im untersten Stockwerk, mit Krähnen an den Giebeln, um Waaren auf die geräumigen Böden zu ziehen; die schiffbaren mit Ulmen-, Linden- oder Ahornbäumen eingesäumten Canäle, welche die Stadt durchziehen, und deren Seiten entlang wieder geräumige Straßen liegen, geben allen holländischen, namentlich den nordholländischen Städten ein ganz eigenthümliches Gepräge. Wer etwas Phantasie besitzt, sieht diese Canäle, auf welchen jetzt nur hier und da ein Boot zu sehen ist, mit unzähligen Kähnen und Schiffen bevölkert; er sieht die geschäftigen Krähne die Tonnen und Waarenballen und Fässer mit köstlichem Gut aus den fernen Tropen auf die Speicherräume schaffen; versteht, wie dieses kleine wassergeborene Volk einst das größte Handelsvolk der Erde, und des Meeres Herrscher sein konnte.

Heute, wo Dampfer und Eisenbahnen allen Verkehr an sich reißen, herrscht selbstverständlich kein so lebhaftes Gewimmel mehr auf diesen Canälen, — Grachten genannt, — namentlich innerhalb der Städte. Aber die großen Canäle, welche das Land durchschneiden, dienen noch heute als wichtige Verkehrswege, auch wenn sie hauptsächlich zum Zwecke der Entwässerung angelegt sind. Denn wie ja wohl Jedermann bekannt, ist Holland ein dem Meere abgerungenes Land, das vielfach tiefer liegt, als die Meeresoberfläche, namentlich zur Zeit der Fluth, und durch mächtige Deiche gegen das Eindringen der See, oder der Fluthen des Rheines geschützt ist. Schon die einzelnen Felder sind statt wie in Amerika durch hölzerne Zäune, oder wie in anderen trockenen Ländern durch Hecken, durch Gräben abgetheilt. Das in ihnen angesammelte Wasser wird durch Windmühlen in die großen Entwässerungscanäle gepumpt, welche es den Flüssen oder wenn nahe dem Meere diesem selbst direkt zuführen. Das erklärt die riesige Zahl von Windmühlen, welche man hier, wie übrigens ja auch an der Weser- und der Elbmündung, und in den schleswig-holsteinischen Marschen zu sehen bekommt. Diese Canäle liegen selbstverständlich höher, wie das umgebende Land, nicht nur mit der Oberfläche, sondern mit der Sohle, und man kann sich denken, wie fest die Teiche sein müssen, um ein Durchbrechen derselben, und ein Zurückfließen des Wassers zu verhindern. Am festesten sind natürlich die Deichbauten direkt am Meere und an den Hauptmündungen des Rheins. Die ersteren bestehen häufig aus riesigen Steinbauten. Eine besondere aus Ingenieuren zusammengesetzte Behörde, „de Waaterstaat", überwacht die Deichbauten und deren Instandhaltung, welche jährlich zwei bis drei ein halb Millionen Dollars erfordert.

Die Landgewinnung durch Eindeichen und Auspumpen dauert noch immer fort. So wurde erst im vorigen Jahrzehnt das Ij (sprich: Ei), eine Bucht der Zuider-See bei Amsterdam, zum Theil trocken gelegt, wie nicht lange vorher das Haarlemer Meer, und ohne Zweifel wird auch der lange gehegte Plan, die Zuider-See selbst „einzupoldern" — man nennt eine dem Wasser abgenommene Landschaft „Polder", — wodurch fast 500,000 Acre Land gewonnen werden würden, noch einmal zur Ausführung kommen. Denn obwohl die Kosten dieses Unternehmens auf $48,000,000 geschätzt sind, so würde das gewonnene Land bei der außerordentlichen Fruchtbarkeit, welche diese Schlickländereien entwickeln, das Dreifache und mehr werth sein.

Daß Holland ein außerordentlich reinliches Land ist, gehört auch zu den Dingen, welche bekannt sind; auch, daß die holländischen Hausfrauen nicht nur ihre Häuser im Innern spiegelblank erhalten, und in ihre „gute Stube" Niemanden anders als mit Filzschuhen an den Füßen eintreten lassen, sondern auch die Straße vor ihren Häusern nicht nur sauber abfegen, sondern abscheuern. Dazu giebt einen Vorwand die Thatsache, daß nicht nur die Seitenwege, sondern in vielen Orten die Straßen selbst — wie auch oft die Landstraßen — mit Klinkers, hart und glasig gebrannten, auf die hohe Kante gesetzten Backsteinen gepflastert sind. Aber auch die mit gewöhnlichen Steinen gepflasterten Straßen werden außerordentlich sauber gehalten.

Eine Eigenthümlichkeit, welche wir später auch in Belgien fanden, ist, daß jede Viertelstunde auf allen Thürmen die Glockenspiele einige Accorde ertönen lassen, während dem Anschlagen der vollen Stunde oft das Abspielen einer vollen Choral-Melodie vorhergeht. Und manche dieser Glockenspiele sind schön.

In Holland wird viel Thee getrunken, und da oft viele Familien sich nicht die Mühe machen wollen, zu dem kalten Aufschnitt, welcher regelmäßig die Abendmahlzeit bildet, oder zum Frühstück heißes Wasser zu machen, vielleicht auch dem damit verbundenen Schmutz scheuen, so sieht man häufig Schilder mit der Inschrift: "Water en vuur te koop" — Wasser und Feuer zu kaufen. Man erhält dort für wenige Cents kochendes Wasser und einige glühende Torfkohlen, um es bis zum Gebrauch auf eigens zu diesem Zwecke construirten Kohlenbehältern kochend zu erhalten.

Die Materialwaaren und Droguenhandlungen haben, wie bei uns die Apotheken, einen Mörser, fast ausnahmsweise einen bemalten Türken- oder Mohrenkopf zum Schild, der Gaper (Gähner) genannt wird. Kommen neue Häringe an, so wird in den ersten Wochen an den Thüren die holländische Flagge angebracht, und eine mit Buchsbaum und Flittergold verzierte große Krone aufgehangen. Branntweinläden tragen die Inschrift "tapperij" oder "hier verkoopt men sterke dranken", dem ein "vergunning" (licensirt) beigefügt ist.

Amsterdam, die Haupt- aber nicht die Residenzstadt des Königreichs Holland, am Einfluß der Amstel in die jetzt, wie vorher beschriebene stark verkleinerte Bucht der Zuidersee, des Ij oder Y gelegen und fast 400,000 Einwohner zählend, ist eine hochinteressante Stadt. Ist sie auch heute nicht mehr wie im siebzehnten Jahrhundert die erste Handelsstadt Europa's und der Welt, so ist sie doch noch eine sehr bedeutende Handels- und auch eine nicht unbedeutende Industriestadt, und in ihrem Hafen herrscht reges Leben. Indessen ist das für den Reisenden, der sich auf den ersten Märkten der heutigen Welt bewegt hat, nicht von einschneidendem Interesse. Das wird in erster Reihe durch die eigenthümliche Anlage der Stadt und deren alterthümliches Aussehen gefesselt. Amsterdam bildet einen Halbkreis, dessen Sehne von dem Y gebildet wird, während die Landseite den Bogen bildet, oder besser es besteht aus einer Reihe concentrischer Halbkreise, deren Bögen von Grachten gebildet wird — nur daß diese Bögen nicht als mit dem Cirkel abgemessen gedacht werden müssen. Andere Grachten durchschneiden die Stadt in radialer Richtung, und diese besteht jetzt aus 90 oder mehr Inseln, die durch ungefähr dreihundert theils Zug-, theils Drehbrücken mit einander verbunden sind. Die Grachten sind 3 bis 5 Fuß tief, und riechen, trotzdem der sich darin ansammelnde Schlamm durch Baggermaschinen häufig entfernt, auch für Erneuerung des Wassers aus dem Nordostsee-Canal Sorge getragen wird, im Sommer wie in Hamburg die Flethe oder in Chicago der Fluß, und in neuerer Zeit hat man begonnen, einige von ihnen ganz zuzuwerfen. Möglich, daß sie in hundert Jahren — ebenso wie hoffentlich der Chicago-Fluß — ganz verschwunden sein werden. Die bedeutendsten Grachten sind die Heerengracht, die 150 Fuß breit ist, die Keizersgracht und die Prinsengracht, die zu den concentrischen Grachten gehören, mit breiten Straßen und Ulmen-Alleen eingefaßt sind und einen freundlichen und an manchen Stellen einen malerischen Anblick gewähren. Die äußerste der kreisförmigen Grachten, welche die ältere Stadt von den seit 15 Jahren entstandenen neuen Stadttheilen trennt, in welchen man die einzigen modernen Gebäude findet, heißt die Singelgracht und ist gut sechs englische Meilen lang. Die Instandhaltung und Reinigung dieser Canäle kostet fast ebenso viel, wie die Straßenreinigung in Chicago, nämlich ungefähr $150,000 im Jahre.

Bei dieser Gelegenheit mag erwähnt werden, daß das Bauen in Amsterdam sehr schwierig ist, und daß alle Gebäude auf einem Pfahlrost von 13 bis 20 Fuß Höhe errichtet werden müssen. Denn der Obergrund besteht aus Schlamm und Moor. Im Jahre 1822 soll ein großer Kornspeicher, den man zu stark belastet hatte, buchstäblich in den Grund gesunken sein. Man sagt, daß in Amsterdam der Bau unter der Erde fast ebenso viel kostet, als der darüber.

Daß in Folge der vielen Canäle, welche Amsterdam durchschneiden, dieses häufig von Schriftstellern mit Venedig verglichen wurde, kann man verstehen, obgleich die Aehnlichkeit mit den Canälen aufhört, denn wie gesagt, liegen den Canälen entlang in Amsterdam zu beiden Seiten Straßen, und man fährt dort nicht in Gondeln, sondern geht zu Fuß oder fährt in Wagen — meistens wenigstens. Nur Abends im Mondschein kann man sich in Amsterdam nach Venedig versetzt fühlen, wenn das ungewisse Licht die Unterschiede verschleiert und man Phantasie genug besitzt, sich statt der merkwürdig unschönen Thürme Amsterdam's, die imposanten Kuppeln Venedig's vor's Auge zu zaubern.

Der Hafen Amsterdam's liegt am Y, einer, wie schon gesagt, westlichen Seitenbucht der Zuidersee, jenes großen Meerbusens, welcher sich erst seit dem dreizehnten Jahrhundert durch wiederholte Einbrüche der Nordsee in das holländische Festland gebildet hat, und den man jetzt bestrebt ist, nach und nach wieder zu verkleinern, oder ganz von der Karte zu streichen. Die großartige Naturumwälzung hatte den jähen Untergang zahlreicher Ortschaften verursacht und das Aufblühen neuer Plätze am neuen Wasserspiegel zur Folge, wie Edam, Enkhuyzen, Stavoren, die einst bedeutende Handelsplätze waren, deren Hafen aber wieder versandeten, und deren Erbschaft dann auf das seit dem vierzehnten Jahrhundert mächtig aufstrebende Amsterdam überging, das, wenn es heute auch von mehreren modernen Seestädten überholt ist, einst die erste Handelsstadt der Welt war, und auch heute noch einen großartigen Welthandel betreibt. Zur Erhaltung und Erleichterung dieses Welthandels hat Amsterdam im Laufe dieses Jahrhunderts wahrhaft großartige Wasserbauten ausgeführt. Da die Zuidersee in Folge der vielen seichten Stellen darin ein sehr unsicheres und gefährliches Fahrwasser, namentlich für tiefgehende Schiffe, war, wurde in den Jahren 1819 bis 1825 der das Y mit der Nordspitze Holland's verbindende 50 englische Meilen lange, 20 bis 22 Fuß tiefe und 120 Fuß breite **Nordcanal** mit einem Kostenaufwand von $2,800,000 angelegt. Aber er genügte dem gesteigerten Verkehr nicht, und so wurde Anfangs der siebziger Jahre vom Y aus direkt westlich ein 200 bis 330 Fuß breiter, 23 bis 16 Fuß tiefer und etwas über 15 englische Meilen langer **Canal durch die Dünen der Nordsee** gegraben und gegen den Ansturm des Meeres durch riesige Schleusen bei Dmuiden geschützt — Arbeiten, welche insgesammt zehn Millionen Dollars verschlangen. Bei dieser Gelegenheit wurde auch das Y zum größeren Theile trocken gelegt, und gegen die Zuidersee durch Schleusenbauten geschützt, so daß der Hafen von Amsterdam jetzt nicht mehr der Fluth und Ebbe unterworfen ist. Man sieht hieraus, daß der von mir angedeutete Stillstand Holland's nur ein scheinbarer ist, in Amsterdam wenigstens.

Auf eine Beschreibung der zahlreichen und zum Theil sehr großartigen Hafenbauten, und des hier auf drei Inseln liegenden Centralbahnhofs, der großen Schiffswerften der Handels- und Kriegsmarine, des Entrepot-Docks (bonded warehouse) ꝛc. kann ich mich natürlich nicht einlassen und bemerke nur, daß sich auch hier ein Stück zwar modern-rühriges, aber in der Umrahmung der alterthümlichen Bauten und der eigenthümlichen Trachten recht fremdartig berührenden Lebens abspielt.

Dem Y entlang zieht sich die **Prins Hendricks-Kade**, früher Buitenkant genannt, mit vielen alten Gebäuden und Speichern und dem „Schreijerstoren", einem jetzt dem Hafenmeister als Office dienendem alten Wachtthurm, von welchem früher die überseeischen Schiffe abfuhren, und der seinen Namen von dem Geheul der zurückbleibenden Frauen und Kinder der Schiffer erhalten haben soll. Am östlichen Ende dieser interessanten Uferstraße liegt die "Kweekschool voor de Zeevaart" (Seemannschule) und das stattliche Zeemanshuis (Matrosenheim), das sich großen Zuspruchs seitens der Seeleute erfreut. Eine andere treffliche Anstalt für Seeleute, das „Zeemanshoop", liegt weiter im Innern der Stadt. Es übernimmt die Versorgung der Familien der dazu gehörenden Seeleute, und vermittelt, wie der englische Lloyd, die neuesten Nachrichten über auf See befindliche Schiffe.

Der in künstlerischer Beziehung sehenswerthen Dinge giebt es im Amsterdam gerade nicht viele. Dafür enthält aber das erst im Jahre 1885 vollendete im altholländischen Renaissancestyl mit starken gothischen und romanischen Anklängen errichtete, mit trefflichen Skulpturen und figurenreichen Mosaik-Compositionen in gemalten und glasirten Ziegeln geschmückte **neue Reichsmuseum**, das schon äußerlich einen außerordentlich künstlerischen und geschmackvollen Eindruck macht, wahre Schätze, namentlich der Malerkunst, und darunter vornehmlich und fast ausschließlich der Kunst der holländischen Meister. Die holländische Malerei und ihre Meister muthen uns deßhalb so an, weil ihre Entwürfe aus dem wirklichen Leben gegriffen sind, weil sie die Welt schildern, wie sie ist, oder wenigstens, wie sie dem Auge des Künstlers erscheint; ihr Reiz liegt in der künstlerischen Auffassung des Einfachsten und Gewöhnlichsten. Da schilderten Wilhelm van der Velde und Bathuizen den Hafen von Amsterdam, die Zuider-See mit das offene Meer, durchfurcht von majestätisch einherziehenden Handels- und Kriegsschiffen früherer Tage im Schmuck der schwellenden Segel; da malen Potter und van Cupp fette Wiesen mit behaglich dahinweidendem Mastvieh; da entfalten Hobbema, Ruysdael und Everdingen die einfachen und doch so eigenartig anheimelnden Reize der holländischen Landschaft; da führen Terburg,

Dow und Metzu uns in die feineren Kreise, Jan Steen in die Schenken; da bringt Hondekoeter sein Federvieh, Rachel Ruysch ihre Blumen; da endlich kommt Rembrandt mit seinen großen historischen Gemälden und Genrebildern, unter denen sein berühmtestes, die sogenannte „Wache" — mit einer ganz wunderbaren Vertheilung von Licht und Schatten, ein wahrer Triumph des Lichts über die Finsterniß, — und van der Helst mit seinem berühmten Schützenmahl, welches die Freude der Holländer über den Abschluß des westphälischen Friedens kennzeichnet. Da sieht man keine zum Gerippe abgemagerten dyspeptischen Heiligen und hysterischen Frauenzimmer, — überall ist volles strotzendes Leben, Lebensmuth und Lebensfreude, Lust, Gesundheit, und wo es angebracht ist, Uebermuth.

Berühmt ist der **zoologische Garten** in Amsterdam und mit Recht; er stellt sich dem Berliner zur Seite. Wie die meisten in Europa gehört er einer Actiengesellschaft, aber wenn ich recht unterrichtet bin, gestattet diese Actiengesellschaft nur ihren eigenen Mitgliedern und Fremden, aber man sollte es kaum für möglich halten, **keinen Juden** den Zutritt. Ganz sicher werden wissentlich keine Actien an Juden verkauft. Und doch gehören die jüdischen Bewohner Amsterdam's, namentlich die spanischer und portugiesischer Abstammung, nicht blos zu den vornehmsten Juden, sondern zu den in jeder Beziehung vornehmsten Menschen. Unser Aufenthalt war zu kurz, als daß wir das „Warum" für diesen gesellschaftlichen Ostracismus hätten ergründen können.

Das bringt uns auf das **Judenviertel Amsterdams** — es wohnen hier über 30,000 deutsche und 3500 sogenannte portugiesische Juden, und sie machen deshalb fast ein Zwölftel der mit den Vorstädten auf 400,000 bezifferten Einwohnerschaft Amsterdams aus. Zu meiner großen Befremdung mußte ich die Wahrnehmung machen, daß dieses Judenviertel in dem sonst so reinlichen Amsterdam, und ganz entgegen der scrupulösen Sauberkeit, welche die fortgeschrittenen und ihren asiatischen und halbasiatischen Zuständen entwachsenen Juden huldigen, mit seinen äußerst unreinlichen Straßen und Trödelläden einen bösen Schmutzfleck bildet, mit dem man sich auch dann nicht versöhnt, wenn man sich erinnert, daß von hier aus das Licht eines Baruch Spinoza ausgegangen ist, daß hier zum Theil wenigstens Uriel Acosta spielt und daß Rembrandt hier wohnte, und hier die Ideen für viele seiner glücklichsten Genrebilder geschöpft hat.

Was dem Reisenden hier besonders auffällt, ist, daß man hier fast gar kein Holländisch, sondern nur Deutsch oder Englisch, oder besser nur Englisch oder Deutsch sprechen hört. Denn das Englische überwiegt.

Hier im Judenviertel befinden sich auch die **Diamanten-Schleifereien**, welche einen Theil des Ruhmes von Amsterdam ausmachen. Die Kunst des Diamantenschleifens wurde vorher nach Europa, wo sie vorher unbekannt war, von portugiesischen Juden gebracht, und die hauptsächlichsten und angesehensten der Schleifereien befinden sich in Amsterdam noch heute in Händen portugiesischer Juden oder deren Nachkommen. Es würde zu weit führen, wollte ich an dieser Stelle versuchen, dem Leser eine Idee davon beizubringen, wie man Diamanten schleift und schneidet. Dampfgetriebene Maschinen und Diamantenstaub spielen dabei die Hauptrolle.

Zufällig besuchten wir das Judenviertel, welches zehn Synagogen enthält, darunter eine, welche angeblich dem salomonischen Tempel nachgebildet ist und viele kostbare Geräthe birgt, an einem Samstag und fanden, daß dort die alten Sitten streng beobachtet werden. Denn obwohl es Mittsommer war, fanden wir alle Läden geschlossen.

Außer Moskau kann sich keine Stadt, so weit meine Beobachtung reicht, so vieler und reich ausgestatteter **wohlthätiger Anstalten** rühmen, wie Amsterdam. Es besitzt deren über einhundert. Ich erwähne die Blindenanstalt, das Altenheim der reformirten und das St. Jacobstift der katholischen Kirche; die verschiedenen Waisenhäuser, von denen eines, das Diakonie-Waisenhaus, 1000 bis 1200 Zöglinge zählt, und in denen allen das frische Aussehen der Pflegebefohlenen von nahrhafter Kost und guter Behandlung zeugt, und die Maatschappij tot met van't algemeen, 1784 vom Mennonitenprediger Jan Nieuwenhuissen aus Monnickendam gegründet, ein Hülfsverein, welcher über ganz Holland verbreitet, in 350 Lokalvereinen 18,000

Mitglieder zählt, aber in Amsterdam seinen Hauptsitz hat und bestrebt ist, der Armuth durch Verbreitung von Kenntnissen und guten Sitten zu steuern und vorzubeugen. Er ist eine so bedeutende öffentliche Macht geworden, daß man ihn schon die zweite Regierung des Landes genannt hat.

Natürlich besitzt Amsterdam, als Hauptstadt des Landes, ein **königliches Schloß**. Es erhebt sich am Dam, dem belebtesten Platze der Stadt, ist ein thurmgekrönter mächtiger Quadratbau, welcher mit seiner Anlehnung an das Klassische wenig in die verhunzte Gothik der Umgebung hineinpaßt, und war früher das Rathhaus der Stadt, wurde aber von Louis Napoleon zum Residenzschloß gewählt, und ist es unter dessen Nachfolgern geblieben. Nur daß es angeblich höchstens vierzehn Tage im Jahre dem jetzigen Herrscher als solches dient. Man hat mir erzählt, — für die Richtigkeit übernehme ich keine Bürgschaft, — daß der König von Holland verpflichtet ist, vierzehn Tage lang in Amsterdam zu wohnen, und daß während dieser Zeit die Stadt Amsterdam ihn mit seinem Hofstaat zu unterhalten hat, daß er aber für Alles, was er nach Ablauf der vierzehn Tage verbraucht, selbst bezahlen muß, und wäre es nur ein Gläschen Gin und eine Cigarre. Ebenso angeblich hat der jetzige Herrscher es nie auf eine solche Möglichkeit ankommen lassen, sondern hat nur genau seine vierzehnmal vierundzwanzig Stunden unter seinen geld- und bürgerstolzen Amsterdamer Unterthanen abgesessen.

Zu erwähnen ist noch, daß Amsterdam im „Krasnopolsk" wohl das größte Kaffeehaus Europa's besitzt. Es ist mit großen Billiardsälen und einem Hotel verbunden, und ist Abends der Sammelplatz der reichen Amsterdamer und ihrer Damen. Der Anblick, den diese Versammlung gewährt, ist durch die schöne, nordholländische Kopftracht — der glänzenden Stirnplatte mit der Spitzenhaube darüber — ein außerordentlich glänzender und reicher. Denn man muß nicht glauben, daß nur Bäuerinnen diese Kopftracht tragen. Im Gegentheil, die vornehmsten Städterinnen tragen sie, oft aus gediegenem Golde, mit Edelsteinen und Diamanten besetzt, und den kostbarsten Spitzen in den Häubchen, und gar mancher davon soll seine 20,000 Dollars werth sein. Bei dieser Gelegenheit will ich die Bemerkung nicht unterdrücken, daß, nachdem was ich gesehen, die holländischen Frauen durchschnittlich besser aussehen, wie die irgend eines anderen Volkes, und jedenfalls sich prachtvoller Gesichtsfarben erfreuen.

Der oben erwähnte Kopfputz, das sogenannte Ohreisen, ist ein breites Stirnband von Gold oder vergoldetem Silber, in Gestalt eines Hufeisens, welches das Haar zusammenhält, und an den Schläfen in zwei großen Rosetten oder ovalen glatten Goldplatten, etwa doppelt so groß wie ein Dollar, endigt, darüber eine Haube oder Schleier aus reichen Spitzen mit Flügeln, die in den Nacken hinabhängen; große Ohrringe mit Edelsteinen gehören dazu. Aehnlich ist der Kopfputz der Friesinnen, nur breiter; eine Art von Metallhaube, die fast die ganze Hirnschale bedeckt. Dieser Kopfschmuck vererbt sich in den Familien von Mutter auf Tochter und von Geschlecht zu Geschlecht.

Die Kirchen Amsterdams sind nicht interessant. Zwar stammen einige von ihnen aus sehr alter Zeit; aber sie wurden nach der Reformation von fanatischen Bilderstürmern ihres Schmuckes beraubt, und zeigen jetzt fast nur außer einigen Glasmalereien und den Grabmälern holländischer Seehelden die kahlen weißen Wände. Von der von jeher in Amsterdam herrschenden religiösen Duldsamkeit zeugen außer den zehn Synagogen zehn reformirte Kirchen, drei evangelisch-lutherische verschiedener Richtung, zwei wallonische, eine presbyterische, eine bischöfliche, eine Remonstranten-, drei christlich-reformirte und neunzehn katholische Kirchen.

Unter den Straßenfiguren Amsterdams ist mir nur eine besonders aufgefallen. Es sind das alte Frauen, welche in der einen Hand einen mit Gurken gefüllten Eimer, in der anderen ein Brett mit in ganz kleine Happen zerstückelten Häringen mit dem Rufe: „Cent en Lick", auf den Marktplätzen stehen; von ihnen kauft man für einen holländischen Cent = ⅖ amerik. Cent, einen solchen Happen Häring und darf von einer von der Frau hingehaltenen Salz-Gurke einmal abbeißen. Der Rest der Gurke wandert in den Eimer zurück.

Von Amsterdam aus machten wir mehrere Ausflüge — zunächst fast selbstverständlich nach dem berühmten **Zaandam** — irrthümlich in Deutschland meist Saardam genannt. Es ist eine Stadt von gut 12,000 Einwohnern, und hauptsächlich dadurch berühmt, daß Peter der Große hier als einfacher Schiffszimmermann gearbeitet hat. Durch neue Forschungen soll freilich festgestellt sein, daß er sich dort nur acht Tage aufhielt, und dann nach Amsterdam zurückkehrte. Dennoch ist die Hütte Peters des Großen noch immer der Stolz aller Zaandamer und Wallfahrtsort für alle Holland besuchenden Fremden. Das alte, aus rohen Brettern zusammengefügte Gebäude neigt sich bedenklich zu einer Seite, ist aber auf Veranlassung der Königin Anna Paulowna, einer russischen Prinzessin, durch ein auf Backsteinpfeilern ruhendes Schutzdach etwas gegen weiteren Verfall geschützt. Störend wirken darin die in die Holzwände eingefügten marmornen Tafeln, welche an den Besuch russischer Herrscher erinnern. Uebrigens bildet der Ort selbst ein sehr anziehendes und Holland kennzeichnendes Bild, denn er besteht hauptsächlich aus zwei langen Reihen von Windmühlen, nebst dazu gehörigen meist kleinen Gebäuden. Diese Mühlen werden, wie überall in Holland, zu den verschiedensten Zwecken benützt; sie pumpen nicht nur Wasser aus, sondern sägen Holz, stellen Papier her ꝛc. Sie sind weit größer und stattlicher, wie in anderen Ländern, und strecken auf starkem, oft steinernem Unterbau ihre Flügel stolz in die Höhe.

Interessant ist schon die kurze Fahrt nach Zaandam. Denn hier sieht man besonders hinter den hohen Deichen die vielgerühmten holländischen Wiesen mit dem herrlichen Vieh, und erkennt erst recht die Großartigkeit der früher erwähnten Wasserbauten, welche das Wasser in Land verwandelt haben. Die Natur hat dem Holländer das Leben nicht leicht gemacht. Er hat sich die Scholle, auf der er wohnt, selbst geschaffen, und muß stets bereit sein, sie und Leben gegen die stürmische See zu vertheidigen. Sein Wohlstand ist ein wohlverdienter.

Einen anderen sehr interessanten Ausflug von Amsterdam aus machten wir über Broek, einem sogar für Holland außerordentlich reinlichen, mit Klinkers gepflastertem Orte, nach Monnickendam, und von dort per Fischerboot nach der Insel Marken in der Zuider-See. Die Fahrt nach Monnickendam geht an den Außengrenzen des in den Jahren 1840 bis 1844 ausgepumpten und in eine fruchtbare Landschaft verwandelten Haarlemer Meeres vorbei, wo jetzt 10,000 Menschen in behaglicher Ruhe wohnen, und hunderttausende von Kühen grasen. Um das Becken zu entleeren, mußten ungefähr 50,000 Millionen Gallonen Wasser ausgepumpt werden.

Der Besuch auf der Insel Marken gehörte zu den interessantesten Erlebnissen unserer Reise. Wir lernten hier eine Bevölkerung kennen, welche, obwohl Amsterdam, einer der Hauptbrennpunkte des modernen Weltverkehrs, nur 20 Meilen entfernt ist, heute noch in jeder Beziehung lebt, wohnt und sich kleidet, wie vor mehreren hundert Jahren und als wäre sie seit so lange von jeder Berührung mit der Außenwelt abgeschnitten gewesen. Die Bewohner der Insel, ungefähr 1200 an Zahl, leben ausschließlich vom Fischfang. Auch ragt bei gewöhnlichem Wasserstande das Land nur so wenig über das Wasser hervor, daß sämmtliche Häuser auf Stelzen gebaut sind, und steile hohe Treppen zu ihnen hinaufführen. Natürlich bringt die Männer ihr Beruf häufig nach anderen Orten; die Frauen und Kinder aber sollen seit Jahrhunderten die Insel nicht verlassen haben (natürlich mit Ausnahmen). In Folge dessen findet man hier noch die alte holländische Tracht so ausschließlich erhalten.

Diese Tracht besteht bei den Männern aus einem hohen Cylinder aus schwarzem Filz mit nicht sehr breiter, rechtwinklig angesetzter gerader Krämpe. Der kurze, vorne offene schwarze Rock läßt eine lange, buntgestreifte Weste sehen. Die Rockärmel gehen nur bis zum Ellbogen, darunter werden die Arme bis zum Handgelenk von rothen Flanellärmeln bedeckt. Schwarze, weite Hosen aus grobem Tuch, die bis zum Knie reichen, schwarze Strümpfe und schwarze Schuhe vervollständigen den Anzug. Die Frauen tragen drei bis vier Röcke übereinander aus verschiedenen Stoffen, deren oberster meist von Dolly Varden-haftiger Buntheit ist; um die stark mit Fischbein ausgenähte Taille schließt sich ein dicker Wulst; ein Mieder reicht von den Schultern bis auf die Mitte der Brust herab. Die Kopfbedeckung ist eine vierfache oder fünffache Haube aus Flanell, Leinwand und indischem Baumwollenzeug und einer glänzenden Stirnplatte.

Am auffälligsten ist die Tracht der Kinder schon dadurch, daß sie bei Knaben und Mädchen vollständig gleich ist. Man unterscheidet die beiden Geschlechter von einander nur dadurch, daß in der Kopfbedeckung der Knaben ein schwarzer Boden eingesetzt ist, während sie bei den Mädchen ganz aus buntem Zeug besteht.

Zuweilen sind diese Anzüge sehr hübsch, und einer davon, einem kleinen aus der Kirche kommenden Mädchen gehörig, gefiel uns so sehr, daß wir den Versuch wagten, ihn zu kaufen, was uns auch gelang. Uebrigens, wenn die Tracht der Leute unsere Aufmerksamkeit erregte, so erregte die Tracht meiner Frau ebenso große und noch größere Verwunderung bei den Insulanern. Auf Schritt und Tritt sahen wir uns nicht nur von der lieben Jugend, sondern auch von erwachsenen Frauen verfolgt, die sich nicht mit dem Angaffen begnügten, sondern nach ihren Kleidern faßten, ihr den Glasperlenbesatz buchstäblich abrissen, nach ihrem Sonnenschirm griffen u. s. w. — natürlich nicht in diebischer Absicht, sondern aus eitel Neugier und Staunen. Und selbstverständlich hatte meine Frau nur ein einfaches Reisekleid an.

War all' dieses schon interessant, so erst recht der Besuch in den Häusern. Obwohl diese aus nur einem großen Raume bestehen, und keinen Schornstein haben, sondern nur in der Mitte des Daches eine Oeffnung für den Rauch ist, herrscht doch auch in ihnen die sprichwörtliche holländische Reinlichkeit. Die Wände, soweit sie nicht von den Bettkojen eingenommen werden, fanden wir überall bedeckt mit den kostbarsten und schönsten Porzellansachen, viele davon hunderte von Jahren alt; an den Balken der Decke hingen Teller und alte Waffen. Obwohl die Leute wahrlich nicht wohlhabend sind, wollte Keiner sich verstehen, von diesem alten, interessanten Gut etwas zu verkaufen. Selbst bei einem sechsundachtzigjährigen alten Mütterchen, die nichts in der Welt ihr eigen nennt, als was in ihrer Stube zu sehen war, vermochten alle Beredsamkeit unseres Führers und alle lockenden Anerbietungen nichts auszurichten. Der oben erwähnte Anzug war unsere einzige Beute.

Ein dritter Ausflug von Amsterdam aus war nach Alkmaar in Noord-Holland, der schmalen, nur 25 bis 28 englische Meilen breiten Provinz Holland's, welche zwischen der Nordsee und der Zuidersee liegt, und durch Anlage des Westcanals gewissermaßen zu einer Insel geworden ist. Sie liegt stellenweise dreizehn bis sechszehn Fuß unter dem Meeresspiegel und wird von der Westküste durch die Dünen, im Osten durch hohe Deiche geschützt. Sie ist berühmt wegen ihres herrlichen Viehes und dessen außerordentlicher Milchergiebigkeit, ihrer großartigen Käsefabrikation und ihrer Wolle. Wir machten die Fahrt über Zaandam auf dem Nordcanal per Dampfer, und bekamen auf derselben nicht weniger als 400 Windmühlen zu sehen, eine Zahl, welche wahrscheinlich genügt haben würde, um Don Quirote von seinem Kampfe abzuhalten, ja man sieht meist über die Deiche hinweg nichts als diese Windmühlen und die merkwürdiger Weise fast überall grün angestrichenen Dächer der rothbraunen Häuser. Fast sollte man meinen, in Holland sei es schon so grün genug, und noch dazu ein so volles, saftiges Grün.

Alkmaar, eine Stadt von etwa 15,000 Einwohnern, und von ruhmvoller Vergangenheit durch seine glänzende Vertheidigung im niederländischen Unabhängigkeitskriege, das wir hauptsächlich aufsuchten, weil dort Verwandte wohnen, ist vornehmlich dadurch interessant, daß dort der Hauptkäsemarkt des Landes ist. An jedem Freitag kommen hier die Bauern aus ganz Nord-Holland zusammen, um ihren Käse abzusetzen, und es werden auf der dortigen dreihundert Jahre alten städtischen Wage jährlich über zehn Millionen Pfund Käse gewogen. An solchen Markttagen ist der malerisch an einer belebten Gracht vor der Stadtwage gelegene Marktplatz ganz mit jenen gelben oder rothen ovalen Käsen angefüllt, die wir unter dem Namen Edamer Käse kennen, und alle Straßen sind voll buntbemalter Bauernwagen. Die ganze Stadt duftet förmlich nach Käse.

Durch unsere Verwandten wurde es uns ermöglicht, bei einem in der Nähe wohnenden Bauer, Namens Laane, der uns sehr liebenswürdig aufnahm und sich augenscheinlich ein Vergnügen daraus machte, uns seine Wirthschaft zu zeigen, die Käsefabrikation in Augenschein zu nehmen und uns näher über die wirthschaftlichen Verhältnisse des Landes zu unterrichten.

Wir erfuhren hier, daß wenigstens in Nord-Holland zu einem Hof selten mehr als 40 Acre Land gehören, und darauf weiden durchschnittlich 20 Milchkühe und 20 Ochsen. Ein solcher Hof wird heute 35,000 bis 40,000 Gulden ($14,000 bis $16,000) werth gehalten, vor einigen Jahren zahlte man 50,000 Gulden und mehr. Getreide wird in Nord-Holland fast gar nicht gebaut, wie denn in Holland überhaupt nicht genug Getreide geerntet wird, um das Bedürfniß des Landes zu decken, sondern es wird nur Viehzucht getrieben, und auch da reicht, weil das Hauptaugenmerk auf die Erzielung von Milchkühen gerichtet ist, und die Bullenkälber meist gleich eingeschlachtet werden, die Produktion nicht für den Fleischbedarf aus. Auch Butter wird nur für den Hausbedarf gemacht; alle übrige Milch wird zu Käse verarbeitet. Hat ein tüchtiger Käsebauer keine Krankheit unter dem Vieh oder Malheur mit dem Käse, so darf er durchschnittlich von seinem Hofe auf einen Reinertrag (nach Abzug des Unterhalts der Familie) von $1200 rechnen, selbst jetzt noch, wo in Folge der amerikanischen Concurrenz der Preis des Käses, der früher in Altmaar $16 per hundert Pfund betrug, auf $10—$12 herabgegangen ist.

Natürlich ließen wir uns von der Bäuerin, der die Herstellung obliegt, das Käsemachen ganz genau erklären. In Holland werden, wie ja meist im nördlichen Europa, die Kühe nicht nach dem Stall getrieben, um gemolken zu werden, sondern die Mägde gehen nach dem Felde und melken sie dort, und tragen die Milch in Eimern, die an ein über die Schultern gelegtes Tragholz gehängt werden, nach dem Hofe oder nach einem Kahne, der sie nach der Käsekammer befördert. Man hält es für schädlich, daß sich die Kühe vor dem Melken in irgend einer Weise echauffiren. Die Güte der holländischen Käse beruht auf der Güte der Milch, die nicht abgerahmt wird, auf dem vorsichtigen Gebrauch von Lab, auf dem gründlichen Durchkneten der Käsemassen mit Salz, und auf dem vorsichtigen Auspressen der Molken, und beständigem Einreiben der Rinde mit Salz, bis diese hart genug ist, um den Käse verkäuflich zu machen, was gewöhnlich in acht Tagen der Fall ist. Schlecht durchknetete Käse werden fleckig. Bevor die Käse auf den Markt gebracht werden, reibt man sie mit etwas Speiseöl ab, um die Oberfläche glänzend zu machen, was aber bei allzufrischen Käsen nicht geht. Wenn man deshalb in Altmaar auf dem Markt Käse sieht, welche kein blankes Aussehen haben, weiß man sofort, daß der Käse noch zu jung ist, und daß der Eigenthümer wahrscheinlich in großer Geldnoth ist. So etwas passirt natürlich den wohlhabenderen Bauern nur selten, welche sogar, um ihrem guten Rufe nicht zu schaden, Käse, der auch nur den kleinsten Fehler zeigt, lieber selbst essen oder ihn zu einem geringeren Preise, als dem üblichen, an die Nachbarn verkaufen. Denn Käse wird in Holland nicht nur gemacht, sondern bildet eines der Hauptnahrungsmittel und wird meist ganz frisch, wo er auch am schönsten ist, zu jeder Mahlzeit und in großen Mengen gegessen. Manche essen ihn wie Brod und schmieren noch Butter darauf.

Daß es der amerikanische Bauer nicht fertig bringt, ebenso guten Käse zu fabriziren, kann nur darin seinen Grund haben, daß das Gras in Amerika nicht so nahrhaft und saftig und der Temperaturwechsel ein zu großer ist. Das feuchte Klima Holland's scheint der Käsefabrikation besonderen Vorschub zu leisten. Thatsache ist, daß bis jetzt alle Versuche, mit Hülfe von importirten holländischen Kühen und anerkannt tüchtigen gleichfalls importirten holländischen Käsemachern, einen gleich guten Käse herzustellen, sogar im schönen Wisconsin fehlgeschlagen sind.

Ein eigenthümlicher Anblick war es für uns, als wir die Diele des Herrn Laane betraten, diese mit Teppichen bedeckt zu sehen, während die sich zu beiden Seiten hinziehenden und jetzt leeren Kuhställe auf das sauberste geputzt und hübsch angestrichen waren. Die Dielen der Kuhställe sind aus Fliesen und nach der Mitte zu gewölbt, daß alle Feuchtigkeit schnell abfließt, und an den Seiten der einzelnen Kuhställe waren große Platten und Teller von altem Delfter Fayence aufgehängt, und auf dem Boden eines jeden stand irgend ein werthvoller Zierrath, meist große Kohlenständer mit Theekessel aus glänzend polirtem Messing. Hinten eine Platform, welche im Winter der Aufenthaltsort der Kälber ist, war für den Sommer zum Wohnzimmer der Familie hergerichtet und zu diesem Zweck der Boden mit Teppichen bedeckt, die Wände gleichfalls mit werthvollen Kunstgegenständen behängt. Ueberhaupt herrschte in diesem Hause ein Reichthum an derartigen Dingen, wie man ihn sonst nur bei Sammlern von Beruf findet. Außer den zur Sommerausschmückung des Stalles benutzten Schätzen fanden sich davon hier elf große Schränke voll vor, und zwar nicht nur Delfter, sondern auch Sevres und Meißener Porzellan und eine Menge der schönsten Nippsachen, die seit zweihundert Jahren in der Familie gesammelt waren, und deren Anordnung schon einen künstlerisch gebildeten Geschmack der Bewohner verrieth. Aber auch hier war jeder Versuch, für Geld und gute Worte einige Stücke dieses Reichthums zu erlangen, vergeblich. Die Frau unseres freundlichen Wirths trug Holzschuhe, einen Rock aus grobem Tuch, eine geblümte katmankene Jacke von geringem Werthe, aber ein prachtvolles Korallenhalsband mit diamantenbesetztem Schloß, und ein Stirnband, dessen Werth auf 7500 Gulden ($3000) geschätzt wurde, und das schon ihre Urgroßmutter getragen.

Von Alkmaar ging es südlich nach **Haarlem**, das hauptsächlich durch seinen **Blumenzwiebelhandel** berühmt ist. Denn von hier aus wird fast ganz Europa mit Zwiebeln von Hyacinthen, Tulpen, Crocus, Ranunkeln, Anemonen, Lilien, Narcissen &c. versorgt. Daß im siebzehnten Jahrhundert, vornehmlich in den Jahren 1636 und 1637, in Tulpenzwiebeln an der Börse spekulirt wurde, wie heute in Weizen oder in Minen-Actien, und daß die Preise einiger Arten bis zu 5000, ja 13,000 Gulden für eine Zwiebel in die Höhe getrieben wurden, bis dann endlich der tolle Schwindel zusammenbrach, ist oft genug erzählt worden. Als wir Haarlem besuchten, waren leider die grossen Zuchtgärten schon abgeblüht, aber der Ort und die Umgegend enthalten viele schön angelegte Gärten mit reizenden Villen, deren Inschriften: „Wel tevreden", „Mijn Genoegen", „Buitenzorg" (über Sorge hinaus), „Vriendschap an Gezellschap" u. a. das Wohlbefinden ihrer Besitzer ankündigen. Besonders reich an solchen Villen ist das parkähnliche Dorf **Bloemendaal**, in dessen Nähe sich einer der höchsten Punkte der Nordsee-Dünen, der 200 Fuß hohe **Brederode'sche Berg** befindet, von welchem aus man eine wahrhaft wundervolle Aussicht über das Land bis nach Amsterdam genießt. — Der Merkwürdigkeit halber sei noch erwähnt, daß Haarlem sich rühmt, den wahren Erfinder der Buchdruckerkunst, Laurens Janszoon, hervorgebracht zu haben, dem seine Lettern und Geräthe von einem Schüler gestohlen worden und von ihm an Gutenberg verkauft worden seien. So kündet an einem Hause eine Erztafel.

Der berühmten holländischen **Universitätsstadt Leyden** galt unser nächster Besuch. Sie macht einen merkwürdig todten Eindruck, wie es bei einer Stadt kaum anders sein kann, welche Platz für mehr als das doppelte ihrer jetzigen Einwohnerzahl hat, in der nur die großen Erinnerungen den Reisenden fesseln; und dann ging's nach der Residenz der holländischen Könige, dem **Haag** oder, wie die Holländer sagen s'**Gravenhage**. Es ist eine schöne, regelrecht erbaute Stadt mit langen geraden Straßen, großen Plätzen und vielen stattlichen Gebäuden, und scheint gar nicht nach Holland hineinzupassen. Wie in allen künstlich geschaffenen Städten ist es sehr still, so still, daß alle Diplomaten es als eine Art Verbannung betrachten, nach dem Haag versetzt zu werden. Das königliche Palais ist sehr einfach äußerlich wie innerlich und unterscheidet sich kaum von der Wohnung eines reichen Privatmannes, obwohl gerade die Oranier unermeßlich reich sind. Ueberhaupt wird in Holland vom Könige nicht viel Aufhebens gemacht, und in den holländischen Zeitungen fehlen die amtlichen Hofnachrichten durchaus. Auch der „Binnenhof", das Palais der Generalstaaten, der beiden gesetzgebenden Körper Hollands, von denen der obere 39 Mitglieder zählende, ähnlich wie bei uns von den Gesetzgebungen der Provinzen, der andere, 80 zählende, von Bezirkswahlmännern gewählt wird, ist ein äußerlich wie innerlich unansehnliches Gebäude, oder vielmehr ein unregelmäßiger Haufen von Gebäuden, in deren einem sich übrigens eine ganz vorzügliche Gemäldesammlung befindet. An den Haag grenzt der „Busch", ein wunderschönes, eine Stunde weit sich ausdehnendes, von herrlichen Alleen durchzogenes Gehölz, in dessen Dickicht versteckt sich t'Huis ten Bosch, ein königliches Sommer-Palais, befindet, das in seinem Oraniensaal herrliche Wandgemälde von Rubens und seinen Schülern und in einem andern Raum eine der schönsten Sammlungen chinesischer Kunstgegenstände enthält.

Nur eine Stunde vom Haag entfernt und damit durch Eisenbahn und durch eine prachtvolle Linden=Allee verbunden ist der hochelegante Badeort Scheveningen, dessen glänzendes Kurhaus seitdem abgebrannt ist. Da ich nie zuvor einen europäischen Badeort besucht hatte, war mir das Strandleben dort etwas Neues. Wie bekannt, ruhen die Badebuden dort auf Rädern, und nachdem man sie bestiegen, werden sie von den Angestellten ins Wasser geschoben und auf ein gegebenes Zeichen wieder zurückgeholt. Am Strande stehen hohe Körbe mit einem Sitz darin, die man sich gegen geringes Entgelt für längere Zeit miethen kann, wenn man die herrliche Luft am Strande genießen, zugleich aber nicht von der Sonne gebraten sein will. Das bunte Gewimmel und lärmende Treiben am Strande, die reichen Bade=Kostüme von sechs= bis achthundert Badenden in der Brandung und dahinter das weite Meer geben zusammen ein äußerst eindrucksvolles und lebendiges Bild. Auch hier fand ich nur Fremde, meist Deutsche, und keine Holländer vor. Im Kursaal vernahm ich kein holländisches Wort. Die Holländer werden wahrscheinlich in einem ausländischen Bade baden.

Delft, welches wir zunächst besuchten, hat, wie Leyden, seine Blüthe hinter sich. Bemerkenswerth sind nur die Grabstätten der Oranier. Von den zahlreichen Fayence=Fabriken, welche einst die berühmte Delfter Waare in großen Massen verfertigten, hat sich nur noch eine erhalten.

Rotterdam, die zweite Handelsstadt des Landes, hatten wir schon vor fünfzehn Jahren gesehen. Seine Sehenswürdigkeiten bestehen in der St. Laurentiuskirche, dem Erasmus=Denkmal am Markt, einer werthvollen Bildergallerie, einem zoologischen Garten und seinen großartigen modernen Anlagen für die Erleichterung des Verkehrs. Auf hohem Viaduct ist hier die Eisenbahn quer über die Straßen der Stadt fortgeführt; der Lauf der Maas ist mit großen Kosten geregelt. Mächtige Eisenbrücken überspannen die beiden mächtigen Arme des Stromes und vermitteln den Eisenbahn=, Wagen= und Fuß=Verkehr mit der in der Mitte der Arme gelegenen Insel Feijenoord, wo im vorigen Jahrzehnt großartige Docks geschaffen sind, welche leider bis heute noch zum großen Theile leer stehen. Rotterdam hegt nämlich den Ehrgeiz, Amsterdam überflügeln zu wollen, was ja mit der Zeit auch geschehen mag. Jedenfalls ist es eine rührige Stadt.

Die letzte Stadt in Holland, in welcher wir uns kurz aufhielten, war Dordrecht, die älteste und im Mittelalter reichste und mächtigste Handelsstadt Hollands, am Meerwede, einem Arm der Maas, ein großer Holzhandelsplatz, mit zahlreichen Sägemühlen, wo das vom Oberrhein hinabgeflößte Holz zersägt wird, mit interessanten alterthümlichen Gebäuden, und einer sehr schönen, im 14. und 15. Jahrhundert erbauten gothischen Kirche. Von da aus ging's nach Antwerpen, und das allmählige Verschwinden der Windmühlen während der Fahrt zeigte uns, daß das eigentliche, das eigenthümliche Holland, das uns so sehr gefesselt und so großen Genuß gewährt hatte, hinter uns lag.

XIV.

Belgien.

Belgien ist bekanntlich das am dichtesten bevölkerteste Land und im Verhältniß der größte Industriestaat Europa's. Daß eine allzustark entwickelte Industrie auch ihre großen Schattenseiten haben kann, wurde durch die traurigen Vorfälle erwiesen, welche sich im Anfang des vorigen Jahres in den Kohlen= und Glasfabrikationsbezirken Belgiens abspielten. Da in einem so vorzugsweise der Industrie gewidmeten Lande für den Reisenden, es sei denn er habe Zeit zu eingehenderen volkswirthschaftlicheren Studien, nicht viel zu holen ist, beschränkte sich unser Besuch dort auf die Städte Antwerpen und Brüssel.

Antwerpen, welches auf eine glänzende Vergangenheit zurückblickt, denn es war in der Mitte des sechszehnten Jahrhunderts die bedeutendste Handelsstadt der Welt und hatte sogar das damals noch in hoher Blüthe stehende Venedig überflügelt, hat sich aus dem traurigen Verfall, in welchen es durch die Plünderungen und Belagerungen der Spanier, und später in Folge der gänzlichen Sperrung der Schelde durch den westphälischen Frieden gerathen war, — seine Einwohnerzahl fiel durch die Spanier von 125,000 im Jahre 1568 auf 55,000 in 1589, — seit Anfang dieses Jahrhunderts gänzlich herausgearbeitet. Seine Wiedererhebung datirt von der Zeit, wo der große Napoleon die günstige Lage der Stadt für eine Seefestung ersten Ranges erkannte und es als Theil des durch den Pariser Frieden neugeschaffenen Königreichs der Niederlande den Handel Hollands mit den holländischen Colonien an sich zu ziehen begann; besonders merklich aber war der Aufschwung in den letzten zwei Jahrzehnten, seit 1863 der Holland zugestandene Schelde-Zoll abgelöst worden ist. Es ist nach Hamburg jetzt der bedeutendste Hafen des europäischen Continents, und außerdem eine der stärksten Festungen Europas, zu deren Belagerung ein Heer von 200,000 Mann, und zu deren Aushungerung ein Jahr nöthig sein würde. Die Einwohnerzahl, die 1790 auf 40,000 gesunken war, ist jetzt auf über 200,000 gestiegen. Eine Menge ausländischer, namentlich deutscher Firmen sind in Antwerpen ansässig, wie denn die Stadt in sehr bedeutendem Maße den überseeischen Handel Deutschlands vermittelt.

In Folge seiner vormaligen Blüthe ist Antwerpen an alten schönen Gebäuden und Kunstgegenständen reich. Es besitzt in seiner Kathedrale, einer siebenschiffigen Basilika in Kreuzform mit Chor-Umgang, die größte und schönste gothische Kirche in den Niederlanden, an welcher nahezu drei Jahrhunderte gebaut worden ist, und welche als werthvollste Schätze zwei der berühmtesten Meisterwerke des großen Rubens enthält: „Die Aufrichtung des Kreuzes" und „Die Abnahme vom Kreuz". Ein drittes Bild von Rubens: „Himmelfahrt Maria", enthält der Hochaltar. Sehr schön, von zierlicher durchbrochener Arbeit, ist der 400 Fuß hohe nördliche Thurm der Kathedrale. Vor derselben erhebt sich auf dem Grünen Markt Rubens' Standbild.

Ein sehr schönes Gebäude, im reinsten klassischen Renaissance-Styl erbaut, ist das am Großen Markt belegene, aus dem 16. Jahrhundert stammende Rathhaus, mit prächtigen Sälen, in welchen neben vorzüglichen Wandgemälden die reiche und vielfach vergoldete Holzschnitz-Ornamentation angenehm auffällt und eine Idee giebt von dem Reichthum der Zeit seines Entstehens; und hochinteressant sind die den Großen Markt umgebenden Gildenhäuser. Eine vortreffliche Gemälde-Gallerie, in welcher sich hauptsächlich die Werke von Meistern der van Eyck'schen und Rubens'schen Schule befinden, enthält das Museum.

Sehr sehenswerth sind die in der allerneuesten Zeit erst — seit 1881 — umgebauten und vergrößerten Hafenanlagen und Werften. Auf einer Strecke von 12,000 Fuß, also 2½ englischen Meilen, ist der Schelde, die früher eine wechselnde Breite von 900—2200 Fuß hatte, eine gleichmäßige Breite von 1200 Fuß und eine gleichmäßige Tiefe gegeben worden, so daß selbst bei Ebbe Schiffe von 26 Fuß Tiefgang an den Werften anlegen können, welche sich die ganze Ufer-Strecke in einer Breite von über 300 Fuß entlang ziehen — Anlagen, welche ungefähr neun Millionen Dollars gekostet haben.

Belgien's Hauptstadt, Brüssel, ist zum kleineren Theile eine alte, bis in's zehnte Jahrhundert zurückreichende vlämische, zum größeren eine moderne französische Stadt, die sich unter den Hauptstädten Europa's noch mehr, wie Wien, durch ihre auffallende Leblosigkeit auszeichnet. Noch mehr wie in Wien hörte ich hier an allen Ecken und Enden Klagen über das Darniederliegen der Geschäfte, über das Leerstehen der Wohnhäuser, Läden und Hotels, und es wurde mir ganz offen ausgesprochen, daß, wenn nicht die reisenden Amerikaner wären, ein Hotel für den ganzen Fremdenverkehr in Brüssel genügen würde. Den schlagendsten Beweis für die Wahrheit dieser Klagen liefert die Passage oder Gallerie St. Hubert, eine nach dem Vorbilde der Mailänder angelegte Kunsthalle im belebtesten Theile der Stadt, in welcher über die

Hälfte der einzelnen Läden leer stehen. Der Grund zu diesen bedauerlichen Zuständen ist in der Ueberbevölkerung, der übergroßen dadurch geschaffenen Concurrenz, und der entsetzlichen Verarmung des Arbeiterstandes zu suchen.

Der untere vlämische Stadttheil enthält die alterthümlichen Gebäude, unter denen das prächtige Rathhaus an dem großen Markt eines der schönsten ist, wie überhaupt dieser ganze Marktplatz mit seinen aus der Blüthezeit der Niederlande stammenden Gebäuden einer der anziehendsten Plätze der Welt ist. Auf diesem Marktplatze war es, wo die Grafen Egmont und Hoorn auf Alba's Befehl hingerichtet wurden. Das Rathhaus gilt als das größte und schönste seiner Art in den Niederlanden. Die 200 Fuß lange Hauptfaçade ist gothischen Styls, über ihr erhebt sich, aber merkwürdiger Weise nicht in der Mitte, der 370 Fuß hohe, prachtvolle Thurm, auf dem sich als Windsfahne die 17 Fuß hohe, vergoldete Statue der Erzengels Michael befindet. Auch in diesem Rathhause ist die aus dem Ende des 17. Jahrhunderts stammende reiche und stark vergoldete Holzschnitz-Arbeit an den Decken besonders sehenswerth; ebenso die neue Holzschnitzarbeit und die in Mecheln gefertigten neuen Gobelins in dem großen, fast 200 Fuß langen und 80 Fuß breiten Festsaal.

Sehr schön und reich mit vergoldeten Figuren geschmückt sind die an diesem Platz liegenden alten Zunfthäuser der Metzger, Brauer, Bogenschützen, Zimmerleute und Schneider.

Etwa einen Block vom Rathhaus entfernt befindet sich der Brüsseler Stadtheilige, das berühmte Manneken-Pis, ein laufender Brunnen, gekrönt mit einem kleinen Männchen, welcher das Wasser seinem Körper auf dem natürlichsten Wege entströmen läßt. Das Manneken-Pis genießt eine große Verehrung; als einmal eine freche Hand es geraubt, befand sich ganz Brüssel in großer Aufregung. Auch ist es ein Grundeigenthümer und Capitalist, das seinen eigenen Vermögensverwalter und seinen eigenen, mit 200 Gulden bezahlten Diener hat und dem erst kürzlich eine alte Dame 1000 Gulden vermachte. Obwohl es für gewöhnlich vorzieht, in dem Natur-Costüm zu erscheinen, in welchem es der Erzgießer geschaffen, so besitzt es doch eine Garderobe von nicht weniger als acht Anzügen, die es bei Festlichkeiten anlegt, ja seine Brust ist sogar mit dem ihm vom französischen König Ludwig XV. verliehenen Ludwigskreuz geschmückt. Am häufigsten erscheint es jetzt in dem Costüm der Bürgergarde. Der Ursprung, die Bedeutung des Manneken-Pis verliert sich in's Sagenhafte. Am vernünftigsten erscheint die Erklärung, daß eine reiche Dame, der bei einer Festlichkeit im Gedränge ihr kleiner Knabe abhanden gekommen war, diesen an dieser Stelle, seinen Gefühlen freien Lauf lassend, wiederfand, und den Brunnen und die Statue, die anfänglich aus Marmor war und erst 1619 aus Bronze gegossen wurde, stiftete. Der Brunnen hat die Form eines Kreises, dessen hintere Hälfte geschlossen, an der anderen durch ein Gitter geschützt ist, und in dessen Mitte unter einem Baldachin Manneken-Pis sein schönes klares Wasser in ein geräumiges Becken laufen läßt.

Im oberen, eine sanfte Anhöhe hinangebauten französischen Stadttheil finden sich der Königspalast, die Ministerien, und die Wohnungen des Adels und der vornehmen Welt. Unter diesen Palästen der weitaus prächtigste ist der das Pariser Opernhaus an Großartigkeit weit übertreffende neue Justizpalast, der einen Flächenraum von nahezu 6½ Acres einnimmt, 600 Fuß lang und 565 Fuß breit ist, und dessen 17 Jahre währender Bau nahezu zehn Millionen Dollars verschlungen hat. Er verspricht an Reparaturen ein ebenso kostspieliger Bau zu werden, wie unser Chicagoer Bundesgebäude, — denn wie die Zeitungen schon gemeldet haben, sind, nachdem wir darin waren, eine große Zahl der Decken in den Sitzungssälen und Zimmern eingestürzt. Der Bau, dessen Hauptfaçade mit einem gewaltigen Säulenportale geschmückt ist, erinnert in seinem Gesammtstyle an altassyrische und altägyptische Bauten, während in den Einzelheiten die griechisch-römische Architektur zum Vorbild gedient hat. Auf dem Hauptkörper steigt in der Mitte ein quadratischer Mittelbau, darüber ein kleineres Säulenrondel auf, das eine verhältnißmäßig niedrige Kuppel trägt, deren höchste aus einer vergoldeten Krone gebildete Spitze aber immerhin gut 400 Fuß über dem Boden ist. Ueberhaupt macht dieser neue Stadttheil einen sehr geschmackvollen Eindruck, und die Bauart der Häuser erinnert an den älteren Theil von Versailles. Prächtig sind die Boulevards, durch welche die moderne Zeit auch in den zum Theil aus recht engen, schmutzigen Gassen und dem Verfalle nahen Häusern bestehenden vlämischen Stadttheil durch Ueberwölbung des Flüßchens Senne auf einer 1½ englische Meilen langen Strecke Bresche gelegt hat.

Brüssel enthält in seiner Gemäldegallerie und anderweitig viele Kunstschätze, namentlich an Gemälden. Aber am Fesselndsten darunter ist das Wiertz-Museum, das ehemalige Landhaus und die Werkstätte des überaus begabten, aber excentrischen, im Jahre 1865 verstorbenen Malers Anton Joseph Wiertz, der unter den vlämischen Malern eine Stelle einnimmt, wie Edgar Poe unter den amerikanischen Dichtern. Es enthält fast sämmtliche Werke des Künstlers, welcher sich nie entschließen konnte, dieselben zum Verkauf auszubieten. Die Wirklichkeit, welche er mit einer ganz eigenthümlichen Methode auf die Leinwand zu zaubern weiß, hat etwas geradezu Erschreckendes. Vor dem in einer Ecke des Saales gemalten vor seiner Bude liegenden blutdürstig aussehenden Kettenhund weicht man unwillkürlich zurück, und an den in einer anderen Ecke seinen Kopf zum Logenloch herausstreckenden Portier fühlt man sich versucht, eine Frage zu richten. Geradezu entsetzlich, aber doch so fesselnd, daß man keinen Blick abwenden kann, ist das Bild einer vom Hungerwahnsinn erfaßten Mutter, ihr Kind zerschneidend, und Polyphem, Gefährten des Odysseus, verzehrend.

Brüssel ist keine große Handelsstadt, besitzt aber eine nicht unbedeutende Industrie in feinen Möbeln, Bronzen, Wagen, Lederwaaren und dergleichen und ist den Damen besonders interessant durch seine bedeutende Spitzenfabrikation. Spitzen sieht man in allen Läden, und jeder Hotelbesitzer und jeder Führer empfiehlt dem Fremden besonders dies und jenes Geschäft als besonders reell und billig. Aber natürlich kann man überall gleich gut und billig kaufen, oder wie überall gleichviel über's Ohr gehauen werden.

Von Brüssel ging's unserem nächsten Ziel und dem Endpunkt unserer europäischen Tour — Paris — entgegen. Auf dieser Strecke waren wir glücklich genug, zum ersten Mal während der ganzen Reise auf einen, nach amerikanischer Anschauung "Fast Express" zu betitelnden Zug zu kommen, der uns 40 Meilen per Stunde vorwärts brachte, und uns in kurzer Zeit durch eine schön bewaldete Gegend über St. Quentin, Compiègne und St. Denis nach Frankreich's Hauptstadt brachte.

Dort stiegen wir im Grand Hotel ab, — allerdings ein großartiges, im Centrum der Stadt gelegenes und den Mittelpunkt des Fremdenverkehrs bildendes Hotel, namentlich großartig aber in Bezug auf seine Preise, die ihm von mir den Namen R. R. R. (royal robbers roost) eingetragen haben.

XV.

Paris.

Nachdem man das Reisen durch die verschiedenen Länder, über die von mir berichtet worden ist, gewissermaßen als ein Geschäft betrieben hat, um mit Ausbeutung jeder Minute und Ausnützung aller Hülfsmittel in einem möglichst kurzen Zeitraum möglichst alle die Besonderlichkeiten und Eigenthümlichkeiten, sei es der Natur oder Einrichtung, kennen zu lernen, durch die sie sich von anderen unterscheiden, so bildet es einen angenehmen Schluß einer so großen und anstrengenden Tour, in Paris fünfzehn Tage zu verbringen, um sich zu erholen und zu amüsiren, denn der Franzose sagt: "Il faut s'amuser" und nicht nur thut er selbst es, sondern der Fremde wird, namentlich wenn er darauf aus ist, den Pariser kennen zu lernen, wie er lebt und weint und lacht, unwillkürlich in den Vergnügungstaumel hineingezogen. Und der Gelegenheiten, sich zu vergnügen, bieten sich so mannigfaltige und massenhafte, daß es, wenn man auch nur sich eine Vorstellung von dem Umfang machen will, immerhin vierzehn Tage nimmt, ehe man eine solche genügend erlangt hat.

Aber gerade die Fülle dessen, was Paris bietet, macht es Dem, der darüber Andern mittheilen will, schwer, Anfang und Ende zu finden, und die richtige, wirklich Interesse erregende Auswahl zu treffen. Denn wenn ich auch nur flüchtig Alles das beschreiben wollte, was ich in den zwei Wochen gesehen, so würde das zu den bisherigen vierzehn Briefen noch ebenso viele weitere kosten. Und Maßhalten ist bei allen Dingen nütze.

Besonders ist über Paris so unendlich viel geschrieben worden, so Viele haben Paris selbst gesehen, tagtäglich wird es in der einen oder anderen Weise den Lesern der Zeitung vor Augen gebracht, daß es Kohlen nach New Castle, oder Schweine nach Chicago bringen hieße, wollte ich lange Abhandlungen über die hervorragenden Bauten, Kunstsammlungen, Denkmäler und historisch merkwürdige Dinge, über die Notre Dame, das Pantheon, das Louvre, die Champs Elysees, das Boulogner Wäldchen oder Versailles bringen, über welche ein Jeder schon eingehende Beschreibungen aus gewandter Feder gelesen hat; man muß sie erwähnen, der Vollständigkeit des Bildes halber, aber im Nachstehenden will ich mich darauf beschränken, das dem Leser vorzuführen, auf was namentlich deutsche Reiseschriftsteller, die meist nur über Personen, aber nicht über Dinge schreiben, selten verfallen.

Auch die Einwohnerzahl, die örtliche Beschreibung der Lage übergehe ich, und will nur bemerken, daß die Großstadt Paris auch ein großstädtisches Budget hat, nämlich von mehr als 60 Millionen Dollars. Nach demselben Maße wäre Chicago berechtigt, statt seiner lumpigen sechs, jährlich zwanzig Millionen Dollars zu verausgaben.

Paris ist in jeder Beziehung eine großartige Stadt. Gleiches Leben auf den Straßen findet man nirgend wo anders. Mögen auch in Chicago zu gewissen Tagesstunde in gewissen Theilen der State- und Madisonstraße sich gleich viele Menschen befinden, wie auf einigen der Pariser Boulevards — das Wesen der Leute ist ein so gänzlich verschiedenes. In Chicago sieht man es einem Jeden an, daß ihm irgend ein Geschäft im Kopf herumgeht, und wäre es auch, bei den Damen, das angenehme Geschäft, die Läden nach neuen Stoffen und Moden zu durchmustern. In Paris sieht man es ebenso dem ganzen Gebahren der Leute an, daß sie nur zum Vergnügen spazieren gehen, und daß ihr einziger Zweck ist, die Zeit todtzuschlagen. Da ist bei aller bekannten Beweglichkeit der Pariser keine haftende Eile. Mag auch in Chicago einmal hie und da eine kleine Gesellschaft nach dem Essen bei einer Partie Skat oder Poker, oder bei einer Flasche Wein über die allgemeine einständige Mittagspause hinaus sich in irgend einer stillen Klause festhalten lassen, was bedeutet das gegenüber den Hunderttausenden, welche in Paris auf den Boulevards den ganzen Nachmittag in süßem Nichtsthun einherschlendern, oder in den dieselben säumenden Cafés, ihren Wermuth oder ihre Tasse Kasse vor sich, die wandelnde Zeittödter=Gesellschaft an sich vorüberpassiren lassen. Kein Zweifel, Paris ist der Mittelpunkt der sich vergnügenden Welt. Dorthin strömt, aus Frankreich, aus England, aus Amerika, aus allen Ländern der Welt, Alles zusammen, was Zeit und Geld hat, womit es fertig zu werden wünscht. Ueberall vor den glänzenden und mit hohem Geschmacke eingerichteten Läden und Schaufenstern, findet sich eine dem Vergnügen ergebene Menge; und den Insassen der zahlreichen eleganten Fuhrwerke, welche die Boulevards auf= und abfliegen, kann man es ebenso, wie den Fußgängern am Gesichte absehen, daß nicht das Geschäft, sondern das Vergnügen sie hierher gebracht hat, wobei ich zu bemerken will, daß keine Stadt so schöne öffentliche Fuhrwerke, meist Phaetons besitzt, wie Paris, und daß nach amtlichen Erhebungen täglich 25,000 solcher Fuhrwerke über das Pflaster der Boulevards rollen.

Die Boulevards, Parks und Squares, von denen Paris mehr besitzt, als irgend eine andere Stadt Europa's, und die öffentlichen Plätze stehen im Allgemeinen denen von Petersburg gleich, und übertreffen sie noch stellenweise, so besonders die Boulevards des Italiens und des Capucines. Die Boulevards, auf der Stelle der alten Festungswerke erstanden, mit M'Adam oder Holzpflaster auf dem Fahrdamm und Asphalt=Fußsteigen, enthalten die glänzendsten Läden, sind mit den schönsten Schattenbäumen besetzt, und von unzähligen eleganten Cafés und Restaurationen gesäumt. Unter den sonstigen Prachtstraßen sind noch besonders die Avenuen de l'Opera und de la Pair zu erwähnen.

Natürlich fällt einem jeden Fremden die große Eleganz der Pariser auf, und namentlich für die besuchenden Damen ist das Studium der neuesten Moden von hohem Interesse und eine so verlockende Gelegenheit zum Geldausgeben, daß ein jeder Ehemann, habe er sich auch noch so schön amüsirt, Paris mit dem stillen Ausruf „Gottlob" den Rücken kehrt.

Zu den hervorragendsten Vergnügungsorten und auch zu den besten Gelegenheiten, Pariser Sitten zu studiren, gehören die Theater, deren es über vierzig, mit den Vorstadt=Bühnen über sechzig giebt, und deren Namen ich hier natürlich nicht aufführen kann. Daß manche derselben ziemlich schlüpfriger Natur sind, muß man eben mit in den Kauf nehmen. Ihnen schließen sich viele Circusse und die zahlreichen **Cafés Chantants** an, in denen man einen Abend recht angenehm verbringen kann, und unter denen die berühmtesten die großartig angelegten L'horloge und Les Ambassadeurs an den Champs Elysées sind, auf deren Bühnen die richtigen Variete-Vorstellungen mit dem nimmer fehlenden Cancan und Liedern und Dialogen sehr anzüglicher Natur zu Hause sind, und zu deren Besuchern nicht etwa das gewöhnliche Volk, sondern das eleganteste und vornehmste Pariserthum gehört, das hier in sehr ungebundener Weise auftritt. Ersteres hätte auch nicht die Mittel, die unverschämten Preise zu zahlen, die dort für die einfachsten Genüsse gefordert werden. So kostet ein Glas Bier dort 60, eine Cigarette 25 Cents. Dafür ist der Eintritt allerdings frei, und auf irgend eine Weise müssen die Kosten natürlich hereingebracht werden.

Noch ausgelassener als hier geht es im Jardin de Paris und im Bal Bullier her, die auch von den besseren Klassen besucht werden, wenn auch nur als Zuschauer. Der Jardin de Paris ist ein großer, brillant erleuchteter Garten mit großer Restauration und einem großartigen Tanzboden, auf dem die Pariser sich nach Herzenslust anstoben können, und der hauptsächlich von der Pariser Halbwelt und ihren Galans besucht wird. Die Scene, wenn 50 bis 75 Paare hier den ausgelassensten Cancan tanzen, läßt sich in ihrer tollen Lust nicht auf dem Papier wiedergeben. Und doch muß man zugestehen, daß die Ausgelassenheit nie in wirkliche Unanständigkeit ausartet, denn der Franzose versteht es vortrefflich, eine Grenze zu ziehen, die nicht überschritten werden darf. Der Eintritt kostet hier einen Dollar.

Der Bal Bullier liegt im Quartier Latin und wird hauptsächlich von Studenten und deren Grisetten besucht. Auch hier geht es toll her, aber die Lustbarkeit währt nicht so lange. Während im Jardin de Paris bis zum Tagesanbruch fortgerast wird, ist es hier schon gegen 1 Uhr stille. Denn die Studenten müssen in die Hörsäle und ihre Mädchen an die Arbeit.

Der Stolz der Pariser, das große Opernhaus, ist natürlich als Gebäude sehenswerth und wirklich großartig. Aber die Vorstellung, der ich darin beiwohnte — es wurde „Die Afrikanerin" aufgeführt — bereitete mir eine große Enttäuschung. Sowohl in Berlin, wie vor zwei Jahren in Chicago bei dem großen Opernfeste habe ich ganz bedeutend besseren Aufführungen derselben Oper beigewohnt.

Nicht übersehen darf man das Eden=Theater, ein neues in indischem Style aufgeführtes Theater für Pantomimen und Ballets, mit der eigenthümlichen Einrichtung, daß in dem mit dem glänzenden Foyer verbundenen Saluhn die Bedienung von Kellnerinnen ausgeübt wird, welche für dieses Vorrecht 20 Francs per Abend bezahlen. Natürlich sind es sämmtlich sehr schöne und sehr elegant gekleidete Mädchen, wie denn überhaupt das Foyer des Theaters der Sammelplatz der Aristokratie der Pariser Halbwelt ist.

Von den sonstigen Vergnügungslokalen sei hier nur noch des Hippodrome Erwähnung gethan, als einer der großartigsten derartigen Anstalten. Ihre Rennbahn ist eine Viertelmeile lang, und der Zuschauerraum enthält zehntausend Sitze. Das Dach ist verschiebbar, so daß eine angenehme Temperatur darin erhalten werden kann. In der glänzenden elektrischen Beleuchtung bietet das Hippodrome einen wahrhaft feenhaften Anblick. Ich wohnte darin unter anderem einer Hirschjagd nach englischer Manier bei, wobei vier Hirsche von einer vierzig Hunde zählende Koppel und mehr als fünfzig Herren und Damen im englischen Jagdkostüm und herrlich beritten betheiligt und bei der unzählige Hindernisse zu nehmen waren, — ein Schauspiel wie ich es nirgendwo sonst so glänzend ausgeführt gesehen habe.

Von Cafés und Restaurationen giebt es nicht nur viele in Paris, sondern viele großartige; nicht nur sehr billige, sondern auch sehr theure. Die an den Boulevards sind durchweg sehr schön eingerichtet, haben eine äußerst zuvorkommende Bedienung, und bilden bis zum Dunkelwerden den Aufenthalt eines sehr anständigen Publikums. Später allerdings ergreift die vornehmere Demimonde von ihnen Besitz und namentlich nach Schluß der Theater und bis 2 Uhr Morgens geht es dann dort mit höchster Ungebundenheit und Ausgelassenheit her. Um 2 Uhr spätestens werden die meisten Cafés geschlossen, und wer dann noch darauf erpicht ist, die Nacht zu durchschwärmen, der muß in die zum Offenhalten bis zum Morgen besonders ermächtigten Nacht=Cafés wandern. Merkwürdiger Weise findet, trotz aller in diesen Cafés selbstverständlich herrschenden Ausgelassenheit eine wirkliche, das Einschreiten der Polizei verlangende Ruhestörung fast nie statt, und gehört jedenfalls zu den allerseltensten Ausnahmen.

Das Essen in Paris hat mich sehr enttäuscht. Die Amerikaner, einerlei ob sie drüben gewesen sind oder nicht, sprechen fortwährend von der französischen Küche, und so erwartete ich natürlich, in Paris ganz etwas Besonderes und Vorzügliches auf culinarischem Gebiete zu finden. Wir haben uns bemüht, Paris auch in dieser Hinsicht gründlich kennen zu lernen, und fast jede Mahlzeit in einer andern der best empfohlenen Speisewirthschaften genommen, und das Gesammtergebniß dieses Studiums war, daß man im Hoffman=House in New York und im Richelieu=Hotel in Chicago bei weitem besser speist, als irgendwo in Paris.

Dabei lasse ich die Preise gänzlich außer Acht. Die freilich sind in manchen Restaurationen fabelhaft und doch nicht zu theuer. Denn man kann nicht verlangen, in einem Saal, der mit Bildern von Maissonnier und Gobelins geschmückt ist, von Sevres=Porcellan und echtem Silber zu speisen, ohne für diesen Luxus zu zahlen — wie z. B. ein Freund von mir für eine Portion Spargel $2.35, und für ein Diner zu Zweien ohne Wein $21.

Ein sehr interessantes Gegenstück zu diesen theuren Restaurationen bilden die berühmten Speisewirthschaften eines Hrn. Duval, jetzt 18 an der Zahl, in welchen täglich durchschnittlich 25,000 Personen speisen, und die nach einem, augenscheinlich sehr vernünftigen und jedenfalls für den Urheber der Idee höchst erfolgreichen Plane geleitet werden. In den Duval'schen Restaurationen bekommt man nichts, was man nicht bestellt und wofür man nicht bezahlt. Als selbstverständlich geliefert werden nur Löffel, Messer und Gabel. Wünscht man von einem Tischtuch zu speisen, wünscht man eine Serviette, verlangt man Brod, Butter, Senf, bedarf man mehr als einer Kartoffel zur Fleischspeise, will man Milch zum Kaffee, so hat man dafür besonders zu bezahlen — sehr wenig allerdings, aber genug, um dem Eigenthümer von Allem einen noch so geringfügigen Verdienst zu lassen. Dabei sind die Portionen zwar nicht groß, aber durchaus hinreichend und gut zubereitet. Für Fleischportionen zahlt man durchschnittlich 6 oder 7 Cents, für eine Kartoffel 1 Cent, für Gemüse 2 oder 3 Cents, und für 12 bis 13 Cents kann man eine sehr annehmbare und ausreichende Mahlzeit haben. Wir speisten mit einem befreundeten Ehepaare in einer dieser Restaurationen, hatten zusammen 27 verschiedene Gerichte, zwei Flaschen Wein und eine Flasche Vichy-Wasser, und unsere ganze Rechnung betrug 17 Francs ($3.20), also 80 Cents für die Person. Nach ganz demselben Grundsatz leitet Hr. Duval, der durch sein System in kurzer Zeit zum mehrfachen Millionär geworden ist, die mit einigen dieser Restaurants verbundenen Hotels. Bettwäsche, Handtücher, Wasser, Seife, Extra-Decken, Heizung, Licht — Alles wird besonders angerechnet, aber sehr gering, so daß Gast wie Wirth in gleicher Weise ihre Rechnung finden. Wie sehr empfehlenswerth würde eine solche Einrichtung von Speisewirthschaften für Chicago sein, für die vielen jungen Leute namentlich, welche auf diese Weise ein gutes Essen für 15 bis 18 Cents erhalten könnten.

Wie man weiß, hat neuerdings trotz alles chauvinistischen Ansturms dagegen das bairische Bier Paris im Fluge erobert. Aber, wie der Franzose in allen Dingen originell ist, so hat er es auch zu Stande gebracht, seine Salutons, hier Brasserien genannt, in höchst origineller Weise auszustatten und ihnen Namen zu geben, welche diese Ausstattung auch wirklich anzeigt. So z. B. giebt es eine Brasserie „Die Hölle", welche nicht nur scenisch in der üblichen Vorstellung der Hölle, mit einem riesigen brennenden Feuer in der Mitte, ausgestattet ist, sondern worin auch die Kellner als Teufel gekleidet, mit Hörnern, Schweif und Pferdefuß umherspringen, und wo man das Bier "diable" nennt. Es wirkte auf uns gar komisch, als wir "trois diable" bestellen mußten — indessen da der Franzose den Deutschen als den leibhaftigen Satan ansieht, ist es ihm kaum zu verdenken, wenn er dessen Lieblingsgetränk danach tauft.

Eine andere Bierschänke heißt das Gefängniß. Die Fenster darin sind mit starken Eisenstangen versehen, die Wände sind kahl, die Tische und sonstige Einrichtung ist die dürftigste, die Kellner erscheinen im Gewande der Bagno-Sträflinge. Eine dritte heißt das „Affenhaus"; das Lokal ist mit Kletterstangen gefüllt, und die Kellner sind als Orang-Utangs verkleidet. Eine vierte nennt sich das Nonnenkloster, Alles hier ist schwarz angestrichen, die Kellner (nicht Kellnerinnen) tragen Nonnengewand. Es giebt eine Schweizerstube mit Kellnern in Schweizer-Tracht und Einrichtungen nach schweizerischem Muster geschnitzt; die „Katakomben", ein wirklich unterirdisches in einem tiefen Unterkeller belegenes Lokal, wo die Kellner wie Mumien aussehen; eine Kohlengrube, in welcher die Wände aus Kohlenblöcken aufgebaut sind, und die Aufwärter mit Lampen an den Köpfen und mit Aexten und geschwärzten Gesichtern umherlaufen; endlich eine altbairische Bierstube, die sehr wahrheitsgetreu mit mittelalterlichen Möbeln, Butzenscheiben, zinnernen Löffeln, altem abgestoßenen Geschirr eingerichtet ist, und wo man von Wärtern in altbairische Tracht bedient wird. Auch muß man hier läuten, um hineinzukommen.

Mit den vorherbeschriebenen sind in Paris die Gelegenheiten, sich zu amüsiren und das Leben zu genießen, noch lange nicht zu Ende. Trotz der vielen festen Lokale und Theater fehlt es in Paris auch nicht an fliegenden Schaustellungen, und namentlich in den Vorstädten findet man häufig die freien Plätze oder breiteren Straßen in der Mitte mit Buden besetzt, in denen Affen- und Hundetheater, wilde Männer, kleinere Menagerien, Panoramen, Gaukler und Seiltänzer sich produziren, umgeben von kleineren Buden, in welchen allerlei Leckerbissen feilgeboten werden — kurz, es findet sich das ganze Anhängsel einer deutschen Kirmeß, von den Franzosen auch so genannt, und jedenfalls ein Ueberbleibsel früherer Jahrmärkte. Ich will hierbei bemerken, daß Paris, besonders in den Vorstädten, viele Straßen besitzt, welche den „Unter den Linden" in Berlin ähnlich sind, und in deren Mitte sich eine von Zäunen eingefaßte und mit Bäumen besetzte Promenade befindet, die früher wohl, ehe die großen Markthallen aufkamen, zu Märkten benutzt wurden, und jetzt gelegentlich noch als Vergnügungsmarkt dienen. Hier entwickelt sich des Abends, und auch wesentlich nur des Abends, ein höchst eigenartiges und interessantes Treiben, wie es sich eben nur in Paris, wo die angeborene Lebhaftigkeit des Franzosen sich zur höchsten Potenz steigert, denken läßt.

Zu den großartigsten Vergnügungsplätzen in Paris gehören der Jardin d'Acclimatation und der Jardin des Plantes, von denen der erstere der eigentliche zoologische Garten in der gewöhnlichen Bedeutung ist, d. h. von den Eintrittsgeldern des Publikums unterhalten wird, während der letztere, der ursprünglich ein botanischer Garten war, seit neuerer Zeit aber auch Thiere enthält, und der schon vor mehr als zweihundert Jahren gegründet wurde, eine Staatsanstalt ist. Von beiden unzweifelhaft das Interesse der Reisenden mehr fesselnde ist der Jardin d'Acclimatation, sowohl angesichts seiner vorzüglichen Anlagen, unter denen namentlich die herrlichen Treibhäuser hervorragen, und wovon das Palmenhaus das berühmte Frankfurter erheblich übertrifft, wie der größeren Zahl der dort untergebrachten Thiere halber. Die einzelnen Exemplare freilich reichen an Schönheit nicht an die im Berliner und Hamburger zoologischen Garten heran. Unter den einzelnen Anlagen sind hervorzuheben eine Anstalt zum Mästen von Geflügel, in welcher stündlich mittelst einer besonderen Vorrichtung 400 Hühner abgefüttert werden, nach einer Methode, welche die Hühner in durchschnittlich achtzehn Tagen auf das doppelte Gewicht bringen soll; eine permanente Ausstellung von Gartengeräthen; eine Milchwirthschaft, in welcher kuhwarme Milch verschenkt und eifrig vertilgt wird; das große Hundehaus, in welchem man alle Hunderassen vertreten findet, wie gleichfalls im Kuhstall die verschiedenen Rindviehrassen u. s. w. Vor allen anderen zoologischen Gärten voraus hat der Jardin d'Acclimatation die Einrichtung, daß man dort Elephanten, Giraffen, Kameele, Strauße ꝛc. als Reit- oder Zugthiere miethen, und darauf oder damit, natürlich unter Begleitung eines Wärters, in den Anlagen herumreiten oder umherkutschiren kann, was namentlich für die Jugend in hohem Grade anziehend ist. Auch hatten wir das Glück, daß noch während unserer Anwesenheit in Paris die Singhalesen-Truppe auf ihrer europäischen Rundreise dort eintraf, und auf einer etwa 10 Acre großen freien Wiese im Jardin d'Acclimatation ihr Lager aufschlug. Sie bestand aus 55 Personen, darunter Frauen, Kinder, ein Hohepriester, Zauberer, Schlangenbeschwörer, Thierbändiger u. s. w., und bei ihr befanden sich fünfzehn Elephanten, sieben Kameele, ein Dutzend heilige Kühe und mehrere zahme Tiger. Sie gaben täglich mehrere Vorstellungen, deren Programm aus Kriegstänzen, allerlei Gaukeleien, Schlangenbeschwörungen und einem Umzug bestand, an welchem die ganze Truppe mit all' ihren riesigen Hausthieren und ihrem ganzen Hausgeräth Theil nahm. Die Elephanten produzirten sich noch besonders, indem sie mit dem Rüssel riesige Baumstämme schleppten, oder vor den Pflug gespannt das Feld pflügten, wie sie es in ihrer Heimath — der Insel Ceylon — gewohnt sind. Auch ließen die Singhalesen das schaulustige Publikum Zeuge ihrer religiösen Ceremonien sein, die sie in und vor ihren aus Bambusgeflecht errichteten Tempeln mit dem Götzenbilde Buddhas verrichteten.

Während der Jardin d'Acclimatation mehr auf die Befriedigung des schaulustigen Publikums berechnet erscheint, ist der 40 Acre umfassende Jardin des Plantes eine große wissenschaftliche Anstalt, und enthält nicht nur lebendige Thiere und Pflanzen, sondern auch riesige Sammlungen ausgestopfter Thiere (über 200,000) und Herbarien, zu denen auch Humboldt bedeutend beigesteuert hat, und vereinigt überhaupt sämmtliche naturwissenschaftlichen Anstalten der Stadt Paris. Er ist die naturwissenschaftliche Universität von Frankreich, in dessen 1200 Personen fassenden Amphitheatern die bedeutendsten Naturforscher des Jahrhunderts ihre Vorlesungen halten und gehalten haben, und in dessen Laboratorium die größten Gelehrten ihre Forschungen betreiben, und dessen Bibliothek 80,000 Bände umfaßt.

Die naturwissenschaftlichen Sammlungen — die zoologischen, botanischen, wie mineralogischen — sind von einer geradezu imponirenden Reichhaltigkeit. Auch der botanische Garten, in welchem die Pflanzen, je nach ihrer verschiedenen Bestimmung, mit verschieden gefärbten Hölzern bezeichnet sind (die Küchenpflanzen grün, die Arzneipflanzen roth, die Giftpflanzen schwarz, die Farbpflanzen blau, die Zierpflanzen gelb), ist in hohem Grade interessant, natürlich für den Laien namentlich der Theil mit den Zierpflanzen.

In der Nähe des Jardin des Plantes liegt die **große Weinhalle**, welche ein Gebiet von fast 35 Acre bedeckt, — eine Art bonded **warehouse**, in welchem die Weine bis zum Verkauf steuerfrei lagern, und das jetzt 5 Millionen Gallonen faßt, aber auf eine Lagerungsfähigkeit von 25 Millionen Gallonen vergrößert werden soll. Die die Halle durchschneidenden Straßen sind nach den darin enthaltenen Weinen Champagner Straße, Bourgogner Straße, Bourdeaur Straße, Languedoc Straße u. s. w. getauft.

Wer in Paris eine Spazierfahrt macht, versäumt natürlich nicht, den Champs Elysees und dem Boulogner Wäldchen einen Besuch abzustatten. Denn hier findet man am Nachmittage die elegante Welt hauptsächlich vertreten. Die **Champs Elysees** sind eine von Parkanlagen umgebene, über $\frac{5}{8}$ englische Meilen lange, mehr als 200 Fuß breite herrliche Straße, eine Fortsetzung des geschichtlich so berühmten Place de la Concorde, an deren Eingang zwei riesige Roßebändiger stehen, und deren Ende der Triumphbogen bildet, an welchem nach der Uebergabe von Paris am 1. März 1871 die siegreichen deutschen Truppen vorbeimarschirten. Nahe dieser Straße liegt das Palais des Präsidenten der Republik, an ihr der Industrieplatz, sowie die zahlreichen Cafés und Cafés Chantants, von denen schon früher die Rede gewesen ist. Hier drängt sich Nachmittags, hauptsächlich von 5 bis 7 Uhr, die Pariser feine Welt zusammen, theils um zu Wagen den weiter entfernten Parks zuzutreiben, theils um spazieren zu gehen und hauptsächlich um vor den Cafés und auf den zu miethenden Stühlen und Bänken entlang der Avenue sich an dem Anblick der spazieren gehenden und spazieren fahrenden Welt zu ergötzen. Zu sehen und gesehen zu werden scheint ein Hauptlebensbedürfniß des Parisers zu sein, und in diesem Sehen entwickelt der sonst so quecksilberne Pariser eine wunderbare Ausdauer und ein erstaunliches Sitzfleisch. Denn gar Viele, welche ihren Platz vor dem Café um 2 Uhr einnahmen, sind noch um 7 Uhr auf demselben Platz und hinter derselben Tasse Kaffee oder demselben Glase Absynth zu finden, das sie Schande halber bestellten und mit 10 Cents bezahlten, in der That so lange, bis die Dunkelheit eingetreten ist. Und dann geht es zum Beschluß des Tagwerts in eines der Cafés Chantants.

In der That ist der Anblick, den man hier genießt, auch ein so hoch interessanter und wechselvoller, so geeignet zum Studium des Gebahrens, des Charakters, der Gesichter, der Toiletten, daß man sich nur sehr schwer davon losreißen kann. Hier fesselt eine besonders schöne Equipage, dort eine reizende Bonne, umgeben von einer ebenso reizenden Kinderschaar und begleitet von einem grimmig-liebenswürdig dreinschauenden Sergeanten, der seinen Urlaub bestmöglichst ausnützt, dort eine Gruppe eleganter Herren zu Pferde den Blick; dann wieder kommt eine in der einen oder andern Beziehung berühmte oder berüchtigte Persönlichkeit vorbei, auf die unsere Aufmerksamkeit durch den Führer gelenkt wird, und die den Parisern natürlich gute Bekannte sind. Dazwischen nahen sich Operngläserverkäufer, die man nur los werden kann, wenn man ein Glas bei sich hat; Taubstumme, welche für 2 Cents einen Schlüssel zur Zeichensprache verkaufen, Vogel- und Hundehändler, Zuckerbäckerjungen in weißen Schürzen, gebratene und mit Zucker glasirte Aepfel feilbietend, der Mann mit den Spazierstöcken, Blumen**mädchen** mit schönen Rosen und häufig mit einem Kinde auf dem Arm, italienische Gypsfigurenhändler, Künstler, welche in augenblicklicher Geldverlegenheit ein werthvolles Gemälde an einen „Kenner" zu verkaufen wünschen, und endlich der Cigarrenstumpensammler, der sich auf jeden am Boden liegenden Cigarrenstumpen stürzt, einerlei ob derselbe auf der Straße oder unter den Tischen und Stühlen des Café liegt.

Das Boulogner Wäldchen, der Lieblings-Aufenthalt der Pariser Spaziergänger und Spazierfahrer, ist ein recht hübsch angelegter Park, ähnlich wie der

Jackson- oder Washington-Park hier, mit herrlichen Beeten, schönen Bänken, großen
Rasenplätzen, auf denen Kinder Croquet und andere Spiele spielen, zwei hübschen
Seen, belebt von zahlreichen Booten, und prächtigen Fahrstraßen, auf denen sich am
Nachmittag die elegante und eleganteste Welt in ihren schönsten Equipagen zeigt —
nur, daß ebenso wie der Park mit den hervorragenderen Amerika's trotz ihrer Jugend
kaum einen Vergleich aushalten kann, die Equipagen von Paris an der eleganten
Welt Amerika's, welche man im Central-Park, in Newport und auf den Chicagoer
Boulevards sieht, sowohl was die Wagen wie die Pferde betrifft, bei Weitem nicht
hinanreichen. Früher, unter dem Kaiserreich soll das ja anders gewesen sein. Damals soll auch in dieser Hinsicht wirklicher Glanz geherrscht haben. Heute waltet das
Miethfuhrwerk vor, das an und für sich, wie früher bemerkt, sehr elegant, aber eben
nichts Außerordentliches ist. Die einzige Aufsehen erregende Equipage, die wir sahen,
war eine prachtvolle, mit vier herrlichen schwarzen Rappen bespannte Karosse, mit
goldstrotzendem und doch von hohem Geschmack zeugendem Geschirr, und mit vier
ebenso reich und ebenso geschmackvoll und gallonirten Bedienten, einer Königin würdig,
und auch einer Königin gehörig, wenn auch nur der augenblicklichen Königin der Halbwelt, — der Baronesse d'Ange, der Nachfolgerin Cora Pearl's, einer Dame von
etwa vierzig Jahren, die durch ihre Anmuth und ihren großen Geist fesseln muß,
denn schön ist sie wahrlich nicht, und es kaum je gewesen. Aber sie ist die unbe-
strittene Herrscherin auf dem Gebiete der Liebe und der Mode, und es muß doch etwas
in ihr sein, was die Männerwelt zwingt, ihr die Millionen, welche sie alljährlich
vergeudet, willig zu Füßen zu legen. Ihr Hotel soll mit wahrhaft märchenhafter
Pracht ausgestattet sein, und an Teppichen, seidenen Tapeten, kostbaren Gemälden,
Gold- und Silbergeschirr, und dem feinsten Porzellan, wenn nicht mit dem fabel-
haften Luxus der Bourbonen-Könige, so doch mit der Einrichtung der Paläste der
reichsten Grand-Seigneurs und der ersten Finanzbarone wetteifern, und sie hinter sich
lassen. Uebrigens handelt Madame Ange in Bezug auf den Geldpunkt, wie Nero:
"Non olet", und will ein natürlich gut empfohlener Fremder ihr Hotel in Augenschein nehmen und eine Stunde mit ihr plaudern, so gestattet sie ihm, sich für die Erlaubniß durch Bestellung einer Flasche Wein, die nur 200 Francs kostet, und deren
es auch mehrere sein dürfen, erkenntlich zu zeigen.

In dem Vorhergehenden habe ich das Hervorragendste hervorgehoben, was Paris
an Unterhaltung dem vergnügungsbedürftigen Fremden am Tage, oder wenigstens
während derjenigen Stunden bietet, die der Pariser Tag nennt — von denjenigen
Vergnügungen, welche das Licht nicht scheuen. Man müßte aber nicht selbst in einer
Großstadt wohnen und man müßte gar keine Zeitungen lesen, oder Eugène Sue's
„Geheimnisse von Paris" nicht gelesen haben, um nicht zu wissen, daß es in Paris
auch sehr viele Vergnügungen giebt, welche das Tageslicht sehr scheuen. Und auch
von solchen habe ich mir, natürlich in Begleitung bewährter Geheimpolizisten, einige
angesehen, darunter nicht allein solche Cafés und Tanzlokale, in welchen die niedrigsten, aber nicht geradezu verbrecherischen Bevölkerungsklassen den Kelch des Ver-
gnügens bis zur ekelerregenden Neige leeren, sondern ich ließ mich auch in eine no-
torische Diebes-Kneipe führen, um zu sehen, wie die Zunft anerkannter Ein-
brecher, Straßenräuber und Taschendiebe sich amüsirt.

Obgleich ich bei diesem Erlebniß zwar keine mir zum Bewußtsein gekommene
Gefahr ausgestanden habe, war ich doch herzlich froh, als es vorüber war. Unser
Kutscher führte uns, nachdem ich auf Anrathen der mich begleitenden Geheimpolizisten
alle Schmuckgegenstände abgelegt und an Geld nur das Nöthigste bei mir behalten,
durch ein Labyrinth von Gassen und Gäßchen, das jede Orientirung unmöglich
machte, vor ein elendes, verfallenes Gebäude, in dessen Keller wir hinabstiegen, und
der als einziges Luftloch die Thür hatte. Wir fanden vorne ein gewöhnliches, höchst
verdächtig aussehendes Schanklokal, dessen Wände mit den ekelhaftesten und unzüch-
tigsten Bildern überklebt waren; hinten in einem durch einen Verschlag abgetheilten
Raum befand sich eine Gesellschaft von Männern, Frauen, Knaben, Dirnen, denen
Verbrechen, Noth, Unzucht und Lüsternheit an der Stirn geschrieben stand — eine
Sammlung polizeiwidriger Gesichter, wie ich sie sonst nirgendwo, nicht einmal im

Jolieter Zuchthaus, beisammen gesehen habe. Offenbar amüsirte sich die Gesellschaft; es wurde gesungen, deklamirt, getanzt, aber in einer in hohem Grade schlüpfrigen und unanständigen, ja geradezu schaudererregenden Weise, und wie gesagt, ich war froh, als ich aus dieser scheußlichen Kneipe entronnen war, in welcher schon die entsetzliche Stickluft Uebelkeit verursachte.

Indessen derartige Lokale drängen sich Einem in Paris ebensowenig wie anderswo auf; man muß sie suchen. Und Paris bietet sonst auch des Nachts des Interessanten genug, was offen geschieht. Bis 2 Uhr Morgens herrscht Leben auf den Straßen, denn so lange nimmt es, bis sich die letzten Theater- und Ball- und Café-Besucher nach Hause gefunden haben. Und deren giebt es eben in allen Stadttheilen. In der That sind die Straßen von Paris am lebhaftesten, außer von 5 bis 7 Uhr Nachmittags, von 11 Uhr Abends bis 2 Uhr Morgens. Dann tritt eine verhältnißmäßige Ruhe ein, aber nur bis 3 Uhr, denn da beginnt die Riesenstadt schon wieder zu erwachen. Zu Tausenden beleben in immer zunehmender Menge: Arbeiter, ihren entfernten Arbeitsplätzen zueilend, Scheuerfrauen, Lumpensammler, Straßenfeger, Leute, die nach verlorenen Sachen suchen, Bäckerwagen, Fleischwagen, Gemüsewagen, Milchwagen die heller werdenden Straßen. Die Wagen streben meistens den großen Markthallen zu, in denen und bei denen sich in diesen frühen Morgenstunden gleichfalls ein hochinteressantes Leben entwickelt. Denn, während man in den Hallen eifrig beschäftigt ist, die einlaufenden Lebensmittel von den Großhändlern einzukaufen, auf den Ständen aufzuhängen und in appetiterregender Weise zu ordnen, geht es in den daneben gelegenen und nur von Damen der Halle, Kutschern und Markthelfern besuchten Cafés sehr laut und in geradezu staunenerregender Ursprünglichkeit her.

Diese **Markthallen** sind bei Tag wie bei Nacht interessant. Die größte derselben, die **Centralhalle**, welche einen Raum von 23½ Acre bedeckt, und 11 bis 12 Millionen Dollars gekostet hat, besteht aus zwölf riesigen, ganz aus Eisen und Zink ausgeführten, ungefähr 200 Fuß langen und 70 Fuß breiten Gebäuden, welche durch eine 100 Fuß breite Hauptstraße und mehrere 50 Fuß breite Nebenstraßen von einander getrennt sind, und deren jedes in 250 Verkaufsstände von ungefähr 44 Quadratfuß Flächeninhalt getheilt ist. In den Kellern darunter befinden sich die Waarenlager mit 1200 Abtheilungen. Was man hier nicht an Lebensmitteln findet, mag es wohl nicht geben. Denn hier sind die Erzeugnisse aller Länder aufgespeichert, und von Nord, Süd und Ost wird der Pariser Markt täglich mit frischen Früchten und Gemüsen versorgt. Um einen Begriff des riesigen Umsatzes dieser Markthalle zu geben, führe ich an, daß in einem der letzten Jahre dort verkauft wurden: 60 Millionen Pfund Fische, 42 Millionen Austern, 66 Millionen Pfund Schlachtfleisch, 45 Millionen Pfund Geflügel und Wild, 27 Millionen Pfund Butter, 341 Millionen Stück Eier, 15 Millionen Pfund Käse u. s. w. Das erscheint riesig, ist aber wenig im Vergleich zu dem Gesammtverbrauch an Lebensmitteln in Paris, der sich auf jährlich 820 Millionen Pfund Brod, 130 Millionen Gallonen Wein und 360 Millionen Pfund frisches Fleisch stellt. Aber es giebt eben eine Menge Markthallen, und daneben noch andere Lebensmittelläden in Paris, welche ihre Waaren ohne deren Vermittelung von auswärts beziehen.

Man darf Paris einen großen Bazar nennen. Denn wie überall Vergnügungslokale, so findet man auch in jeder Straße, fast in jedem Block Läden. Und auch hier wieder fällt es dem Amerikaner auf, daß die Läden mit wenig Ausnahmen so winzig klein und räumlich beschränkt sind, und wie in Wien fast ihren ganzen Waarenvorrath im Fenster haben, nur daß die Pariser ihre Waare lange nicht mit dem Geschmack anzuordnen und dadurch für das Publikum so anziehend zu machen wissen, wie die Wiener. Immerhin wird aber auch hierin Anerkennenswerthes und meisthin Besseres geleistet, als in Amerika, und namentlich Abends dienen die Läden, da sie stets bis gegen Mitternacht geöffnet und glänzend erleuchtet sind, zur Belebung des Straßenbildes.

Natürlich giebt es auch große Läden — das Louvre, das Bon Marché, das Magazin de la Ménagère, das Baccarat, — die wohl an Großartigkeit und Anzahl der Angestellten ihres Gleichen in der Welt nicht finden. Das „Louvre" und das „Bon Marché" beschäftigen jedes über dreitausend Gehülfen, und nehmen jedes einen mindestens noch einmal so großen Bodenraum ein, wie Marshall Field's großer Laden in Chicago. Das Bon Marché soll das erste Geschäft in Europa gewesen sein, welches feste Preise einführte, und gekaufte und nicht brauchbar erscheinende Sachen wieder zurücknahm und das Geld dafür wieder herausgab. Und damit hat es einen riesigen Erfolg erzielt. Denn obwohl es kaum zwanzig Jahre besteht, soll es seinem Eigenthümer jährlich eine Million Dollars abwerfen. Dieses und das Louvre sind in Europa, so viel ich erfahren konnte, die einzigen Geschäfte, wo feste Preise nicht blos versprochen werden, sondern wirkliche Thatsache sind.

Das Magazin de la Ménagère ist eine Curiosität, und ein Besuch desselben dem Fremden in hohem Grade empfehlenswerth. Denn er findet hier Alles, was zu einer Hauseinrichtung in Zimmer, Küche und Keller nöthig ist, und er kann hier studiren, wie vielseitig heutzutage eine Hauseinrichtung ist oder doch wenigstens sein kann. Hier kann man hingehen und sagen: Ich habe ein Haus, eine Wohnung, ein Zimmer, eine Küche einzurichten, will so und so viel dafür anlegen, und wünsche die Sache bis da und dahin gethan zu haben, und er wird am bezeichneten Datum Alles an seinem Platze, und sogar den Küchenschrank mit Kaffee und Gewürzen versehen finden — natürlich in größerer oder geringerer Güte und Vollständigkeit, je nach dem Preise, den er zu zahlen sich verpflichtet hat. Eine Zimmereinrichtung für 25 Frs. kann natürlich nicht ganz so kostbar sein, wie eine für 25,000 Frs., aber beide sind hier zu haben.

Aehnlich ist das berühmte Geschäft von Baccarat, das größte Glaswaarengeschäft der Welt, wie das Wahliff'sche Geschäft in Wien der größte Porzellanladen der Welt ist. Es bedeckt einen Raum von gut einem Viertel=Block, und ist von oben bis unten mit den herrlichsten und mit den einfachsten Erzeugnissen der Glasindustrie aller Länder angefüllt. Auch hier kann man sagen: Was man hier an Glas nicht findet, giebt es nicht!

Vielleicht nirgends in der Welt findet man Licht und Schatten so gleich vertheilt, riesigen Reichthum und Verfeinerung so dicht neben bitterster Armuth und entsetzenerregende Verthierung gestellt, wie in Paris. Aber nirgends fällt es dem Besucher so in's Auge, als wenn er dicht neben einem der reizendsten Parks von Paris, den Buttes Chaumont, einer der glänzendsten Gartenanlagen der Neuzeit, und einer der letzten großartigen Schöpfungen des Seine=Präfekten Haußmann, neben einer wahren Apotheose des Schönen, das Verkommenste, Elendeste, Häßlichste findet, was es auf Erden geben, und was selbst durch die schauerlichsten Quartiere der Lazzaroni in Neapel nicht übertroffen werden kann, — eine Colonie der Lumpensammler von Paris.

Die Buttes Chaumont verdienen wohl eine eingehendere Besprechung, schon deßhalb, weil ihrer sonst in Reiseberichten selten Erwähnung geschieht, aber auch, weil die Oertlichkeit in mehrfacher Beziehung historisch interessant ist. Denn die Buttes Chaumont liegen in der Arbeiter=Vorstadt Belleville, und decken mit ihren Blumenbeeten, Seen, Wasserfällen und wilden Felspartieen die alte Richtstätte der Stadt Paris, auf welcher bis zum Jahre 1761 der Galgen stand, und die später fast ein Jahrhundert lang der Ablagerungsplatz für allen Unrath der Stadt war. Haußmann faßte die gute Idee, an der Stelle einen Park anlegen zu lassen, wozu das Terrain äußerst günstig war. Denn durch Jahrtausende hindurch ausgebeutete Steinbrüche waren hier Unebenheiten des Bodens entstanden, die nur geringer Nachhülfe bedurften, um hier eine theils wildromantische, theils idyllisch schöne Anlage zu schaffen. Die Felsen wurden noch wilder gesprengt, und mit einem kleinen See umgeben, durch Pumpen ein aus bedeutender Höhe in eine Tropfsteingruppe stürzender Wasserfall geschaffen, der höchste Felsen mit einem korinthischen Tempelchen gekrönt, von welchem man in einer Höhe von hundert Fuß über dem erwähnten See auf einer schwankenden, 200 Fuß langen Eisendrahtbrücke zu einem anderen Felsen hinüberwandert, und von wo aus man einen der schönsten und vollständigsten Ausblicke über die Stadt Paris genießt, die Abhänge der Hügel dann mit den herrlichsten Garten=

anlagen bedeckt, und ein Park war da, wie sich ein schönerer auf einem so kleinen Terrain — etwa 50 Acre — schwerlich in der Welt findet. Im Jahre 1871 bildete dieser Park eine der festesten und bis zuletzt behaupteten Stellungen der Communisten.

Dicht neben diesem reizenden Stück Erde befindet sich, wie gesagt, eine der Colonien von Pariser Lumpensammlern, deren es in den Vorstädten von Paris mehrere giebt. Wer eine solche nicht gesehen hat, hat nie Armuth, Schmutz und Elend gesehen. Ein Bild kann man sich davon höchstens machen, wenn man sich in der West Lakestraße die verfallenen Holzhütten ansieht, in welchen eine wohlbekannte Lumpenhändler-Firma ihr Geschäft betreibt, und aus deren zerbrochenen Scheiben ekelhafte Lumpen herausquillen. Hier in dieser Colonie giebt es vierzig, fünfzig solcher verfallenden Hütten. Der widerliche Eindruck, den man erhält, der Gestank, der hier herrscht, ist unbeschreiblich. Man muß alle moralische Kraft aufbieten, um sich zu entschließen, eines dieser Häuser zu betreten. Ich suchte mir eines der am wenigsten baufälligen aus. Durch eine Pforte kam ich in einen Vorhof, auf dessen Misthaufen Schweine, ein Hund, eine Katze und zwei nackte Kinder in zartem Alter in süßer Gemeinschaft sich sonnten. Eine Pfütze schrecklich stinkender Jauche umgab den idyllischen Hügel, doch diente sie immerhin einigen Enten zum Aufenthalt. In einer Ecke des Hofes fraßen Kaninchen vertrocknete und verfaulte Kohlblätter, in einem offenen Schuppen saßen drei Knaben, eifrig mit dem Sortiren der Lumpen und sonstigen Abfälle beschäftigt, welche sie und ihre Eltern in der vorangegangenen Nacht aufgesammelt hatten. Das Innere des Hauses bestand aus zwei Räumen. Das vordere, das Schlafzimmer der Eltern, zeigte noch ein gewisses Bemühen, es reinlich und anständig zu halten, und es war mit Fliesen gepflastert, aber im zweiten, ungepflasterten und ungedielten, das als Küche, Schlafzimmer für die Kinder, und Trockenplatz für nasse Lumpen diente, war es einfach entsetzlich. Wie in einem solchen Raum Menschen leben und Kinder gesund aufwachsen können, ist mir ein Räthsel, und die Thatsache, daß das doch möglich ist, ist ein Hohn auf die ganze Gesundheitslehre. Im Uebrigen bereute ich diesen Besuch nicht, denn ich fand in dem Besitzer des Hauses einen zu jeder Auskunft bereiten Mann, und erfuhr von ihm über seinen Beruf einige recht interessante Thatsachen.

So theilte er mir auf meine Fragen mit, daß obwohl die Lumpensammler keine geschlossene Corporation bilden, es dennoch fast nie vorkommt, daß sich in dem Bezirk, welchen sie sich einmal gewählt haben, ein anderer eindrängt. Gelegentlich geschieht es wohl einmal, daß ein verkommener Kerl, der auf gar keine andere Weise zu dem nöthigen Gelde für seinen Schnaps zu kommen wisse, sich einzudrängen versuche, aber das währe nicht lang, da er seine Rechnung nicht fände. Denn ein ordentlicher Lumpensammler kenne die Dienstboten, die wüßten, daß sie sich auf ihn verlassen könnten, sollten sie einmal aus Versehen Messer, Gabeln oder silberne Löffel mit den Abfällen fortgeworfen haben, und die ihnen dafür, daß sie solche Sachen wiedergäben, die werthvolleren Abfälle besonders aufbewahren. Er klagte nur, daß wie für alle Geschäfte, so auch für die Lumpenhändler, die Zeiten schlecht seien, weit schlechter, wie unter dem Kaiserreich. Denn damals hatten die Leute viel mehr darauf gehen lassen, und in Folge davon seien auch die Abfälle reichlicher gewesen.

Unter diesen Abfällen ist, nach meinem Gewährsmann, so ziemlich Alles zu verstehen. Zuerst wird nach Scherben gesucht, denn es kommt häufig vor, daß sich darunter solche von kostbaren antiken Stücken befinden, für die Kunstkenner gerne hübsche Preise bezahlen. Dann werden alle Küchenabfälle sorgfältig gesammelt, denn Vieles läßt sich nach gehörigem Waschen noch verwenden, und kurz der Lumpensammler mit seiner Familie lebt hauptsächlich von solchen Abfällen, und nicht nur er, sondern auch seine Thiere. Ja von Brodrinden sammelt er während des Winters genug, um damit während des Sommers, wo in den reicheren Quartieren, weil Alles verreist, die Ausbeute gering ist, die Hühner und Kinder durchzufüttern. Die Knochen werden je nach ihrer Güte an Knopffabrikanten oder an Düngerfabriken verkauft. Die Lumpen, klagte der Mann, seien lange nicht mehr so viel werth wie früher, seit die Papirfabrikanten Lumpen aus dem Orient importirten. Glasscherben, alte Blechbüchsen, altes Eisen, Korke, Obstschalen, Alles wird gesammelt und entsprechend verwerthet. Trotzdem dieser Mann mit seiner Frau und drei Kindern von 2 Uhr Morgens bis 10 Uhr Vormittags an der Arbeit ist, und Pferd und Wagen hat, verdient er seiner Angabe zufolge nicht mehr als 60 bis 80 Cents den Tag — zur Zeit des Kaiserreichs habe er es oft auf zwei Dollars gebracht. Er erzählte mir auch, daß er alle Steine und alles Material zu seinem Hause nach und nach gesammelt habe. Da wird dann wohl auch manches noch nicht Fortgeworfene mit darunter gelaufen sein. Daß die Lumpenhändler Colonien für sich vor der Stadt bilden, und meist ihre eigenen Häuser besitzen, erklärte er für eine Nothwendigkeit. Denn kein Hausbesitzer wolle wegen des Geruches einen Lumpensammler in sein Haus aufnehmen, oder er fordere unerschwingliche Miethe.

Das Traurigste, was er mir erzählte, war, daß weder er, noch seine Collegen ihre Kinder in die Schule schicken. Die Unglücklichen wachsen also in jeder Beziehung wie die Thiere auf, — ein gutes Material für zukünftige Verbrecher.

Ein viel geruchloserer Besuch war es, den wir den berühmten Cloaken von Paris abstatteten. Paris hat ein treffliches Sewersystem von mehr als 600 englischen Meilen Länge; der ganze Spülicht der Stadt wird in zwei großen Haupt-Canälen (égouts collecteurs) gesammelt, welche ihrerseits in einen langen Tunnel münden, der wieder, aber erst unterhalb der Stadt, sich in die Seine ergießt. Diesen Haupt-Canälen wird der Spülicht durch vier andere, fast ebenso große, Canäle zugetragen, in welche dann wieder unzählige Seiten-Canäle sich ergießen. Auch bei dieser Gelegenheit verließ uns nicht das Glück, welches unsere ganze Reise ausgezeichnet hat. Denn nur zwei Mal im Monat wird ein Besuch gestattet, und immer nur einer beschränkten Anzahl von Leuten, die sich die Erlaubniß dazu vom Seine-Präfekten zu holen haben, und wir waren glücklich genug, für ein Abstandsgeld von 40 Francs noch die letzten Billets zu erwischen. Der Eingang zu den Cloaken ist am Place du Chatelet, von wo man auf einer bequemen eisernen Treppe hinuntersteigt. Unten wurden wir in einen Kahn gesetzt, und in einem ungefähr 30 Fuß im Durchmesser haltenden Gewölbe, in welchem der eigentliche und für gewöhnlich ausreichende Spülicht-Canal an beiden Seiten Fußwege hat, etwa eine Meile weit bei Fackelschein gezogen. Der Kahn dient zugleich zur Selbstreinigung des Canals. Er ist mit einer Fallthür versehen, die niedergelassen gerade das Bett ausfüllt, und wird dann durch das nachdrängende Wasser von selbst vorwärts geschoben. In einem der Seiten-Canäle legten wir eine mehrere Meilen lange Strecke auf einem Wagen zurück, der auf im Canalbett eingelassenen Schienen vorwärts geschoben wurde, und eine gleiche Vorrichtung zum Auskratzen des niedergeschlagenen Unraths hat. Obwohl es Hochsommer war, herrschte in diesen Canälen noch nicht einmal ein so übler Geruch, wie ihn im Januar der Chicagofluß ausströmt. Die Canäle sind offenbar sehr solid und auf die Dauer aufgeführt. An jeder Straßenecke führen eiserne Treppen zu den im Straßenbett befindlichen Mannlöchern, und jede Straßenecke ist mit ihrem Namen deutlich bezeichnet, so daß die unten beschäftigten Arbeiter stets wissen können, wo sie sind. An der Decke dieser Canäle sind auch die Röhren der Wasserleitung angebracht.

Ein Besuch der Katakomben beschloß unsere Besichtigung des unterirdischen Paris. Auch hier gelang es uns nur auf besondere Empfehlung, Zutritt zu erhalten, und waren wir so glücklich, daß einer der wenigen Tage im Jahr, wo die Besichtigung gestattet wird, in die Zeit unseres Pariser Aufenthalts fiel. Wer die römischen Katakomben gesehen hat, findet freilich hier nicht viel Bemerkenswerthes. Sie sind wie diese aus Steinbrüchen entstanden, die schon vor zweitausend Jahren ausgebeutet wurden und wenigstens in früherer Zeit das Baumaterial für die Stadt geliefert haben. Zum Theil liegen sie so nahe der Oberfläche, daß die Regierung sich gegen Ende des vorigen Jahrhunderts veranlaßt sah, sie durch Pfeiler an den besonders gefährlichen Stellen zu stützen. Auch werden sie erst seit ungefähr derselben Zeit als Beinhäuser benutzt; denn damals wurden eine Anzahl alter Friedhöfe aufgehoben und die darin gefundenen Knochen hierher gebracht. Zur Zeit der Schreckensherrschaft wurden eine große Anzahl der Opfer der Guillotine hier einfach hineingeworfen. Jetzt hat man Ordnung geschaffen und die Gebeine sorgfältig geordnet und an den Wänden aufgestapelt, auch wie in Rom Kapellen daraus gebaut. Sie haben bei Weitem nicht die Ausdehnung der römischen Katakomben, aber wer diese nicht besucht hat, sollte die Pariser aufzusuchen nicht versäumen. Sie sind zwar kein schöner Aufenthalt, im Gegentheil sehr feucht und dumpfig, und man muß gute Nerven haben, um nicht im ungewissen Licht des Fackelscheins beim Wandern durch die grinsenden Schädel und braunen Knochen Grauen zu empfinden; aber es ist immerhin etwas, was man nicht alle Tage sehen kann, und was, wenn die Leichenverbrennung wieder aufkommt, in der Zukunft auch nicht mehr in den kommenden Weltstädten wird nachgeahmt werden können.

Wohl habe ich in den vorhergegangenen Seiten so ziemlich alles Das geschildert, was zu den besonderen Eigenthümlichkeiten von Paris zu rechnen ist, und ich deshalb für die Leser von besonderem Interesse gehalten habe. Aber ein Bild der Weltstadt würde gar zu unvollständig sein, wollte ich nicht, in großen Umrissen wenigstens, einige der geschichtlichen Denkmäler, schönen Plätze, Kunstbauten und wissenschaftlichen und Kunstsammlungen erwähnen, an denen Paris so reich ist. Besitzt doch Paris nicht weniger als allein dreiunddreißig Museen, und wenn auch der Leser nicht zu fürchten braucht, daß ich sie sämmtlich beschreibe, oder auch nur dem Namen nach aufführe, so sind einige von ihnen doch von so hervorragender Bedeutung, daß man sie nicht übergehen kann.

Dazu gehört z. B. das Musée de Cluny, das eine außergewöhnlich reichhaltige Sammlung von Erzeugnissen der Kunst und Kunstgewerbe aus früheren Jahrhunderten enthält, — Bildhauer-Arbeiten in Bronze und Stein, Holz und Elfenbeinschnitzereien, Emaillen, Glasgemälde, Glas- und irdene Waaren, kostbare Geräthe, Möbel, Tapeten, — darunter zwar Manches, was nicht auf der Höhe der Kunstleistung steht, aber Alles in hohem Grade interessant und belehrend. Dann das Musée Grévin, eins der großartigsten und reichhaltigsten Wachsfiguren-Cabinette, das sich dem berühmten der Madame Tussoud an Größe völlig an die Seite stellt, und es an Schönheit der Figuren übertrifft; und natürlich das Louvre.

Von diesem riesigen Palast, über welchen so viel geschrieben worden ist, will ich eine Beschreibung gar nicht versuchen, denn eine solche würde, sollte sie ein auch nur annäherndes Bild liefern, allein mehrere Briefe in Anspruch nehmen. Aus der Thatsache, daß die ersten Anfänge des Louvre bis in das Ende des 12. und Anfang des 13. Jahrhunderts zurückreichen, und daß vom Ende des 14. Jahrhunderts an alle französischen Herrscher, mit alleiniger Ausnahme des fünfzehnten und sechszehnten Ludwig, daran vergrößert und verschönert haben, versteht man erst, wie ein so riesiger Gebäudehaufen entstehen konnte, der selbst nahezu eine englische Quadratmeile bedeckt, und an großen Höfen und Plätzen mehr als eine Quadratmeile einschließt. Ungezählte Millionen sind hier hineingebaut worden, hat doch Napoleon III. allein an 15 Millionen Dollars hineingesteckt. Bis zum Jahre 1871 nach Vollendung der in den fünfziger Jahren ausgeführten Bauten mit dem Schlosse der Tuilerien ein geschlossenes, nach der einen Seite etwas zugespitztes Viereck bildend, ist durch das Niederbrennen der Tuilerien durch die Communisten und den im Jahre 1883 erfolgten gänzlichen Abbruch der Ruinen des alten Königsschlosses die eine Seite offen gelegt, und man blickt vom Place de la Concorde aus jetzt über den Tuileriengarten, den Place du Carrusel und mehrere hübsche Parkanlagen direkt bis zum Pavillon Sully und den vorhandenen ältesten Theilen des Louvre.

Diese ältesten Theile enthalten seit dem Jahre 1793 die großartigen Kunstsammlungen, welche heute, mehr als seine hervorragende geschichtliche Vergangenheit den Ruhm des Louvre ausmachen — Sammlungen, deren Beginn bis in das sechszehnte Jahrhundert zurückreicht, die aber ihre Bedeutung und Größe erst erlangten, als durch die Revolution und die Confiscation des königlichen Eigenthums die meisten der in den königlichen Schlössern verstreuten Kunstschätze hierhergebracht, und die massenhaften Kunstschätze, welche die französischen Heere auf ihren Feldzügen in Italien, Spanien, den Niederlanden und Deutschland — erbeuteten, hier ihren Platz fanden. Bis zum Jahre 1871 standen die Sammlungen des Louvre in Folge hiervon allen ähnlichen in Europa bedeutend voran, und wenn auch davon manche der geraubten Statuen und Bilder an die früheren Eigenthümer zurückgegeben werden mußten, so wird doch auch das Louvre heute noch an Reichhaltigkeit wie künstlerischer Bedeutung seiner Schätze von keinem Museum der Welt übertroffen.

Natürlich ist es nicht möglich, hier auch nur den Versuch einer Beschreibung zu machen. Nimmt doch die einfache eilige Durchwanderung der Säle volle zwei Stunden in Anspruch, und lassen sich doch Gemälde und Statuen nicht eigentlich beschreiben, obgleich Bücher über viele von ihnen geschrieben worden sind — für Die, welche sie gesehen haben. Ich erwähne deshalb nur die großartige Sammlung der ägyptischen Alterthümer, die Sammlung der griechisch-römischen Skulpturen, die in einem besonderen Saale die berühmte Venus von Milo enthält, die Sammlung der Renaissance-Skulpturen, deren Glanzpunkt der Michel Angelo-Saal ist, die Sammlung moderner Skulpturen, und aus der reichen Gemäldesammlung, welche 2000 der auserlesensten Bilder enthält, und deren Räume eine Längenausdehnung von mehr als einer halben englischen Meile haben, die Gemälde der großen italienischen Meister Rafael, Correggio, Tizian u. A. Von Rafael'schen Bildern enthält das Louvre mehr als irgend eine andere Gemäldegallerie der Welt. Auch die niederländische, die vlämische und ältere deutsche Schule sind trefflich vertreten, so Rubens durch eine Reihe im Auftrage der Maria von Medici ausgeführten großen Bilder, Rembrandt, die Teniers, Breughel, Holbein 2c., und selbstverständlich sind die französischen Maler nicht vernachlässigt. Auch der Saal der antiken Bronzen, die fast 36,000 Nummern enthaltende Sammlung der Handzeichnungen, die Sammlung der kleineren mittelalterlichen und Renaissance-Gegenstände, die Sammlung griechischer Alterthümer (Vasen, Lampen, Schmuckgegenstände), das Marine-Museum, mit einer reichen Sammlung von Schiffs-Modellen und Maschinen und sonstige Gegenstände, die in Beziehung zum Schiffsbau und zum Seekriege stehen, das nicht sehr reichhaltige, fast nur Ostasien berücksichtigende, aber sehr kostbare Stücke enthaltende ethnographische Museum, und endlich das chinesische Museum sind in hohem Grade anziehend und sehenswerth.

Und doch gestehe ich, daß ich die Gemälde-Gallerie, trotz der darin vertretenen Meisterwerke früherer Zeit, nicht mit halb so großem Genusse durchwandert habe, wie einige Tage später das Musée de Luxembourg, eine vom Staat veranstaltete Sammlung von Kunstwerken lebender Maler und Bildhauer, welche seit ihrer Eröffnung im Jahre 1818 alljährlich durch Ankäufe, — meist aus den im Salon der jährlichen Pariser Kunstausstellung preisgekrönten Bildern und Skulpturen vermehrt wird.

Zu den größten Schönheiten von Paris gehören seine herrlichen Plätze, und die weiten Durchblicke, welche die breiten Straßenfluchten gewähren. Am schönsten ist unstreitig der Place de la Concorde, von welchem man nach der einen Seite, wie schon erwähnt, über den Tuileriengarten hinweg in die vom Louvre und seinen riesigen Seitenflügeln umschlossenen Plätze hineinschaut, während auf der anderen die Aussicht auf die schöne Avenue des Champs Elysées geht — namentlich Abends ein märchenhafter Anblick — und erst mit dem herrlichen Triumphbogen abschließt. Der Platz, ein nahezu 1200 Fuß langer und 700 Fuß breiter Raum, welcher im Süden an die Seine stößt, und an welchen nördlich das Marineministerium und die ehemaligen Gardes Meubles, zwei ganz gleiche und sehr schöne Gebäude, grenzen, mit Asphalt gepflastert, mit den von Mohamed Ali dem König Ludwig Philipp geschenkten Obelisken von Luxor und zwei herrlichen Springbrunnen geschmückt, und sehr sauber gehalten, macht einen so glänzenden Eindruck, daß man nur schwer sich die düsteren historischen Erinnerungen in die Vorstellung rufen kann, die sich an ihn knüpfen. Hier war es, wo bei den Vermählungsfeierlichkeiten des nachmaligen Königs Ludwig XVI. mit Maria Antoinette bei einem Feuerwerk am 30. Mai 1770 durch unter die Menge fahrende Raketen ein solches Gedränge entstand, daß durch Quetschung, Ersticken und Sturz in die ihn damals noch umgebenden Gräben, zwölfhundert Menschen den Tod gefunden haben und zweitausend schwer verletzt worden sein sollen. Hier war es, wo während der französischen Revolution die Guillotine aufgestellt war, und nachdem ihr zuerst der König zum Opfer gefallen, vom 21. Januar 1793 bis zum 3. Mai 1795 mehr als 2800 Menschen enthauptet wurden. Hier wurde nach der Einnahme von Paris durch die verbündeten Truppen im Jahre 1814 der große Trauergottesdienst für Ludwig XVI. abgehalten; bis hierher bewegten sich am Champs Elysees hinab die siegreichen deutschen Truppen im Jahre 1871, und bald darauf fand hier einer der erbittertsten und blutigsten Kämpfe zwischen der Pariser Commune und den Regierungstruppen statt.

Der schon erwähnte Obelisk, etwas größer wie die im Central Park in New York befindliche Nadel der Cleopatra und ihre Schwester am Ufer der Themse in London, besteht aus einem einzigen Stück rosenrothen Granits von Syene, ist 76 Fuß hoch, soll über eine halbe Million Pfund wiegen und ruht auf einem 13 Fuß hohen und gleichfalls aus einem Stücke bestehenden Sockel aus bretonischem Granit. Früher stand an derselben Stelle eine Reiterstatue Ludwig XV., welche aber während der Revolutionszeit heruntergerissen, eingeschmolzen und in Zwei=Sousstücke umgeprägt wurde, um auf den Sockel das Standbild der „Göttin der Freiheit" zu setzen.

Den Platz umgeben acht hohe allegorische Stadtgestalten aus Marmor, auf hohen Unterbauten: Lille, Straßburg, Bordeaux, Nantes, Rouen, Brest, Marseille und Lyon. Als wir am 28. Juli in Paris eintrafen, gerade vierzehn Tage nach der 100jährigen Feier der Erstürmung der Bastille, war Straßburg noch von dieser her mit Trauer verhüllt.

Die Beleuchtung des Platzes des Abends ist geradezu bezaubernd. Ueber hundert Candelaber und zwanzig hohe bronzirte Schiffsschnäbel=Säulen erhellen ihn.

Der östlich an den Platz stoßende Tuileriengarten — für einen ganz innerhalb der Stadt belegenen Square sehr groß — er hat eine Länge von 2350 und eine Breite von über 1000 Fuß — ist nicht gerade eine hervorragende Anlage, und sieht etwas vernachlässigt aus; aber lebendig ist es darin, denn es ist der Spielplatz für die Pariser Kinder und der Empfangssaal ihrer Bonnen und Gouvernanten. Er enthält eine große Anzahl von Marmor= und Bronze=Statuen aus der Mythologie und alten Geschichte, untermischt mit allegorischen Figuren, und im Norden und Süden erhöhte Terassen.

Von dem am Ende der Avenue der Champs Elysees belegenen Triumphbogen — Arc de triomphe de l'étoile (Stern) — so genannt wegen der zwölf sternförmig von ihm ausgehenden breiten Straßen, ist schon früher die Rede gewesen. Bei dem hohen Interesse, welches er durch den Einzug der deutschen Armee erlangt hat, und da er jedenfalls eines der hervorragendsten Bauwerke der Stadt ist, schon deshalb, weil er von fast überall her sichtbar ist, sei hier von ihm eine etwas eingehendere Beschreibung gegeben. Er ist, so viel mir bekannt, der größte aller Triumpfbögen, 165 Fuß hoch, 150 Fuß breit und die eigentliche Porta Triumphalis darin, das Thor, besteht aus einem 68 Fuß hohen und 45 Fuß breiten Bogen aus Sandsteinquadern, von einem niedrigen Querbogen durchschnitten. Oben wird er durch eine 45 Fuß hohe Kolossalgruppe: Frankreich auf einer Quadriga, das Vorurtheil und den Irrthum vernichtend, gekrönt. Ein reicher Skulpturenschmuck, hervorragende Scenen aus der französischen Geschichte, namentlich aus der napoleonischen Zeit darstellend, bedeckt ihn, und am Gesimse sind auf Schilden die Namen von 30 Hauptschlachten Napoleons, in der Wölbung 142 weitere Schlachten verzeichnet. In der Wölbung des Querbogens befinden sich die Namen von mehr als 600 Offizieren der Republik und des Kaiserreichs. — Zu bemerken ist, daß die Durchfahrt durch Ketten gesperrt ist, und man an den Seiten herumgehen und fahren muß.

Als Kaiser Wilhelm als junger Mann von siebzehn Jahren zum ersten Male im Gefolge seines Vaters in Paris einrückte, war der Bau dieses Denkmals französischer Siege eben begonnen (vollendet wurde er erst im Jahre 1832, und die Quadriga ist erst während des letzten Jahrzehnts draufgesetzt worden); als er zum zweiten Male als Kaiser von Deutschland an der Spitze seines siegreichen Heeres in Paris einzog, konnte ihm derselbe die Vergänglichkeit alles Irdischen predigen, auch die des Ruhmes. Jedenfalls müssen es ganz eigenartige und hocherhabene Gefühle gewesen sein, mit denen er auf jenen Triumphbogen blickte, der so viele Namen aus Deutschlands Erniedrigung verzeichnet enthält, und den er vielleicht, wäre er ein Blücher gewesen, hätte zerstören lassen, wie es dieser einst mit der Jenabrücke gethan haben würde, hätte ihn ein Machtbefehl seines Königs nicht daran gehindert. Das Gefühl, daß er diese Zeit der Erniedrigung glänzend gerächt, und den Schandfleck vom Namen Deutschlands genommen, hat gewiß zu der sehr milden Weise, mit welcher gegen Frankreich im Jahre 1871 verfahren wurde, beigetragen.

Die Jenabrücke bringt mich auf die schönen Pariser Brücken, welche die Seine überspannen, deren es gegen dreißig giebt, und die nicht so greuliche hölzerne, roh und roth gestrichene Scheusale, wie die Chicagoer, sondern aus Sandstein aufgeführte herrliche massive Kunstbauten sind, wohl keine weniger als hundert Fuß breit, meist mit Statuen geschmückt, und Abends glänzend erleuchtet.

Die sich auf dem Place de la Bastille erhebende, zu Ehren der in der Julirevolution von 1830 gefallenen Kämpfer errichtete 156 Fuß hohe Julisäule aus Bronze, mit Sockel und Unterbau von Marmor, und gekrönt mit dem auf einer Kugel stehenden Genius der Freiheit, der die Fackel der Freiheit und die zerbrochenen Ketten der Sclaverei in den Händen hält, — es führt eine bequeme Treppe hinauf und man genießt oben eine prächtige Aussicht; der sehr schöne Place de la Republique mit der 30 Fuß hohen Statue der Republik auf 50 Fuß hohem Unterbau; die aus 1200 erbeuteten russischen und österreichischen Kanonen gegossene 145 Fuß hohe Vendome-Säule, von Napoleon in Nachahmung der Trojans-Säule zur Verherrlichung seiner Siege im Jahre 1805 errichtet; das von Richelieu erbaute und geschichtlich berühmte Palais Royal, das dem Publikum verschlossen ist, mit seiner lebhaften Umgebung von Kaufläden, Restaurants und Cafés sind Stätten, die nicht unerwähnt bleiben dürfen, ebenso wenig wie das Marsfeld, der 3300 Fuß lange und 1600 Fuß breite Exercir- und Paradeplatz von Paris, auf welchem von Alters her große Volks- und politische Feste abgehalten wurden, und auf welchem im Jahre 1878 die letzte Pariser Weltausstellung zum Theil untergebracht war. Er ist jedenfalls nach dem Alexanderplatz in St. Petersburg der größte freie Platz innerhalb einer Stadt. Ihm gegenüber, auf der andern Seite der Seine liegt auf einer beträchtlichen, steil nach dem Flusse abfallenden Anhöhe der Trocadero-Palast, ein über 1300 Fuß langes, in einer Art maurischen Stils erbautes Gebäude, welches mit dem es umgebenden hübsch gehaltenen Park erst aus der letzten Ausstellung herstammt, und angelegt wurde, weil sich auf dem Marsfelde nicht Alles unterbringen ließ. Es enthält zwei ausgezeichnete Sammlungen — das Museum der Gypsabgüsse und ein ethnographisches Museum, welches besonders reich an aztekischen Alterthümern und an Gegenständen aus den Polarregionen ist, und im Mittelbau einen riesigen und reichgeschmückten Festsaal, der 6000 Personen faßt, und während der Ausstellung als Theater diente, jetzt aber hauptsächlich zu Concerten verwandt wird.

Sehr interessant war uns ein Besuch in der eine kurze Strecke vom Jardin des Plantes belegenen Gobelin-Fabrik, welche seit Ludwig XIV. dem französischen Staate gehört, und deren Erzeugnisse früher nur zur Ausschmückung fürstlicher Schlösser und auch heute nur als Ehrengeschenke dienen. Die ganze Bestialität der Pariser Communisten kann man daraus ersehen, daß sie selbst diese Stätte des Kunstgewerbfleißes durch Feuer zerstörten, wobei 70 der kostbarsten Tapeten mit zu Grunde gingen.

Man kann hier den ganzen Webevorgang mit ansehen. Der Gobelin-Webstuhl unterscheidet sich, wenigstens für den Laien, nur wenig von den in der sonstigen Kunstweberei gebräuchlichen. Auf den ausgespannten Fäden ist der kleine Theil des Bildes, welchen den Arbeiter im Augenblick beschäftigt, mit Kreide in Umrissen gezeichnet. Ihm zur Seite steht das Bild, welches copirt werden soll, vor ihm ein Korb mit hunderten von Spulen, welche mit Wollengarnen der verschiedensten Farben, jede mit 24 Aufstufungen, bewickelt sind. Die Gobelins bestehen nämlich nicht, wie man vielfach annimmt, aus Seide, sondern der Hauptsache nach, der Dauerhaftigkeit der Farben halber, aus reiner Wolle. Nur wo es gilt, Metallglanz herzustellen und bei Blumen und Früchten wird zur Seide gegriffen. Die Aufgabe des

Arbeiters ist es, die Farben dem Vorbild entsprechend zu wählen und sie an den rechten Ort zu bringen. Es ist einleuchtend, daß das große Erfahrung, ein sehr kunstgeübtes Auge und große Geduld erfordert, und die Herstellung von fünf Quadratzoll täglich ist schon eine außerordentliche Leistung für einen Mann. An größeren Gemälden arbeitet ein Mann fünf, ja zehn Jahre, so daß es kein Wunder ist, wenn Gobelins einen Preis von $10,000 und mehr erreichen. Wer nur die verblichenen Gobelins früherer Jahrhunderte kennt, erstaunt über die lebhaften Farben der Gobelins, die er hier zu sehen bekommt.

In einer Zeit, wo die Börse einen so hervorragenden Platz in der Aufmerksamkeit der Menschen beansprucht, ein so bedeutungsvolles Institut, wie die Pariser Börse nicht zu besuchen, wäre fast eine Versündigung gegen den Zeitgeist, und wir machten uns derselben nicht schuldig. Doch kann ich den Chicagoern zum Troste berichten, daß die Pariser Börse weder in Bezug auf Leben und Lärm mit der ihren ein Vergleich aushält, noch daß das Gebäude und die Halle, obwohl großartig, an die Chicagoer Börse hinanreichen. Das Gebäude ist eine Nachahmung des Vespasians-Tempels in Rom, 230 Fuß lang, 140 Fuß breit und 100 Fuß hoch, umgeben von einem Säulengang von 64 korinthischen Säulen; der Saal hat eine Ausdehnung von 100 bei 60 Fuß, und natürlich eine Gallerie für Zuschauer. Auf der Pariser Börse werden jährlich etwa 10,000 Millionen Dollars umgesetzt — eine sehr anständige Summe.

Das neue Rathhaus von Paris, das sich an Stelle des durch die Communisten niedergebrannten mehrhundertjährigen Stadthauses erhoben hat, ist ein Renaissance-Prachtbau, der in vieler Beziehung noch an Schönheit das neue Rathhaus und das Reichsrathsgebäude in Wien überragt und dessen reichgegliederte Façade mit einer prächtigen Uhr und zahlreichen Skulpturen geschmückt ist.

Die beiden schönsten und bedeutendsten Kirchen in Paris sind die Madeleine und die Notre Dame. Erstere ist vom Jahre 1777 bis 1842 mit einem Kostenaufwand von über zwei Millionen Dollars errichtet, und erinnert dadurch, daß sie auf einem hohen Unterbau ruht, und von einer mächtigen Säulenhalle korinthischer Ordnung umgeben ist, vielmehr an die riesigen spätrömischen Tempel, als an eine christliche Kirche. Auch enthält sie im Innern keine auffallenden Sehenswürdigkeiten. Noch weniger eindrucksvoll, wenn auch mehr einer Kirche ähnlich sehend, ist die 900 Jahre alte Notre Dame, an welcher das einzige Schöne das aus dem Anfang des 13. Jahrhunderts stammende Portal ist. Sie ist fünfschiffig, hat eine Länge von 420, eine Breite von 160 Fuß, und enthält eine Menge Merkwürdigkeiten, — würde aber deren mehr enthalten, wenn ein Theil des Skulpturenschmuckes nicht während der Revolutionszeit zerschlagen wäre, und die Communisten nicht die kostbaren Geräthe gestohlen hätten. In der Madeleine, wie der Notre Dame machte ich dieselbe Bemerkung — daß nämlich die Kirchenbesucher aus Reisenden, nicht aus frommen Andächtigen bestanden.

Das Pantheon — die Westminster-Abtei Frankreich's —, auf dem Grabe der heil. Genoveva, der Schutzpatronin von Paris, als Kirche errichtet, und durch die Nationalversammlung im Jahre 1791 den großen Männern der Nation geweiht, liegt auf dem höchsten Punkte des linken Seine-Ufers, und macht einen sehr großartigen Eindruck. Es bildet ein gleichmäßiges griechisches Kreuz von 375 Fuß Länge und 280 Fuß Breite, und wird von einer 285 Fuß hohen dreitheiligen Kuppel überragt, die von Pfeilern und Bogen getragen wird. Eine von 22 cannelirten, 75 Fuß hohen korinthischen Säulen getragene Vorhalle bildet den Eingang, zu welchem elf Stufen hinaufführen, und dessen Giebelfeld ein herrliches Hochrelief ziert — Frankreich, Kränze an ihre berühmten Söhne austheilend. Das Innere, zu welchem man durch drei schöne erzene Thüren gelangt, ist einfach, aber erhaben, und wirkt jetzt mit Gemälden, Statuen und Kunstgegenständen geschmückt. In den Grabgewölben waren früher Mirabeau und Marat, Voltaire und Rousseau beigesetzt, aber die Gebeine der Erstgenannten wurden noch auf Befehl des Convents wieder entfernt. Eine besondere Merkwürdigkeit enthalten diese Gewölbe in ihrem Echo. Durch einen Schlag auf ein gespanntes Eselsfell wird ein tausendfaches Echo geweckt von einer Stärke, als brächen von allen Seiten auf einmal tausend von Feuerschlünden los, und das wirkt so erschreckend, daß auch der Stärkste zusammenfährt, und eine Dame in unserer Gesellschaft in Ohnmacht fiel.

Das schon von Ludwig XIV. erbaute, 5000 Menschen Raum gewährende Invaliden-Hotel, dessen vergoldete Kuppel weithin sichtbar ist, macht keinen erfreulichen Eindruck. In architektonischer Hinsicht ist es nicht bemerkenswerth, außerdem steht es so gut wie leer, denn die Invaliden von heute ziehen es vor, ihre Pensionen unabhängig zu verzehren, und es wohnen augenblicklich nicht mehr als 240 Soldaten darin, und diese klagen über Vernachlässigung seitens der Regierung — Klagen, welche angesichts des Verfalls, der sich in den Gebäuden zeigt, berechtigt erscheinen. Interessant ist hauptsächlich nur der Invaliden-Dom mit der erwähnten 350 Fuß hohen Kuppel, und auch der nur wegen der berühmten Gruft Napoleon's — der ohne Zweifel eindruckvollsten Gruft der Welt.

Gerade unter der Kuppel öffnet sich eine zwanzig Fuß tiefe Krypta, von 36 Fuß Durchmesser, deren Wände aus geschliffenem Granit mit 10 Marmor-Reliefs bestehen: Herstellung der bürgerlichen Ordnung, Concordat, Verwaltung, Staatsrath, Gesetzbuch, Universität, Oberrechnungskammer, Ermunterung von Handel und Gewerbe, öffentliche Arbeiten, Stiftung der Ehrenlegion. Dazwischen zwölf Siegesgöttinnen, und zwischen ihnen, in sechs Trophäen zusammengestellt, sechzig eroberte Fahnen. Ein Lorbeerkranz aus Mosaik mit vielen Schlachtennamen bildet den Boden der Krypta, in deren Mitte sich der aus einem einzigen Block finnländischen rothen Sandsteines gearbeitete, mit keinem Namen und keiner Inschrift geschmückte Sarkophag erhebt, welcher die Gebeine des Kaisers enthält. Nur ein Kreuz, mit den Namen der hervorragendsten Schlachten, in denen er gesiegt, verkündet, wer da ruht.

Der deutsche Generalstabsoffizier Graf York von Wartenburg, der Verfasser des im vorigen Jahre vollendeten klassischen Werkes „Napoleon als Feldherr", beschreibt darin die Gefühle, welche ihn beim Anblick dieser Gruft erfüllten, mit den schönen, ergreifenden Worten: „Wer heute in jenen Kuppelsaal des Invalidendoms tritt und den einfachen dunkelrothen Phorphyrsarg betrachtet, dessen Bedeutung kein Name, nur ein Kranz gewaltiger Schlachten verkündet, der wird mit staunender Bewunderung, und wenn er Soldat ist auch mit Ehrfurcht, gedenken jenes unbändigen streitsüchtigen Kindes, jenes schweigsamen, vieldenkenden, wenig umgänglichen, unbotmäßigen Offiziers, jenes nervösen, nie rastenden, im Entschlusse kühnen, in der Ausführung unerschütterlichen, ehrgeizigen, leidenschaftlichen Generals, jenes genialen, nie zu befriedigenden, herrschsüchtigen Eroberers, jenes egoistischen zukunfts- und menschenverachtenden, fatalistischen, für jedes Opfer der eigenen Person unfähig gewordenen Kaisers, jenes widerwilligen, nach der verlorenen Weltherrschaft in's Leere greifenden Gefangenen von Sanct Helena, jenes Todten, welcher der größte Feldherr war, — und es wird der Soldat die Berechtigung seines Wortes fühlen: „Ich habe die Weltherrschaft gewollt, und wer würde sie nicht an meiner Stelle gewollt haben!"

Der Dom enthält verschiedene Kapellen, in welchen Jerome Bonaparte, der ehemalige König von Westphalen, und dessen ältester Sohn, sowie Joseph Bonaparte, König von Spanien, beigesetzt sind. Drei andere Kapellen hatte Napoleon III. für sich selbst, Eugenie und Lulu bestimmt. Es wurde aber nichts daraus.

Von der Gruft des großen Korsen, dessen Namen die Welt nennt, gehen wir zu einer anderen Gruft, wenn auch nur vorübergehenden — zur Morgue, dem Ausstellungsorte der Leichen unbekannter verunglückter oder durch Selbstmord umgekommener Personen. Es ist ein kleines, nicht weit von der Notre Dame belegenes, unansehnliches Gebäude, in welchem hinter einer Glaswand in einem künstlich kalt erhaltenen Raume die gefundenen Leichen liegen. Als wir dort waren, war wenige Tage zuvor in einem Abzugskanal die Leiche eines wunderschönen Kindes gefunden worden, und die Nachricht davon hatte eine Wallfahrt nach der Morgue zur Folge, wie ich Aehnliches nur während der Ausstellung der Leiche Lincoln's in Chicago gesehen habe. Es war ein ununterbrochener Strom von Menschen, welche die Leiche besichtigten und er währte tagelang.

Da der Friedhof stets einen Schluß bezeichnet, kann ich für den Schluß meines Berichtes über Paris gar nichts Besseres thun, als der Pariser Friedhöfe Pere la Chaise und des Montmartre zu erwähnen. Da die Friedhoffrage in allen großen und schnell wachsenden Städten ein Gegenstand der Sorge ist, so dürfte es nicht uninteressant sein, hier anzugeben, daß man in Paris die Leichen unvermögender Personen, und das sind zwei Drittel der achtzig bis hundert Todten, welche dort täglich zu begraben sind, in großen Massen-Gruben, welche 40—50 Särge auf einmal fassen, verscharrt. Eigene Begräbnißstätten sind sehr theuer; ein Einzelgrab (zwei Quadratmeter) auf 10 Jahre kostet $30; eins für immer $100 bei Erwachsenen, bei Kindern die Hälfte; für einen Platz von mehr als zwei Quadratmetern aber zahlt man für den Quadratmeter (ungefähr 11 Fuß) $1200 und mehr. Alle Beerdigungen werden in Paris von einer und derselben Gesellschaft, der Enterprise des pompes funebres, nach einem von der Polizei genehmigten und in neun Klassen getheilten Tarif besorgt, der von 18¾ Frc. ($3.53) beginnend bis zu $1400 ansteigt. Jedem Friedhof sind zwei Geistliche zugetheilt, welche die Armen zu Grabe zu geleiten verpflichtet sind. Von den 22 Begräbnißstätten der Stadt ist der Pere la Chaise der größte und berühmteste. Er umfaßt 114 Acre, enthält die Gräber fast aller französischen Berühmtheiten und gewährt durch seine Lage auf einem steil ansteigenden Hügel mit seinen vielen Denkmälern einen sehr schönen Anblick. Auch der Friedhof Montmartre, der sich am Fuß des gleichnamigen befestigten Berges über alten Gypsbrüchen ausdehnt, enthält eine Menge Berühmtheiten, darunter auch Heinrich Heine und seine Mathilde, und viele schöne Grabmale.

Die Umgegend von Paris

ist sehr schön, nach jeder Richtung hin kommt man an den schönsten Villen und Landsitzen vorbei, und namentlich der Seine entlang sieht man herrliche Schlösser und großartige Gartenanlagen. In dem im Westen von Paris, jenseits des Boulogner Wäldchens gelegenen St. Cloud liegt nicht nur das berühmte Schloß, sondern auch der Bahnhof, die bei der Belagerung von Paris durch die Kanonen des Mont Valerien zerstört wurden, noch immer in Trümmern. Durch den sehr schönen Park von St. Cloud, von dem man an verschiedenen Punkten wahrhaft entzückende Ausblicke in das Seine-Thal genießen kann, kommt man nach dem durch seine Porzellanfabrik berühmten Sevres, in welcher das damit verbundene Musée Ceramique, die reichste Sammlung von irdenem Geschirr und Porzellan, die es giebt, besonders sehenswerth ist. Denn sie umfaßt die Erzeugnisse der Töpferkunst von den assyrischen und babylonischen Gefäßen bis auf den heutigen Tag.

Die Hauptsehenswürdigkeit in der Umgegend von Paris ist natürlich Versailles. Auch hierüber könnte man ja Bücher schreiben, und sind Bücher geschrieben worden, und namentlich zur Zeit, als Kaiser Wilhelm dort sein Hauptquartier aufgeschlagen hatte und der Kaiser ausgerufen wurde, sind so viele eingehende Beschreibungen des Ortes und Schlosses gegeben worden, daß die meisten Leser damit so ziemlich vertraut sein werden. Die Stadt macht einen ähnlichen stillen Eindruck, wie die meisten Residenzstädte, z. B. Potsdam und der Haag. Das Schloß und die umgebenden Parkanlagen, auf welches Ludwig XIV. mehr als eine Milliarde verwandt haben soll — 36,000 Menschen und 6000 Pferde waren gleichzeitig an der Arbeit, um die Erdarbeiten für die Gärten und die Straße nach Paris herzustellen, ist ja herrlich, sein Besuch aber hauptsächlich lohnend durch die historische Bildergallerie, welche durch Louis Philipp hier eingerichtet ist, indem er die im Louvre und in anderen Schlössern vorhandenen, auf die Geschichte Frankreichs bezüglichen Bilder hier vereinigen, die Lücken durch berühmte Künstler ausfüllen ließ. So enthält dann diese Gallerie wirklich die Geschichte Frankreichs in ihren hervorragenden Ereignissen dargestellt, sicher die großartigste Darstellung der Geschichte eines Landes in Oel. Die Zahl der einzelnen Bilder ist so groß, daß man berechnet hat, es müßte ein Besucher sieben Tage lang fünf Stunden in der Gallerie weilen, wenn er nur jedem Bilde eine Minute weihen will, und eine Minute ist doch sehr wenig für ein großes historisches Gemälde mit hunderten von Figuren. In dieser Gallerie kommt Einem die Größe Napoleon's erst zum vollen Bewußtsein. Denn man sieht ihn hier vor Toulon, bei den Pyramiden, auf den Alpen, bei Jena und Austerlitz, aber auch bei Waterloo und in Fontainebleau. Als wir im letzten Saal ankamen, welcher die Ereignisse aus den letzten Jahrzehnten der Geschichte enthalten sollte, frug ich den Diener, wo denn die Bilder aus dem Kriege von 1870 und 1871 wären. Kirschroth werdend und die Hände abwehrend über den Kopf erhebend, antwortete oder vielmehr schrie er: Rien, rien, pas du tout, pas du tout, natürlich zu meinem innerlichen großen Gaudium.

Mit großem Interesse nahmen wir selbstverständlich die Große Gallerie in Augenschein, in welcher die Proklamirung König Wilhelms zum Deutschen Kaiser stattfand, — ein 240 Fuß langer, 35 Fuß breiter und über 40 Fuß hoher, mit herrlichen Wand- und Deckengemälden und hohen Spiegeln geschmückter Saal, von dem gewiß die Meisten schon ein Bild gesehen haben.

Die Gärten von Versailles sind nicht groß, und da sie fast genau in dem Zustand erhalten sind, in welchem sie Le Notre angelegt hat, mit ihren geraden Linien und geschorenen Alleen, dem heutigen Geschmack wenig entsprechend. Interessant ist darin die Orangerie, welche 1200 Bäume enthält, von denen der älteste über 450 Jahre alt sein soll, und die Wasserkunst, die zwar großartig, aber nicht so schön und von so künstlerischer Wirkung ist, wie die in Peterhof. Denn auch hier waren wir glücklich genug, sie spielen zu sehen, obgleich das nur alle Monat einmal vorkommt.

Im Gegensatz zu diesem Denkmal von Herrschergröße und Herrscherpracht, suchen wir noch die Stadt St. Denis auf, und ihre Kathedrale, in welcher von Dagobert I. an, also seit 638, fast alle französischen Könige mit den Angehörigen ihrer Familie beigesetzt worden sind. Sie oder ihre Gebeine sind indessen nicht mehr in den Sarkophagen, denn während der Revolution wurden alle königlichen Sarkophage entleert, und der Inhalt in zwei große, gemeinsame Gräber gethan und mit ungelöschtem Kalk überschüttet. Ein merkwürdiges und nicht allgemein bekanntes Zusammentreffen ist es, daß damit an demselben Tage — 12. Oktober 1793 — begonnen wurde, an welchem hundert Jahre vorher Ludwig XIV. die Kaisergräber zu Speyer hatte zerstören lassen, und daß die Männer, unter deren Leitung beide Scheußlichkeiten geschahen, Hentz hießen. Erst 24 Jahre später ließ Ludwig XVIII. die noch vorhandenen Knochenreste wieder in die Krypta bringen, aber selbstverständlich war ein Auseinanderkennen nicht mehr möglich. Nur die in diesem Jahrhundert in Frankreich gestorbenen Bourbonen liegen wirklich in den Sarkophagen, die ihren Namen tragen. Interessant sind die Denkmäler der alten Herrscher Frankreich's aus der Zeit vor Heinrich IV., darunter das von Karl Martel, Karlmann, (Karl des Großen Bruder), und von Ludwig XII. Leider sind mehrere der alten Denkmäler, die aus Metall waren, während der Revolution eingeschmolzen worden.

Mit einem Besuch in dem reizenden Fontainebleau mit seinem an historischen Erinnerungen reichen Schloß — hier widerrief Ludwig XIV. das Edikt von Nantes und hier unterzeichnete Napoleon seine Abdankung — und mit seinem herrlichen Wald, der ein Gebiet von nahezu 70 engl. Quadratmeilen bedeckt, und mit seinen herrlichen alten Bäumen, tiefen Schluchten — der Boden ist sehr hügelig und felsig — Scenerien bietet, wie sie romantischer und wilder kaum im Yellowstone-Park angetroffen werden, sind wir an das Ende meiner Reise angelangt.

Ehe ich aber vom Leser, der mich bis hieher freundlich begleitet hat, Abschied nehme, möchte ich in einem letzten Briefe noch über einige allgemeine Dinge berichten, die auf der Reise zu meiner Kenntniß gelangten.

XVI.

Rückblicke.

Nachdem ich in den vorhergehenden Briefen, so gut ich es vermochte, beschrieben habe, was ich auf meiner Reise in den einzelnen Ländern und an den einzelnen Orten gesehen, möchte ich noch über einige allgemeinere Beobachtungen berichten, welche sich nicht gut früher einfügen ließen, und die, wie ich vermuthe, nicht ohne Interesse sein werden.

Zunächst über das Reisen im Allgemeinen. Darüber ist zu bemerken, daß das Reisen in Europa nicht allein unbequemer, sondern auch theurer ist, als in Amerika. Das heißt theurer auf dieselbe Entfernung. Denn wenn man bei einer neunzigtägigen Reise in Amerika auch vielleicht mehr Geld los werden würde, als in Europa, so würde man auch in dieser Zeit sehr bedeutende größere Strecken zurückgelegt und es dabei bequemer gehabt haben. In Europa reist man gemüthlich, aber ohne Comfort, in Amerika mit Comfort, aber ohne Gemüthlichkeit.

Wenn man in Europa zu zweien, dreien oder vieren gemeinschaftlich reist, stellen sich die durchschnittlichen Unkosten für den Einzelnen erheblich geringer, als für Den, der allein reist. Denn ein Führer, ein Wagen genügt für sie alle, und auch die Trinkgelder — auf die ich weiter unten näher eingehe — sind verhältnißmäßig billiger.

Die Eisenbahnfahrt zunächst ist allenthalben in Europa theurer, als in Amerika. Man muß nur in Betracht ziehen, daß, einige wenige Strecken ausgenommen, auf denen die Courierzüge gehen, man in derselben Stundenzahl in Europa 25 bis 40 Prozent weniger Meilen zurücklegt, als in Amerika, und daß das Fahrgeld für eine Stunde in Europa und in Amerika ungefähr das Gleiche ist. So kostet die Fahrt von Hamburg nach Berlin, welche man in 5¾ Stunden zurücklegt, $5.50. Das sind 143 engl. Meilen. Die Fahrt von New York nach Boston, eine Strecke von 240 Meilen, währt nur 6 Stunden und kostet nur $5; während also hier 40 Meilen die Stunde zurückgelegt werden, wird man auf der Berlin-Hamburger Bahn nur 24 Meilen vorwärts gebracht, und während man hier nur ein wenig über 2 Cts. bezahlt, muß man dort fast 4 Cts. per Meile entrichten. Ich habe gefunden, daß die Durchschnittsgeschwindigkeit der Eisenbahnzüge in ganz Europa 24 englische Meilen in der Stunde ist, ausgenommen in Rußland, wo es noch langsamer geht, und wo auf je drei Stunden Fahrt eine Stunde Halten auf den Bahnhöfen kommt, so daß sich die Durchschnittsgeschwindigkeit auf höchstens 20 Meilen stellt, was übrigens auch von Norwegen gilt.

Die Schlafwagen sind in Deutschland, Rußland und Norwegen nicht so gut, wie in Amerika. In Rußland hat man meist Schlafwagen, die in Coupées abgetheilt sind, und in denen die Betten aus den herausgezogenen Sitzen bestehen, für die man weder Bettdecken noch Betttücher erhält. Auf der Strecke Moskau-Petersburg erhält man allerdings Betttücher, aber keine Decken; dagegen waren wir sehr erstaunt in Finnland, in dieser noch sehr wenig bereisten Gegend, vorzügliche und den amerikanischen meiner Ansicht nach weit vorzuziehende Schlafwagen zu finden. Denn die sind in kleine, aber ausreichend geräumige, gut ventilirte und mit gutem Licht versehene Stuben eingetheilt, mit vorzüglichen Betten und allem Zubehör an Bettwäsche, Kissen und Decken, mit Waschtisch und Spiegel und Trinkwasser versehen, so daß eine Dame sich ungenirt ankleiden kann, und nicht wie hier nöthig hat, sich auf dem Wege zur Toilette den gaffenden Blicken der Mitreisenden auszusetzen. Und eine große Annehmlichkeit darin war, daß der Porter kein Neger, sondern eine würdige Matrone war, welche die Aufsicht über den Wagen allein führte. Aehnliche Wagen soll es auch auf der Strecke Berlin-Petersburg geben, die ich nicht gefahren bin. —

Die Schlafwagenpreise sind gleichfalls theurer, als die amerikanischen. Wir bezahlten z. B. von Wien nach Warschau für eine achtzehnstündige Fahrt 9 Dollars. In Norwegen waren die Betten in den Schlafwagen so schmal, daß man nur auf der Seite liegen konnte, und Bettwäsche gab's dort auch nicht — nur grobe wollene Decken.

Eins aber hat Europa — ganz Europa — vor Amerika voraus, seine vorzüglichen **Bahnhöfe**. In jedem Lande und in jedem kleinsten Nest darin findet man einen schönen Bahnhof, der alle Bequemlichkeiten, gute und billige Restauration, Toiletten-Zimmer mit den nöthigen Closets, Stiefelputzer, kurz Alles enthält, was man hier nur in einigen als Ausnahme angestaunten Bahnhöfen, z. B. dem Chicagoer Union-Depot, und dem New Yorker-Depot in Boston vorfindet.

Sehr gefallen hat mir in Oesterreich und Deutschland das in Amerika noch nicht eingeführte **System der combinirbaren Billete**, welches den Reisenden in den Stand setzt, über irgend welche Punkte in diesen Ländern eine Rundreise zu machen, und die Billete für die ganze Tour vorher zu lösen.

Lachen machten mich stets die Inschriften an den Wagen: Damen-Coupée 1. Klasse, Damen-Coupée 2. Klasse, und Frauen-Coupée 3. Klasse. Danach ist also in Deutschland und Oesterreich, wer von weiblichen Wesen 1. und 2. Klasse reist, eine Dame, und eine Frau, die dritter Klasse fährt.

Die **Pferdebahnen** sind in den größeren Städten allenthalben vortrefflich, die Wagen sind bequemer und reinlicher, die Fahrt ist billiger als in Amerika. In Rußland giebt es auch in den Pferdebahnwagen zwei Klassen, die eine ist im Innern des Wagens und kostet 4 Cents, (in Warschau 6 Cents), die zweite oben auf dem Wagen und kostet 2½ Cents für die einfache Strecke. Man hat da Gelegenheit, die Armuth oder wenn man will Sparsamkeit des russischen Volkes zu beobachten. Denn während es im Innern des Wagens stets leer ist, sahen wir es oben brechend voll, und so soll es auch während der härtesten Winterkälte sein. Auch giebt es Damen-Abtheilungen in den Wagen, und Rauch-Abtheilungen. In Deutschland fährt man von Haltestelle zu Haltestelle und kann nicht an jeder Straßenecke ein- und aussteigen; auch kann man nicht für einen und denselben Fahrpreis zwei Block oder drei bis vier Meilen fahren, wie in Amerika, sondern das Fahrgeld richtet sich nach der Entfernung. Ueberall in Europa werden nur eine bestimmte Anzahl von Personen in den Wagen gelassen, und der Grundsatz: no seat, no fare, wird mit eiserner Consequenz durchgeführt, namentlich auch in Paris, und dort in einer Weise, daß jeder Amerikaner, mit dem ich darüber sprach, mir beipflichtete, daß so etwas in Amerika sich nicht einführen lasse. Dort löst man nämlich an den Haltestellen der Omnibusse, welche das hauptsächlichste Verkehrsmittel von Paris ausmachen, ein Billet, welches numerirt ist, und hat dann zu warten, bis der Aufseher diese Nummer aufruft, worauf man einen Sitz erhält. Dieses Warten kann 5 bis 10 Minuten währen, aber sehr oft auch 15 bis 20 Minuten, und einem Bekannten passirte es, daß es 35 Minuten dauerte, ehe er an die Reihe kam. Sind zwei Personen zusammen, so kann es ihnen passiren, daß nur ein Platz im Wagen ist, und die eine auf den nächsten Omnibus warten muß.

Ueberall findet man in Europa ausgezeichnete Hotels und doch fehlt dem Amerikaner an ihnen etwas. So z. B. haben wir in keinem der dreizehn verschiedensprachigen Länder, die wir auf unserer Reise besucht haben, in keinem Hotel in Verbindung mit den Gastzimmern Badestuben und Closets gefunden; ja in vielen der Hotels überhaupt keine Badestuben, und nirgends ein Closet mit fließendem Wasser. Heißes Wasser war nirgends zu haben. Ueberall herrschte die schauderhafte Sitte, daß man die Seife selbst mit sich führen muß, und als ich einmal — im Grand Hotel in Wien, in welchem sich eine Badestube befindet, das vergessen hatte, und erst sah, daß keine Seife vorhanden, nachdem ich mich bereits im Wasser befand, sagte mir der herbeigeschellte Kellner ganz schnippisch: Es wäre doch genug, daß man Wasser liefere, und Seife müsse extra bestellt werden. Auch Gasbeleuchtung befindet sich in keinem Zimmer, und die schöne Sitte, daß man für jeden Tag oder jede Nacht die eben angebrannten Kerzen für voll bezahlen muß, besteht noch immer. Die Betten sind durchweg schlecht — zu hart, zu schmal und zu kurz, und die einzige, löbliche Ausnahme fanden wir in Brüssel, wo es schöne, doppelte, gut gepolsterte amerikanische Betten gab.

Das Essen in den Hotels und Restaurants ist im Allgemeinen sehr gut. Die französische Küche herrscht vor. Die Hotelrechnungen, wie die Rechnungen in den Restaurants, sind, zieht man in Betracht, was man erhalten hat, ebenso theuer, wie in Amerika. Im Grand Hotel in Paris rechnete man mir für ein Zimmer im dritten Stockwerk $6 per Tag an, während ich zehn Tage später in New York für $3.50 per Tag im Union Square Hotel ein sehr viel bequemeres und schöneres Zimmer mit Badestube daneben im ersten Stockwerk erhielt, der Vergleich also sehr zu Gunsten Amerika's ausfiel. Natürlich kann man in Europa billiger reisen als hier; aber wer dort dieselbe Befriedigung seiner Ansprüche verlangt, wie hier, und wer dort gleich große Entfernungen zurücklegen will, wird es nicht nur ebenso theuer, sondern theurer finden.

Die größte Plage in Europa sind ohne Zweifel die Trinkgelder. Und Niemand hat mehr dazu beigetragen, es zu einer Plage zu machen, als der Amerikaner mit seiner Freigebigkeit. Was soll man dazu sagen, wenn eine Deutsch-Amerikanerin auf dem Hamburger Dampfer, auf welchem ich hinüberfuhr, und die mit ihrer Tochter reiste, folgende Trinkgelder gab. Für die allgemeine Kasse der Stewards $25; dem Obersteward $5, dem Zimmersteward $5, dem Koch $5 und der Stewardeß $5. Daß dieselbe Dame später in Europa mit gleicher Freigebigkeit verfahren ist, läßt sich wohl nicht bezweifeln, und ebenso nicht, daß die Leute, welche in Europa auf die Trinkgelder der Reisenden angewiesen sind — und ihre Zahl ist Legion — durch eine solche Freigebigkeit verwöhnt und verdorben werden, und ihre Ansprüche immerfort höher spannen.

Ueber die Frage, ob das Trinkgeld eine gute oder schädliche Einrichtung sei, ist schon so viel geschrieben, ohne daß es zum Schluß der Debatte gekommen wäre, daß ich zu dieser Literatur einen Beitrag zu geben mich nicht genöthigt sehe. Wichtiger ist wohl die andere Frage, wie viel Trinkgeld erwartet wird und wie viel man geben kann, ohne als Geldprotz, und wie wenig, um nicht als geizig zu erscheinen. Darüber habe ich mich bei einem mir schon von meinem früheren Aufenthalt in Europa bekannten und befreundeten Hotelbesitzer in Brüssel erkundigt und zur Antwort erhalten: Für einen Herrn und eine Dame, oder für einen Herrn allein, erwarten Portiere, Hausdiener und Stubenmädchen Jeder 1 Franc, wenn der Aufenthalt nicht länger als drei Tage währt. Die Kellner erhielten früher nichts, in den letzten Jahren aber beanspruchen auch sie das gleiche Trinkgeld. Da der Portier und der Hausdiener nirgends in Europa ein Gehalt bekommen, sondern im Gegentheil ihre Stelle pachten (der Portier im Prinz Karl Hotel in Heidelberg, in welchem ich als Student wohnte, zahlte für seine Stelle jährlich 7500 Gulden), so sind sie natürlich darauf angewiesen, jeden Reisenden zu brandschatzen.

Ich will hier bemerken, daß sich das Trinkgeld stets nach der Münz-Einheit des betreffenden Landes richtet. Wo in Belgien und Frankreich ein Franc = 19 Cents genügt, giebt man in Deutschland eine Mark (24 Cents), in Oesterreich und Holland einen Gulden (40 Cents), in Rußland einen Rubel (50 Cents), in Finnland eine Marka (20 Cents), in Schweden eine Krone (26 Cents), und in Amerika — in New York oder auf den Hot Springs — $1.

Bei weitem am schlimmsten ist es mit dem Trinkgeld in Oesterreich und Rußland. Schon in Eger, wo, da wir von Deutschland kamen, unsere Koffer untersucht werden sollten, verlangte der Koffertäger ein Trinkgeld von mir, weil er die Koffer vom Bahnwagen nach dem Steueramt getragen hatte, wozu er natürlich von der Regierung angestellt ist. Als ich ihn frug, wie er dazu komme, dafür ein Trinkgeld zu fordern, erklärte er ruhig, er sei eben darauf angewiesen, er müsse davon leben. In demselben Bahnhof mußten wir noch den Mann bezahlen, der die Koffer wog, und den, welcher unser Handgepäck, nachdem es den Paßschein aufgeklebt erhalten hatte, nach dem Wagen zurücktrug. In Wien zahlt man in den Restaurationen Trinkgelder an den Kellner, der das Essen, und an den, der die Getränke bringt, und schließlich noch an den Zahlkellner, d. h. den, an welchen man

bezahlt. Und doch war dies hier nur der Vorgeschmack von den herrlichen Trink=
gelder=Zuständen in Rußland. Denn dort ist es noch schlimmer als selbst in
Italien, einmal weil man an viel mehr Leute Trinkgelder zu zahlen hat, und zwei=
tens, weil die Münze soviel größer ist, als in Italien. Das Trinkgelder=Unwesen
in Rußland läßt sich gar nicht besser beschreiben, als durch eine Schilderung der
Abschiedsscenen beim Aufbruch aus einem großen Hotel.

Geht man in das Bureau, um seine Rechnung zu bezahlen, so hat man selbst=
verständlich den Mann, der das Geld in Empfang nimmt, für seine Mühe mit einem
Trinkgeld zu belohnen. Tritt man dann reisefertig aus seinem Zimmer, so steht
dort zunächst das Zimmermädchen mit ausgestreckter Hand, hinter ihr der Lohn=
diener, der für das ganze Hotel da ist und den man möglicherweise zur Bestellung
eines Wagens benutzt hat, dann der Zimmerkellner, der Einem vielleicht die Karte
eines Besuchers in's Zimmer gebracht hat, endlich der Hausknecht, der das Besorgen
des Gepäcks nach und von dem Hotel beaufsichtigt hat. Sie Alle erwarten etwas
und natürlich mit Erfolg. Unten steht der Oberkellner bereit, von uns ein klingen=
des Andenken entgegenzunehmen, und ist man im Begriff, in den Wagen zu steigen,
so kommen Einem zwei Portiers entgegen, ferner ein „Voiturier", dessen Pflicht
darin besteht, den Wagenschlag zu öffnen, und der sehr hübsch uniformirte kleine
Laufbursche des Portiers, alle mit empfänglicher Hand. Ist man am Bahnhof an=
gekommen, so erwartet der Kutscher des Wagens, trotzdem Letzterer bezahlt ist, na=
türlich sein Trinkgeld, und erst nachdem man das Gepäck und den Gepäckschein gelöst,
und sowohl den Gepäckmeister wie den Gepäckträger für ihre Mühewaltung extra
bezahlt hat, kann man auf kurze Zeit aufhören, seine Hände in die Tasche zu stecken.
Auf der Fahrt muß man natürlich, will man möglichst bequem reisen, dem Schaff=
ner eine silberne Aufmunterung geben, welcher, wenn er am Ende seiner Strecke an=
gekommen ist, uns seinem Nachfolger empfiehlt, der natürlich gleichfalls sein Trink=
geld erwartet.

Als wir in Petersburg das Winterpalais besuchten, wurden wir von einem
halben Dutzend reichdekorirter Soldaten empfangen, welche uns die Schirme
abnahmen und Filzschuhe hinstellten, und natürlich für diesen Liebesdienst Trinkgeld
erhielten. In jedem der 26 Säle des Palais waren wir gezwungen, dem beaufsich=
tigenden Diener unseren Obolos zu entrichten, weil er uns thatsächlich nicht eher in
den nächsten Saal hineinließ. Und wenn auch ein Jeder nicht mehr als 20 Kopeken
(10 Cents) erhielt, so lapperte es sich doch bis auf nahezu $3 in diesem einen
Palais zusammen — ein, ich sollte denken, sehr anständiges Beschauungsgeld.

Sogar in der Bank in Petersburg, an welche mein Creditbrief adressirt war,
deutete mir der Kassirer, der mir mein Geld einhändigte, sehr deutlich an, daß ein
Trinkgeld nicht abgeschlagen werden würde. In Wien, als ich den Marstall besuchen
wollte, hatte ich im Hotel aus Versehen eine vom Tage zuvor datirte Eintrittskarte
erhalten. Jeder Versuch, daraufhin den Eintritt zu erlangen, wurde von dem wacht=
habenden Stallmeister sehr nachdrücklich, um nicht zu sagen grob, zurückgewiesen,
bis ein ihm in die Hand gedrücktes Dollarstück ihn in den zuvorkommendsten Men=
schen verwandelte, und mir die Thür sofort öffnete.

Im Hotel Bellevue in Dresden war ich Zeuge, daß ein Briefträger, welcher
einer dort wohnenden befreundeten Amerikanerin einen Geldbrief brachte, sich nicht
eher drückte, als bis er sein Trinkgeld erhalten hatte. In Rußland muß man sogar
dem Barbier außer einer Forderung noch ein Trinkgeld geben.

So unangenehm für den Reisenden, der deswegen stets einen Sack voll Klein=
geld bei sich führen muß, diese Trinkgelderplage auch ist, entschuldigt man die Leute,
die es fordern, weil man weiß, daß Viele von ihnen nicht nur daraus ihren Lebens=
unterhalt beziehen, sondern noch die Pacht für ihre Stelle daraus bezahlen müssen.
So darf im Pariser Café de la Pair kein Kellner seinen Schnipel anziehen, ehe er
nicht als Pacht für das Recht, an dem Tage aufwarten zu dürfen, 12 Francs an
die Kasse im Voraus entrichtet hat.

Die wirthschaftlichen Zustände in Europa habe ich fast durchweg recht
betrübend gefunden, und wenn man bei uns öfters Klagen über schlechte Geschäfte

und die vielen Fallissements hört, so sind dieselben bei weitem nicht so begründet und berechtigt, wie überall da, wo ich in Europa war. Die ewigen Kriegsgerüchte hatten schon letzten Sommer eine sehr niederdrückende Wirkung ausgeübt. In Deutschland steht es noch am besten, denn da dort die Zustände auf einer viel sichereren Grundlage ruhen und das deutsche Volk bekanntlich sehr sparsam und haushälterisch ist, hatten dort diese Gerüchte den geringsten Einfluß. In Oesterreich litt man scheinbar am meisten von der herrschenden Ungewißheit, denn dort wußte man nicht, von welcher Seite der Angriff kommen werde und befürchtete, von welcher er auch käme, immer werde Oesterreich den Kürzeren ziehen. In Rußland ist die ungeheure Staatsschuld die Ursache nicht allein der schlechten Geschäfte, sondern auch davon, daß es nicht schon längst den Krieg erklärt hat. Denn jeder Russe scheint kriegslustig und eroberungssüchtig zu sein. Er verlangt, wie der Amerikaner sagen würde, die Welt für sich allein, und nur der Mangel an Geld hält Rußland von dem Versuche zurück, diesem Verlangen Befriedigung zu verschaffen. In Standinavien, wo zwar auch das Geschäft darniederliegt, hauptsächlich wegen des Mangels an männlicher Betriebskraft, ist das Volk doch so genügsamer und zufriedener Natur, daß man dort lange nicht so viel Klagen hörte, wie anderswo. In Belgien aber fand ich, wie schon früher erwähnt, die Lage höchst traurig und die Geschäftsleute im höchsten Grade entmuthigt. Niemand schien dort auch nur die geringste Hoffnung auf eine Besserung zu hegen. Die wenigsten der kleineren Geschäfte bringen es zu mehr, als Einem grade das Leben fristenden Ertrag. Jeden Tag gehen alte Geschäfte ein, und neue werden nicht gegründet. Es zeigt sich hier schlagend, daß der Handel zu Grunde gehen muß, wenn der Arbeiterstand nicht mehr Lohn erhält, als zur Bestreitung der unabweisbarsten Bedürfnisse nothwendig ist. Und die Untersuchungen, welche den vorjährigen Arbeiterunruhen dort folgten, haben ja ergeben, daß in Belgien die große Mehrzahl der Arbeiter noch nicht einmal das erhält. Von der armseligen Bezahlung der Arbeiter in Belgien und der Gewissenlosigkeit von Arbeitgebern hier nur einige kurze Beispiele:

In einer der Spitzenhandlungen in Brüssel war auch eine kleine Klöppelwerkstatt eingerichtet, — um den besuchenden Fremden die Herstellung der Spitzen zu zeigen. In derselben waren fünf Frauen beschäftigt, von denen eine bereits 60 Jahre geklöppelt hat, und die während dieser ganzen langen Zeit nie mehr als drei Dollars per Woche verdient hat. Auch wurde uns hier ein prachtvolles Spitzenkleid gezeigt, an welchem 32 Frauen sechs Monate lang gearbeitet haben, eine Kraft also 16 Jahre lang gearbeitet haben würde. Und dieses Kleid war für $1600 zu haben, d. h. also, selbst wenn man das Material nicht rechnet, und diese Summe wirklich, wie behauptet wurde, den Kostenpreis darstellte, würde der Arbeiter nicht mehr als $100 im Jahre oder weniger als $2 per Woche verdient haben.

Unser Gesandter in Belgien, der bekannte Chicagoer Ex=Richter Tree, erzählte mir folgenden Fall von schmählicher Niedertracht. Ein alter Kohlengräber hatte 55 Jahre in den Gruben einer und derselben Gesellschaft die Eingeweide der Erde durchwühlt, und jährlich waren ihm von einem Monatslohne 10 Prozent abgezogen worden, als Reserve=Fonds für seine Pension, sollte er arbeitsunfähig werden. Nach 55jährigem Dienste — derselbe begann, als er noch ein halbes Kind war — wurde er entlassen, — wegen Dienstunfähigkeit, und er verlangte nun seine Pension. Ja, hieß es, eine Pension erhält nur Der, welcher 60 Jahre gedient hat! Auf seine Erklärung, er wolle und könne ja noch weiter arbeiten, wurde ihm der Bescheid, er leiste nicht mehr genug und dabei blieb es. Der wahre Grund war natürlich der, daß die Gesellschaft ihm nicht das ihm seit 55 Jahren abgenommene Geld auszahlen wollte. Derartige Fälle stehen in Belgien nicht etwa vereinzelt da, und man begreift jetzt die furchtbare Erbitterung, welche zu den unheilvollen Zerstörungen in den Kohlenbezirken Belgien's führte. Gottlob, Derartiges könnte in den Ver. Staaten nicht vorkommen; und wenn es ja wohl hier und da kleine Arbeitgeber geben mag, welche Arbeiter um den vereinbarten Lohn zu betrügen versuchen, und manchmal erfolgreich betrügen, oder große Gesellschaften, welche den Arbeitern so wenig als möglich Lohn zu zahlen versuchen, eine Gesellschaft, welche versuchen würde, auf obige Weise den Arbeiter zu bestehlen, würde nicht nur der öffentlichen Verachtung preisgegeben sein, sondern auch mit den Gerichten sehr unangenehme Bekanntschaft machen.

Auch in Paris hört man allgemeine Klagen über den geringen Verdienst in der Kaufmannswelt, und die statistischen Berichte ergeben, daß die Kaufkraft oder die Kauflust der Bevölkerung allerdings abgenommen hat. Aber während in Belgien in Folge davon die Zahl der einzelnen Geschäfte abnimmt, macht sich in Paris das Gegentheil geltend. Immer neue Geschäfte entstehen, immer heftiger wird die Concurrenz und immer geringer der Verdienst der einzelnen Kaufleute.

Wie in Belgien habe ich es mir überall zur besonderen Aufgabe gemacht, mich, so weit es möglich war, nach den Lohnverhältnissen zu erkundigen, und die von mir gesammelten Notizen werden, denke ich, für unsere Arbeiter von einigem Interesse sein.

Der Matrose auf den deutschen Dampfern erhält monatlich nur $9, der Steward gar nur $5; freilich erwartet Letzterer, sich durch die Trinkgelder schadlos halten zu können. In Hamburg fragte ich einen der Angestellten im zoologischen Garten nach seinem Lohn und erhielt zur Antwort: 17 Mark ($4.00) pro Woche. In Bayreuth zahlt man einem Preßman (Druck-Maschinisten) 22, einem Setzer 24 Mark, also $4.88 resp. $5.76 pro Woche. In den Glasbläsereien des Fichtelgebirges, welche den Glasperlenbedarf so ziemlich der ganzen Welt liefern, erhält ein Arbeiter 15 bis 20 Cents des Tages. In Rußland zahlt man dem Hausknecht in vornehmen Hotels $3 monatlich und giebt ihm allerdings noch die Erlaubniß, irgendwo auf dem Hofe zu schlafen, und sich von dem zu nähren, was in den Abfall kommt. Der gewöhnliche Schneider in Rußland verdient 30 bis 40 Cents des Tages. Polizisten erhalten monatlich in Deutschland $20 bis $25, in Rußland $15, in Oesterreich $18, in Schweden $25 und Uniform (natürlich sind hierbei nur die großen Städte in Betracht gezogen); Straßenbahn- und Droschkenkutscher: in Deutschland $18, in Rußland $15, in Oesterreich $16, in Schweden $17, in Norwegen $18, in Belgien $18. Tagelöhner per Tag: in Deutschland 50 Cents, in Rußland 30 Cents, in Oesterreich 35 Cents, in Schweden 40 bis 50 Cents, in Norwegen 45 Cents; besonders geübte Arbeiter in schwedischen und norwegischen Fabriken 65 bis 75 Cents, Maurer und Schreiner $1.50 und in den schwedischen Porzellanfabriken Arbeiter, die schon gewissermaßen Künstler sind, d. h. nur die feinste Arbeit verrichten, $30 bis $40 per Monat; in Belgien Schreiner 7 Cents, Maurer 8 Cents per Stunde oder durchschnittlich $3 per Woche. Dabei ist noch in Betracht zu ziehen, daß überall in Europa die Arbeitszeit nie kürzer als 12 Stunden und oft länger ist. So sahen wir in Schweden und Norwegen dieselben Arbeiter noch um 10 Uhr Abends und wieder um 5 Uhr Morgens auf dem Felde an der Arbeit. Ich enthalte mich, irgend welche Vergleiche zwischen diesen und den in Amerika gezahlten Löhnen und der hier und dort geltenden Arbeitszeit zu ziehen.

Wenige Beobachtungen habe ich in Betreff der Löhnung in den gentileren Berufsarten gesammelt. Doch erfuhr ich in Rußland, daß man dort einen guten Buchhalter mit $500 per Jahr gut bezahlt erachtet, und selbst in großen Geschäften einen Geschäftsführer (Manager, Bank-Kassirer, Secretär und Schatzmeister, Disponenten), für $1000 haben kann.

Was die Miethverhältnisse anbetrifft, so habe ich gefunden, daß der Arbeiter- und Mittelstand in Chicago besser, wenn nicht billiger wohnt, als meistens in Europa, und daß die Miethe für schöne große Privatwohnungen theurer ist, wie wenigstens in Chicago. Denn ein Freund in Berlin bezahlt dort für eine Etage $3500, während er in Chicago für $2500 sicher eine reichlich so schöne und geräumige, mit mehr Bequemlichkeiten verbundene Etage, und ein noch viel geräumigeres und schöneres ganzes Haus bekommen könnte. Arbeiterwohnungen, die aus nur zwei Stuben bestehen, kosten in Berlin von 75 bis 100 Pr. Thaler, gleich $54 bis $72.

Eins hat man in Europa, was man hier sehr entbehrt, — die vielen guten und auch sehr billigen Vergnügungen. Denn allenthalben kann man, besonders natürlich in den größeren Orten, Opern, Schauspiele für einen Eintritt von 15 Cents an und die herrlichsten Symphonie-Concerte für einen Eintritt von 6 Cents aufwärts hören, so daß der gewöhnliche Mann sich denselben Genuß verschaffen kann, wie der hochgestellteste und reichste. Mancherlei den Amerikaner befremdende Eigenthümlichkeiten laufen ja dabei mit durch, so daß man in den Theatern für den Theaterzettel bezahlen muß, will man einen haben, und daß man seine Garderobe in den Theatern ablegen und natürlich dafür bezahlen muß, wozu in Paris noch der vom „Usher" den Damen untergeschobene und benutzt oder nicht, einerlei ob bezahlende Fußschemel kommt, — die Form, in welcher in diesem Falle das Trinkgeld collectirt wird. Immerhin erträgt man diese Unverfrorenheit und Unsitte mit viel größerem Humor, als die ebenso besondere Pariser Unsitte der bezahlten Theater-Claque, welche bei keiner Theatervorstellung fehlt und gar zu häufig an den unpassendsten Stellen und in der genußstörendsten Weise mit ihrem Beifallgeklatsch losbricht.

Befremdend wirkt auf den Amerikaner mit seinem regen Antheil am öffentlichen Leben die vom europäischen Publikum den öffentlichen Interessen gegenüber beobachtete Gleichgültigkeit. Sie offenbart sich schon darin, daß man Niemanden mit wirklichem Interesse eine Zeitung lesen sieht, und daß zu der Frage: „Was giebt es Neues?" dort Niemand den Mund öffnet. Es ist den Leuten drüben ganz einerlei, ob sie eine Neuigkeit heute oder erst in drei Tagen erfahren; wie denn auch Viele gemeinsam eine Zeitung halten, von denen der Letzte diese Zeitung oft erst acht Tage nach ihrem Erscheinen erhält. In einer holländischen Zeitung sah ich sogar diese selbst die Leute einladen, sich zu Dreien und Vieren zusammenzuthun und gemeinsam auf ein Exemplar zu abonniren. Ueberall in Europa verläßt man sich auf die Regierungen. „Die sind dazu da, die werden's schon machen," hört man überall, „wozu sollen wir uns noch darum bekümmern?" Und in Deutschland heißt es natürlich, wo man hinhört: „Bismarck wird schon dafür sorgen."

In meinen Berliner Beobachtungen habe ich vergessen, der interessanten Thatsache zu erwähnen, daß es dort jetzt sechzig Pferdeschlächtereien giebt, ein Beweis, daß Pferdefleisch als Nahrungsmittel sehr in Aufnahme kommt. Auch in anderen großen Städten, wie z. B. Hamburg, soll sich der Pferdefleischgenuß fortwährend steigern.

Auffallend ist es dem Amerikaner, der gewohnt ist, täglich ein halbes oder ganzes Hundert schwarzer Gesichter zu sehen, daß er in Europa nur höchst selten auf einen Schwarzen stößt. Ich kann die Schwarzen, die ich auf meiner Reise nach der Abfahrt von New York bis zu meiner Rückkehr dorthin getroffen habe, an den Fingern herzählen. Es waren ein Hr. More aus Baltimore, ein Assistent des amerikanischen Generalkonsuls in Berlin, Herrn Raine; auf der Reise von Christiania nach Kopenhagen (in Oesterreich, Rußland und den skandinavischen Reichen waren wir auf keinen gestoßen), der Koch unseres Dampfers, den ich, da man mit einem Schwarzen stets die Idee verbindet, er müsse englisch sprechen, englisch anredete, ohne eine andere Antwort, als ein verneinendes Kopfschütteln zu erhalten. Ich verschwendete Deutsch und mein bestes Französisch an ihn, ohne besseren Erfolg zu haben. Er sprach nur dänisch und war ein geborener Däne, allerdings aus dem dänischen Westindien; endlich in Kopenhagen einen kohlschwarzen Soldaten bei einer Parade in vorderster Linie, — wie man uns später mittheilte, der Thronfolger von Siam, der sich dort im europäischen Soldatenhandwerk ausbildet, während sein Bruder in der dänischen Flotte dient, und die beide die Kriegsschule besuchen, um die hier erworbenen Kenntnisse später zum Besten ihres Vaterlandes zu verwerthen.

Einen großen Vorzug der großen europäischen Städte kann ich nicht unerwähnt lassen — die zahlreichen öffentlichen Anstalten zur Befriedigung plötzlich eintretender unabweisbarer Bedürfnisse. Eine Nachahmung dieser Einrichtung wird in Amerika allerdings so lange noch nicht nöthig sein, als es noch in jedem Block Wirthschaften und gelegentlich Hotels giebt, in welche man sich flüchten kann.

Aus Paris habe ich noch drei Dinge nachzutragen — die vielen Krüppel, welche dort auf den Straßen direkt oder mit dem Leierkasten bettelnd umherstreifen, und die in mir die Frage aufwarfen, ob die Deutschen im letzten Kriege denn so viel besser geschossen oder so viel bessere Aerzte gehabt haben. Denn in Deutschland, speziell in Berlin, sieht man derartige Krüppel fast gar nicht; das Petit Journal, die verbreitetste Zeitung der Welt, welche täglich 946,000 Exemplare druckt; und die Thatsache, daß man in Paris niemals auf offener Straße oder in öffentlichen Plätzen ein deutsches Wort zu hören bekommt. Während man überall an den Läden die Notiz: "English spoken" findet, sucht man vergebens nach einem: "Hier wird Deutsch gesprochen", und unser Führer, der fließend deutsch sprach, hütete sich wohl, dies öffentlich zu thun, weil, wie er erklärte, man viel besser und angenehmer und auch billiger durchkäme, wenn man nicht wissen lasse, daß man Deutsch sei. Denn man habe die Deutschen immer noch gar zu sehr auf dem Strich.

Auch einige scherzhafte Erlebnisse mögen hier Platz finden. Als wir auf unserer Nordlandreise gerade in den Polarkreis hineinfuhren, rief unser Capitän, der seine Karte in der Hand hielt, einigen Passagieren in der Nähe auf Englisch zu: "The polar-circle is marked with red." Und siehe da, zwei Amerikaner lösten sich aus der Gesellschaft los und eilten schleunigst zum Schiffsbord, um den rothen Strich — auf dem Wasser! zu sehen — selbstverständlich zum nicht geringen Gaudium des Capitäns und der übrigen Zeugen. Keiner der Beiden, sondern ein anderer Amerikaner war es, welcher in Paris einen Freund frug, ob denn halb Paris einem Manne gehöre! — Gefragt, weßhalb er das glaube, sagte er: "Nun, ich finde doch überall das Schild: A Louer" (zu vermiethen). Ein anderer Amerikaner, der in sechzig Tagen ganz Europa durchflogen hatte, und während meiner Anwesenheit im Grand Hotel ankam, erwiderte, als er gefragt wurde, wie ihm denn die Schweiz gefallen habe, von der er zuletzt herkam: "Pretty good, only to d....d hilly."

Sie alle werden von dem jungen Amerikaner übertroffen, der mit einem bringenden Empfehlungsbrief von beachtenswerther Seite zum Gesandten in Berlin kam, und als dieser ihn frug, womit er ihm dienen könne, ihm sagte, er möge doch eben mit ihm kommen und ihn dem Kaiser Wilhelm vorstellen. Als Hr. Pendleton frug, was er denn vom Kaiser wolle, erklärte er, er wolle sich nur ein Viertelstündchen mit ihm unterhalten. Als der Gesandte dann weiter erklärte, daß Kaiser Wilhelm überhaupt nur sehr selten mehr Audienzen ertheile, und zu einem solchen Zwecke gewiß nicht, wurde der junge Mann sehr ärgerlich und erklärte: Das sei doch merkwürdig! In Amerika könne man fast zu jeder Zeit ohne Weiteres und ohne Empfehlung zum Präsidenten gehen und ihm die Hand schütteln, und hier könnte man nicht einmal durch seinen Gesandten eine Unterredung mit dem Kaiser erlangen. Er verließ Hrn. Pendleton mit der ziemlich offen zur Schau getragenen Ueberzeugung, daß dieser entweder ein höchst ungefälliger Mensch oder aber ein höchst unzulänglicher Gesandter sei.

Das Reisen ist heutzutage nicht allein sehr angenehm wegen der großen Bequemlichkeiten, welche man überall findet, sondern auch weil man auf fast jeder der verschiedenen Touren, welche man unternimmt, mit Leuten zusammentrifft, die selbst schon viel gereist sind, und mit denen man Reiseerfahrungen austauschen kann. So trafen wir mit zwei Amerikanern zusammen, welche fünfzehn Monate für eine Reise um die Welt hergegeben hatten, und nachdem sie Südamerika, Asien, Australien und Afrika gesehen, jetzt noch Europa in Augenschein zu nehmen hatten; mit einem Deutschen, der Palästina und die Türkei bereist hatte und mit uns über Petersburg und Moskau nach Stockholm und durch Schweden fuhr, und mit zwei Engländern, welche den Winter in Spanien und Algier verbracht hatten, im Frühjahr den Nil hinaufgegangen waren und jetzt durch Rußland nach Hause reisten. Auch trifft man in Europa viel mehr Leute, als man sich vorstellt, welche schon ganz Amerika durchreist haben, und muß nicht glauben, daß nur der Amerikaner fremde Länder zum Vergnügen besucht. Nur eine Ausnahme freilich scheint es darin zu geben, die Franzosen. Die scheinen nicht oder nur sehr wenig zu reisen — wenigstens traf ich auf allen meinen Touren außerhalb Frankreichs nur auf einen Franzosen.

Damit seien diese Blätter geschlossen. Falls dieselben einem Theile der Leser des „Westen" Neues und Interessantes gebracht haben, — und viele freundliche Zuschriften lassen mich hoffen, daß es der Fall gewesen — so werde ich mich für die Arbeit des Niederschreibens meiner Beobachtungen reichlich belohnt erachten.

Die Illinois Staats=Zeitung.

Die anerkannt beste deutsch=amerikanische Zeitung!

Wie auch die verbreitetste!

Erscheint täglich, wöchentlich und Sonntags!

Aus kleinen Anfängen hat sich die „Illinois Staats=Zeitung", seit dem Jahre 1846, mit dem Wachsthum der Stadt Chicago und des Nordwestens Schritt haltend, zu der größten und anerkannt gediegensten, inhaltreichsten und verbreitetsten deutsch=amerikanischen Zeitung entwickelt. Sie hat dieses Ziel erreicht, indem ihre Leiter gewissenhaft jede Verbesserung in den Einnahmen der Zeitung benutzten, um diese selbst dem Inhalte nach reichhaltiger und gediegener zu machen, und in der Ausstattung und Ablieferung mit den erhöhten Ansprüchen der Zeit Schritt zu halten.

Die „Illinois Staats = Zeitung" erscheint in drei Ausgaben, der täglichen, wöchentlichen und der Sonntags=Ausgabe (Westen).

Die Tägliche Illinois Staats-Zeitung

erscheint an jedem Wochentage des Jahres ohne jede Ausnahme. Sie enthält an jedem Tage die neuesten und vollständigsten telegraphischen Nachrichten über die Vorgänge des Tages vorher in allen Theilen der Welt, Spezial-Kabel-Depeschen aus der deutschen Reichshauptstadt, editorielle Besprechungen aus der Feder der anerkannt tüchtigsten deutsch-amerikanischen Tagesschriftsteller, Correspondenzen und eine Zusammenstellung interessanter Nachrichten aus dem In- und Auslande, einen umfangreichen und gut bearbeiteten Lokalbericht und einen ausführlichen Markt- und Börsenbericht. Sie giebt dem Leser über Alles, was in der Welt und in der Stadt passirt, Auskunft in möglichster Vollständigkeit, aber auch in möglichster Kürze, so daß er nicht gezwungen ist, halbe Tage mit dem Lesen von Zeitungen zu verbringen, um sich mit den Weltereignissen vertraut zu erhalten. Mit beständiger Sorgfalt wird darauf gesehen, daß ihr Inhalt in jeder Familie gelesen werden kann. In Folge dessen ist sie auch anerkanntermaßen von allen — nicht nur den deutschen — Zeitungen Chicago's, die, welche die größte Verbreitung in Familien hat, und hieraus wieder ergiebt sich ihr hoher Werth und ihre stets steigende Gesuchtheit als Anzeigen-Vermittlerin.

Die Wöchentliche Illinois Staats-Zeitung.

Das Wochenblatt der „Illinois Staats-Zeitung" wird an Reichhaltigkeit und Gediegenheit des Inhalts von keiner deutschen Zeitung des Landes übertroffen. Es enthält neben einer Reihe von Leitartikeln, in denen die hauptsächlichsten Tagesereignisse in klarer und fähiger Weise beleuchtet werden, Correspondenzen aus dem In- und Auslande, eine zahlreiche Menge interessanter Neuigkeiten aus allen Theilen der Welt, werthvolle landwirthschaftliche Aufsätze, für auswärts interessante Chicagoer Lokal-Neuigkeiten, und unter dem Titel „Wochenschau" in möglichst gedrängter und übersichtlicher Zusammenstellung die durch den Telegraphen während der zuletzt verflossenen Woche aus Inland und Ausland berichteten Tagesereignisse; ferner ein umfangreiches Feuilleton.

In Folge ihres anerkannt gediegenen und reichen Inhalts ist die wöchentliche „Illinois Staats-Zeitung" schon seit vielen Jahren — wie selbst die Concurrenz eingesteht und die Akten des Postamtes beweisen — das verbreitetste aller deutschen Wochenblätter des Landes — ja es giebt heute nur noch wenige englische Wochenzeitungen, welche sie an Leserzahl übertreffen, und bei der stetigen Zunahme des Teutschthums im Nordwesten läßt sich der Zeitpunkt berechnen, wo sie unter allen Wochenzeitungen des Landes die erste Stelle einnehmen wird.

In Folge ihrer außerordentlichen Verbreitung, vornehmlich außerhalb der Stadt, eignet sich die wöchentliche „Illinois Staats-Zeitung" in besonders hervorragendem Maße zur Vermittelung von Anzeigen, welche sich an ein größeres Publikum, als speziell das Chicagoer wenden.

„Der Westen."

Der „Westen" ist anerkanntermaßen das reichhaltigste und gediegenste deutsche Unterhaltungsblatt in den Vereinigten Staaten. Er enthält nie weniger Lesestoff, als ein 225 Seiten dicker Band gewöhnlichen Buchformats und oft 288 solcher Seiten. Und dieser Lesestoff, so weit er feuilletonistischen Inhalts ist, setzt sich zusammen aus werthvollen Original=Artikeln der Redaktion und zahlreicher Mitarbeiter im In= und Auslande und aus den besten und gediegensten Novellen, Erzählungen und Aufsätzen populär=wissenschaftlichen Inhalts, Anekdoten und Scherzen, welche die deutschländische und deutsch=amerikanische Literatur zu Tage fördert.

Die Leser des „Westen" werden dadurch in den Stand gesetzt, allen Fortschritten der Menschheit und speziell der Deutschen auf geistigem Gebiet zu folgen und in beständiger geistiger Verbindung mit dem Vaterlande erhalten.

In Folge seines anerkannt gediegenen und reichen Inhalts ist der „Westen" heute das gelesenste deutsche Unterhaltungsblatt nicht nur in Chicago, wo er mehr Leser zählt, als alle anderen daselbst erscheinenden Sonntagsblätter, sondern überall in den Vereinigten Staaten, in Canada, im britischen Nordwestgebiet, Britisch=Columbia, Mexiko, Cuba, auf den Sandwichs=Inseln, Japan und Australien.

Wie hoch der „Westen" als Anzeigemittel geschätzt wird, darüber geben seine Spalten die unzweideutigste Auskunft.

Von der Ueberzeugung durchdrungen, daß Stillstand Rückschritt bedeutet, werden wir uns mit dem bisher Erreichten nicht begnügen, sondern unablässig bestrebt sein, die „Illinois Staats=Zeitung" in allen ihren Ausgaben stets auf der Höhe der Zeit zu halten, damit sie bleibe, was sie ist, ein würdiges **Spiegelbild** der stets wachsenden **Größe, Machtstellung** und **Bildung des Deutschthums der Vereinigten Staaten** und seiner Metropole **Chicago.**

Abonnements=Preise:

Tägliche Morgen=Ausgabe in der Stadt durch die Träger in's Haus geliefert.

Per Jahr im Voraus...	$10.00
Per Woche..	0.20
Tägliche Ausgabe und „Der Westen" per Woche.......	0.25
„Der Westen" per Jahr..	2.50
Wöchentliche Ausgabe per Jahr................................	2.50

Auswärtige Abonnenten per Post:

Tägliche Ausgabe per Jahr, im Voraus:......................	$10.00
„Der Westen" per Jahr..	2.00
Wöchentliche Ausgabe per Jahr................................	2.00
Wöchentliche Ausgabe oder „Westen" nach irgend einem Lande Europa's per Jahr..	3.00

Illinois Staats=Zeitung Co.,
Chicago, Ill.

Unsere Prämien.

Im Folgenden veröffentlichen wir das Verzeichniß derjenigen Prämien, welche wir in diesem Jahre an vorausbezahlende Abonnenten vertheilen werden. Die älteren Freunde unseres Blattes sind mit den Bedingungen bekannt; für die neueren seien sie hier nochmals mitgetheilt.

Jeder Abonnent, welcher (**außer** der Abtragung etwaiger **Rückstände**) den Betrag eines Jahres-Abonnements mit **2 Dollars** an uns einsendet, kann aus der vorstehenden Liste den Namen eines Buches angeben, welches ihm sofort nach Empfang des Geldes portofrei zugestellt werden wird.

Hier ist die Bücher-Liste:

Neunzig Tage in Europa, Reiseskizzen von Washington Hesing.
Platt Land, Roman von Friedrich Spielhagen.
Was die Schwalbe sang, Roman von Friedrich Spielhagen.
Uhlenhans, Roman von Friedrich Spielhagen.
Angela, Roman von Friedrich Spielhagen.
Deutsch-amerikanischer Volkskalender für das Jahr **1887** mit Illustrationen.
Nordische Klänge. Plattdütsche Riemels von Ferdinand W. Lafrentz. Chicago 1882.
Das Pferd und seine Krankheiten, in deutscher Sprache.
Eine kleine Hausapotheke, von Prof. Dr. J. N. Ritter von **Nußbaum,** königl. bair. Generalstabsarzt in München.

Denjenigen, welche statt eines Buches lieber ein Bild als Zimmerschmuck haben wollen, bieten wir eine in schönem Linien-Schwarzdruck ausgeführte Copie der berühmten

Sixtinischen Madonna mit dem Christuskinde und den Engeln von **Rafael**

an, des berühmtesten aller Gemälde des großen Meisters, welches die Hauptzierde des Museums in Dresden bildet. Das Bild ist, ohne den 3½ Zoll breiten Rand, 20 Zoll hoch und 14 Zoll breit, also zu einem Wandschmuck trefflich geeignet.

Ferner in schön ausgeführtem **Oeldruck:**

Die **Sixtinische Madonna**, mit dem Christuskinde von **Rafael.**
Die **beiden Engelsköpfe** von **Rafael.**
Kaiser Wilhelm der Siegreiche.
„**Unser Fritz**".
Fürst Otto von Bismarck.

Auch schicken wir Nicht-Abonnenten und nicht zu Prämien Berechtigten eins der angezeigten Bücher oder Bilder für je 50 Cents portofrei.

Briefe und Gelder adressire man an

Illinois Staats-Zeitung Company,
Chicago.

ILLINOIS STAATS-ZEITUNG'S GEBÄUDE.